Dr Bulow

N 90

HISTOIRE

GÉNÉALOGIQUE ET CHRONOLOGIQUE

DE

LA MAISON ROYALE

DE BOURBON.

Se trouve chez

MM. JULES DIDOT, imprimeur-libraire, rue du Pont-de-Lodi, n° 6.
ROUSSELON, rue d'Anjou-Dauphine, n° 9.
PONTHIEU, Palais-Royal, galerie de bois.
N. PICHARD, quai Conti, n° 5.
NAUDIN, rue Pavée-Saint-André-des-Arcs, n. 9.
DENAIX, rue du Faubourg-Saint-Honoré, n° 62.
POTEY, rue du Bac, n° 46.
Et chez les principaux Libraires des départements.

━━━Imprimerie de━━━
Jules Didot aîné,
IMPRIMEUR DU ROI,
rue du Pont-de-Lodi, n° 6.

HISTOIRE

GÉNÉALOGIQUE ET CHRONOLOGIQUE

DE

LA MAISON ROYALE
DE BOURBON,

CONTENANT

LES NAISSANCES, ACTIONS MÉMORABLES, ALLIANCES, ET DÉCÈS DE TOUS LES PRINCES ET PRINCESSES DE CETTE ILLUSTRE MAISON, AVEC LEURS DESCENDANCES DIRECTES, DEPUIS

ROBERT LE FORT

JUSQU'A NOS JOURS, D'APRÈS LES MONUMENTS ET LES TRADITIONS LES PLUS AUTHENTIQUES;

PAR N. L. ACHAINTRE.

TOME I.

PARIS,
CHEZ MANSUT FILS, ÉDITEUR,
RUE DE L'ÉCOLE DE MÉDECINE, N° 4.

1825.

PRÉFACE.

La description exacte des maisons royales et souveraines n'est pas, comme on pourroit le croire, et comme certains philosophes affectent de le dire, le résultat d'un travail stérile ou d'une vaine curiosité. La science généalogique devient d'une utilité indispensable pour l'étude approfondie de l'histoire et pour la connoissance de l'esprit humain. Une histoire généalogique bien faite nous représente la noblesse du sang, la gloire, la splendeur de nos ancêtres, l'origine et les progrès de la civilisation. Tandis qu'elle nous inspire un profond respect et un tendre amour pour les princes que Dieu nous a donnés pour pères plutôt que pour maîtres, elle offre, d'une manière plus particulière encore que ne le fait l'histoire générale, aux descendants de ces princes de salutaires exemples qui leur servent d'un aiguillon puissant pour les exciter à la vertu et leur imposer, comme loi domestique, l'impérieuse nécessité de ne pas dégénérer. Dans l'histoire généalogique, on voit d'où procèdent les droits, les intérêts des princes et des rois, par la distinction des branches directes et collatérales. L'ignorance de nos ancêtres, dans cette partie essentielle du droit public, a souvent occasioné des guerres injustes et des catastrophes sanglantes. Il y a plus: considérée sous le rapport purement littéraire, la science généalogique procure à toute personne qui aime à s'instruire les moyens d'éviter la confusion des noms propres si fréquemment répétés dans les histoires générales ou particulières : en un mot, cette science a toujours été mise par les savants au même degré que la géographie et la chronologie, qui sont, comme les a très bien définies un auteur ancien, *les deux yeux de l'histoire*.

Ce seul exposé suffiroit pour justifier une entreprise qui s'agrandit encore, si on la considère sous le rapport de l'imposant sujet que nous nous proposons de traiter dans cet ouvrage.

La maison royale de Bourbon ! Y a-t-il quelque chose de plus grand, de plus noble dans l'univers entier? Branche illustre et féconde d'un arbre majestueux (LA MAISON ROYALE DE FRANCE) qui, depuis près de mille ans couvre l'Europe de ses nombreux rameaux, et dont les fruits abondants ont donné à la terre sept empereurs d'Orient, quatre-vingt-dix-huit rois, plus de cent ducs, princes souverains, qui, la plupart, ont versé leur sang pour la religion et la monarchie; quel tableau ! qu'il est bien digne d'exciter l'admiration des François, et d'attirer sur une aussi brillante série l'attention de la génération qui s'élève, et sur-tout celle du jeune rejeton de tant de héros, appelé lui-même, par le droit de naissance, à les remplacer un jour!

La maison royale de Bourbon a pour son compte au moins un tiers de part dans cette gloire immense : c'est à elle qu'il appartient d'en soutenir l'éclat et la dignité; seule assise sur le premier trône de l'univers, c'est aussi elle seule que nous nous proposons de décrire dans toutes ses ramifications, le plus exactement qu'il nous sera possible.

Pour parvenir à un si noble but, nous n'avons négligé aucun moyen d'instruction. Les bibliothèques publiques et particulières nous ont fourni des secours abondants; nous avons consulté principalement MM. de Sainte-Marthe, le P. Anselme et ses continuateurs, Désormeaux, les historiens anciens et modernes, etc. ; munis des précieux matériaux que ces auteurs avoient rassemblés, nous avons cru devoir adopter un plan simple et qui différât de celui des autres généalogistes : voici celui auquel nous nous sommes arrêtés.

Comprendre en deux volumes tous les individus dont se compose l'auguste famille des Bourbons ; appliquer à chacun d'eux une notice biographique plus ou moins longue, suivant qu'ils ont fixé l'attention de la postérité, avec la précaution d'écarter tous les détails inutiles, ainsi que les faits qui rentrent dans l'histoire générale ; partager notre sujet en deux sections, dont l'une contient toutes les branches issues de la *tige commune*, depuis ROBERT-LE-FORT, jusqu'à ANTOINE, roi de Navarre, père de Henri IV ; l'autre renferme les branches principales et collatérales depuis ce chef jusqu'à nos jours, tel est l'ordre que nous avons adopté. Une table généalogique, composée sur un nouveau plan, placée à la fin du second volume, mettra le lecteur à portée de juger l'ensemble de notre ouvrage, et facilitera les recherches.

Les armoiries placées en tête de chaque branche principale ajouteront à l'intérêt du livre. La science des armoiries ne doit pas être omise dans un ouvrage de ce genre. Elle est à l'histoire moderne ce que sont les médailles et les bronzes à celle de l'antiquité. C'est un type qui sert à fixer les droits et les prétentions de chacun, à éclaircir beaucoup de faits douteux, et sur-tout à présenter aux enfants les titres de gloire et d'honneur qu'ont mérités leurs pères. Pour avoir changé ou dénaturé leurs armes, plusieurs branches de la maison royale de France, entre autres celles de Dreux et de Courtenay, ont été déchues du haut rang qu'elles devoient occuper dans l'état.

Nous nous estimerons très heureux, si notre ouvrage peut contribuer pour sa part à entretenir cet amour si pur et si sincère pour le roi et son auguste famille, dont nous sommes pénétrés nous-mêmes, et dont les François ont donné depuis tant de siècles d'éclatants témoignages. Nous pouvons le dire avec confiance, en terminant cette préface, nous avons fait usage de tout ce qui nous a paru propre à rendre notre ouvrage digne des suffrages des lecteurs éclairés. Puissent nos efforts ne pas demeurer impuissants!

HISTOIRE
GÉNÉALOGIQUE
DE LA MAISON ROYALE
DE BOURBON.

DESCENDANCE PAR LES MALES.

Tout le monde sait que la troisième race des rois de France, dite des Capétiens, la plus ancienne et la plus illustre des maisons de l'univers, descend en ligne directe de Robert-le-Fort; mais les généalogistes ne sont pas d'accord entre eux sur l'origine de ce chef; et il est très difficile à présent de les concilier sur ce point, parceque les monuments et les actes sur lesquels chacun d'eux fonde son opinion, nous manquent entièrement. Cependant, pour ne rien laisser d'imparfait dans notre ouvrage, nous rapporterons, d'après le P. Anselme (t. I, p. 65 et suiv.), les sentiments divers des savants sur les ancêtres du chef de la troisième race. Il en résultera une vérité historique d'une haute importance; c'est que Robert-le-Fort, prince puissant et considéré, n'étoit pas, et ne pouvoit pas même être un homme obscur et sans prédécesseurs.

La première opinion est celle de Conrad d'Usperg, abbé de Lichtenow en Allemagne, auteur vivant dans le treizième siècle. Elle a été adoptée par Lazius, Onuphre Panvini, Fauchet et Pontus de Thiars, tous savants du seizième siècle; en voici les degrés:

1° Witikind-le-Grand, duc de Saxe, mort en 807. Il eut pour fils,
2° Robert, inconnu, père de
3° Witikind II, que l'abbé d'Usperg fait venir en France pour chercher un asile auprès des successeurs de Charlemagne. Ce Witikind est père de
4° Robert-le-Fort, bisaïeul de Hugues Capet.

La seconde opinion est due à Zampini, auteur italien du seizième siècle. Elle a été appuyée par Alphonse Delbene, évêque d'Alby, Jean Dubouchet, Antoine Dominici, les deux frères Sainte-Marthe, Blondel, et le P. Labbe. Ce qui a donné quelque consistance à cette opinion, c'est une feuille manuscrite trouvée dans les papiers d'André Duchesne, et imprimée depuis, dans laquelle feuille, ce savant critique établit ainsi qu'il suit la généalogie de Robert-le-Fort:

1º Saint-Arnould, duc d'Austrasie, évêque de Metz, mort en 640, père de

2º Ansegise, duc d'Austrasie, père de

3º Pepin Héristel, maire du palais, mort en 714, père de

| Charles-Martel, prince des François, et père de Pepin-le-Bref, chef de la deuxième race des rois de France, et de | 4º Childebrand, duc de France, père de |

5º Nebelong, comté de Matrie, vivant encore en 796, père de

6º Theodebert, comte de Matrie, père de

7º Robert I, comte de Saisseau, père de

8º Robert-le-Fort, premier chef de la famille royale.

La troisième opinion, venue de la seconde, change seulement les degrés 6º et 7º de celle-ci, pour y substituer Childebrand II, comte d'Autun, vivant en 827; Eccard, comte d'Autun, mort avant 885; et Nébelong II, comte d'Autun, vivant en 879; ce qui donne une génération de plus.

La quatrième opinion est celle de Jacques Chifflet, médecin et historiographe du roi d'Espagne, dans un ouvrage intitulé, *Vindiciæ Hispanicæ*, imprimé en 1643. Ce savant critique fait descendre Robert-le-Fort d'un duc de Bavière de la manière suivante :

1° VELPHE, duc de Bavière, qui avoit épousé une princesse de Saxe, dont il eut CONRAD, comte d'Altorf, et ensuite d'Auxerre, mari d'Adélaïde d'Alsace, mort vers l'an 863; Rodolphe, comte de Ponthieu, mort en 866; et Judith, femme de l'empereur Louis-le-Débonnaire. De CONRAD, naquirent : ROBERT-LE-FORT; Conrad-le-Jeune, comte de Paris, mort en 881; Hugues, duc de Neustrie, mort en 886; et Welphe, abbé de Sainte-Colombe, mort en 881.

La cinquième opinion est du père Tournemine, jésuite. Elle est établie ainsi qu'il suit :

1° CHARLE-MAGNE, EMPEREUR, roi des François, eut de RÉGINE sa concubine,
2° HUGUES, *l'Abbé*, fils naturel, lequel eut
3° HUGUES II, aussi dit *l'Abbé*, lequel eut
4° ROBERT-LE-FORT et Hugues III, aussi dit *l'Abbé*.

De ces cinq opinions, la première n'est guère admissible. Il n'est pas probable qu'un arrière-petit-fils de Witikind, l'ennemi acharné des Français, et de plus, fils d'un exilé sans ressource, ait pu parvenir à un degré de puissance et de splendeur tel que celui où est arrivé Robert-le-Fort. La seconde paroît plus vraisemblable. En effet, dans un temps où la noblesse étoit tout, et le peuple compté pour rien, il falloit à Robert-le-Fort une ancienne et illustre origine, pour soutenir dans l'État le haut rang qu'il y occupoit. Robert étoit presque l'égal du roi ; il ne lui manquoit que le titre : or, il ne pouvoit avoir d'origine plus illustre que celle qui le rattachoit à la première race de nos rois par Saint-Arnould, prince du sang royal, suivant plusieurs historiens; et à la seconde race, par Childebrand, frère de Charles-Martel. Ce système est séduisant, ainsi que la troisième opinion qui se rattache à la seconde ; mais les modernes paroissent pencher vers la quatrième, qui a l'assentiment de dom Mabillon (Suppl. à la Diplomatique, ch. 10). Quant à la cinquième, celle du P. Tournemine, elle n'a trouvé aucun partisan. Nous nous proposons de revenir plus tard sur les deuxième et quatrième opinions, qui nous ont paru mériter plus d'attention.

Nous passons de suite à la généalogie de la maison de France depuis Robert-le-Fort jusqu'au comte de Clermont. Nous n'entrerons point dans le détail des actions de chacun des princes dont cette série se compose : nous nous contenterons de marquer leurs alliances et leurs postérités, parceque la vie de ces héros appartient à l'histoire générale de France, et que c'est l'histoire généalogique des Bourbons que nous nous sommes proposé d'écrire.

I

Robert-le-Fort, comte d'Anjou, d'Orléans, de Blois, etc., et abbé de Saint-Martin de Tours, suivant l'usage de ces temps de désordres où les laïcs ne se faisoient point de scrupule de posséder des biens ecclésiastiques. Ce prince mérita le surnom de *Machabée*, pour avoir empêché par sa valeur les Normands de s'emparer du royaume; il fut proclamé duc et marquis de France en 861, et mourut au champ d'honneur en 866, à Bisarte en Anjou, au milieu même de ses victoires.

Il eut de N...., sœur du comte de Laon, ou plutôt de Vermandois, son épouse,

1° Eudes, comte de Paris et duc de France, proclamé ensuite roi de France par la France occidentale, mort sans postérité à La Fère, en Picardie, après un règne de dix ans. Son corps fut transporté à Saint-Denis, et placé près celui de Hugues Capet. On voyoit encore, avant la révolution, le tombeau de Eudes avec cette simple inscription : Odo rex.
2° Robert, roi de France, dont il va être parlé;
3° Raoul, roi d'Aquitaine, mort sans postérité;
4° Richilde, mariée à Richard, comte de Troies.

II.

Robert II, fils puîné de Robert-le-Fort, duc de

France et de Bourgogne, comte de Paris, d'Orléans, de Poitiers, de Chartres et de Blois, etc., parvenu à la couronne, l'an 922, et tué l'année suivante dans une bataille, livrée près de Soissons par les partisans de Charles-le-Simple.

Il avoit épousé Béatrix, fille de Pepin I, comte de Vermandois. Il eut d'elle

1° Hugues-le-Grand, qui suit;
2° Emme, mariée à Raoul, duc de Bourgogne, ensuite roi de France;
3° Hildebrande, épouse d'Herbert II, comte de Vermandois.

III.

Hugues-le-Grand, appelé aussi *le Blanc* à cause de la blancheur de son teint, et *l'abbé*, parcequ'il possédoit de riches abbayes, duc de France, de Bourgogne et de Guyenne, comte de Paris et d'Orléans, etc., ne voulut point de la couronne que son père et son oncle avoient portée. Avec le titre modeste de duc, il gouverna la France en souverain, sous les derniers Carlovingiens, et mourut en 956, comblé de gloire et de richesses.

Il avoit épousé d'abord Judith, nièce du roi Louis-le-Bègue. Il prit ensuite pour femme Éthila, autrement Eadhilde, fille d'Édouard, roi d'Angleterre;

enfin Hadwige ou Avoie de Saxe, duchesse de Lorraine, fille de Henri II, dit l'Oiseleur, roi d'Allemagne. Il eut de cette dernière femme

1° HUGUES CAPET, qui suit;
2° OTHON, duc de Bourgogne, marié, mais mort jeune et sans postérité;
3° EUDES, aussi duc de Bourgogne, considéré comme mort sans postérité, n'ayant laissé qu'un fils naturel nommé *Eudes*, vicomte de Beaune;
4° BÉATRIX, épouse du duc de Rhinfeld;
5° EMME, mariée à Richard, duc de Normandie.

Enfant naturel : HÉRIBERT, évêque d'Auxerre, mort en 994, suivant MM. de Sainte-Marthe.

IV.

ARMES DE FRANCE, ANCIENNES.

Écu timbré d'azur, et parsemé de fleurs de lis d'or, sans nombre. Couronne de France ancienne; un diadême, ou cercle d'or enrichi de pierreries, et surmonté de huit fleurs de lis d'or, dont cinq seulement paroissent, trois de face, et deux de côté.

HUGUES CAPET, ROI DE FRANCE, chef de la troisième dynastie de nos rois, parvenu à la couronne l'an de Jésus-Christ 987, mort le 24 octobre 996, après un règne glorieux de neuf ans.

Il eut d'Adélaïde, fille de Guillaume, duc de Guyenne,

1° ROBERT, son successeur;
2° HADWIGE, ou AVOISE, épouse en premières noces de Regnier, comte de Hainaut, et en secondes noces de Hugues III, comte de Hapsbourg;

3° Adélaïde, dont le P. Anselme ne parle pas, épouse de Renaud I, comte de Nevers;

4° Giselle, épouse de Hugues, seigneur d'Abbeville.

Enfant naturel: Gauzelin, archevêque de Bourges, mort le 19 novembre 1030, après avoir gouverné l'église de Bourges pendant dix-sept ans. Il est célèbre dans les fastes de l'église gallicane.

V.

ROBERT, dit *le Pieux*, Roi de France, en 996, mort le 20 juillet 1031, après un règne de trente-cinq ans.

Suivant plusieurs généalogistes, ce prince auroit épousé successivement cinq femmes; mais il n'y a d'authentique que Berthe, veuve d'Eudes I, comte de Blois, dont il fut séparé pour cause de parenté et de compérage, et Constance, fille de Guillaume I, comte de Provence, dont il eut

1° Hugues, couronné roi de France, du vivant de son père, et mort sans alliance à l'âge de dix-huit ans;
2° Henri I, qui lui succéda;
3° Robert, duc de Bourgogne, tige de la première branche royale de ce nom, laquelle dura trois cent soixante ans;
4° Eudes, mort sans enfants;
5° Adèle, épouse de Renaud, comte de Nevers;
6° Adèle-la-Jeune, épouse en premières noces de Richard III, duc de Normandie, et, en secondes noces, de Baudoin V, comte de Flandre.

VI.

HENRI I, Roi de France, en 1031, mort le 4 août 1060, après vingt-neuf ans de règne.

Il avoit eu, suivant quelques historiens, une première femme nommée Mathilde, fille de l'empereur Conrad II, dit *le Salique*, mais dont il n'eut qu'une fille morte au berceau. Il épousa ensuite Anne, d'autres disent Agnès, fille de Jaroslas, roi de Russie, appelée depuis Moscovie. Plusieurs savants critiques prétendent qu'il faut lire dans les manuscrits *Anne de Roucy* et non pas *de Russie*, fondés sur ce qu'il n'est pas probable qu'un roi de France ait été chercher femme dans un pays barbare, et avec lequel la France n'avoit pas de communication. Quoi qu'il en soit de cette conjecture, Henri eut d'elle trois enfants :

1º Philippe I, qui lui succéda ;
2º Robert, mort jeune et sans postérité ;
3º Hugues, comte de Vermandois.

VII.

PHILIPPE I, Roi de France, en 1060, mort le mercredi 29 juillet 1108, après un règne de quarante-huit ans.

Il avoit épousé Berthe, fille de Florent I, comte de Hollande, et il en avoit eu

1° Louis VI, son successeur;
2° Henri, mort jeune;
3° Charles, idem;
4° Constance, épouse de Hugues, comte de Troyes, puis de Boémond, prince d'Antioche.

Philippe, dégoûté de Berthe, se maria avec Bertrade de Montfort : ce mariage, contracté contre toutes les lois, fut déclaré illégitime, et les enfants ne furent jamais considérés que comme bâtards, quoi qu'en dise Mézerai. Philippe eut de Bertrade

1° Philippe, comte de Mantes;
2° Flore, ou Fleury, seigneur de Nangis;
3° Cécile, épouse de Tancrède, prince de Tabarie, et ensuite de Pons, comte de Tripoli;
4° Eustache, mariée à Jean, comte d'Étampes.

VIII.

LOUIS VI, dit *le Gros*, Roi de France, en 1108, mort le 1er août 1137, après un règne de vingt-neuf ans.

Il eut de sa seconde femme, Adélaïde, fille de Humbert I, comte de Savoie,

1° Philippe, couronné roi du vivant de son père, mort jeune, sans postérité, et sans avoir régné;
2° Louis VII, qui lui succéda;
3° Henri, évêque de Beauvais, puis archevêque de Rheims;
4° Hugues, mort sans enfants;

5° ROBERT, tige des comtes de Dreux, ducs de Bretagne pendant près de trois cents ans;
6° PHILIPPE, archidiacre de Paris;
7° PIERRE, tige des sires de Courtenai, qui parvinrent au trône de Constantinople;
8° CONSTANCE, épouse d'Eustache, comte de Blois et roi d'Angleterre, puis de Raymond VI, comte de Toulouse.

IX.

LOUIS VII, dit *le Jeune*, ROI DE FRANCE, en 1137, mort le 18 septembre 1180, après un règne de quarante-trois ans.

Ce prince fut marié trois fois : d'abord à Éléonore, duchesse d'Aquitaine, comtesse de Poitou, fille et unique héritière de Guillaume, duc d'Aquitaine; puis à Constance, fille d'Alphonse VIII, roi de Castille; enfin à Alix, fille de Thibaut IV, comte de Champagne. De la première il eut

1° MARIE, épouse de Henri I, comte de Champagne;
2° ALIX, mariée à Thibaut, comte de Blois;
3° *De sa seconde femme*, il eut MARGUERITE, épouse de Henri, fils ainé de Henri II, roi d'Angleterre; et
4° ALIX, morte jeune;
5° *De sa troisième femme*, naquirent PHILIPPE II, son successeur;
6° ALIX, épouse de Guillaume II, comte de Ponthieu;
7° AGNÈS, mariée à Alexis Comnène, empereur de Constantinople, puis à Andronic, aussi empereur, enfin à Théodore Banas, seigneur d'Andrinople.

X.

PHILIPPE II, surnommé *Auguste*, Roi de France, en 1180, mort le 24 juillet 1223, après un règne de quarante-trois ans.

Ce prince épousa successivement Isabelle de Hainaut, fille de Baudouin V, comte de Hainaut; Isemburge, fille de Waldemer, roi de Danemarck; et Agnès de Méranie, fille de Berthold, duc de Méranie.

Il eut d'Isabelle

1° Louis VIII, son successeur;
2° Et d'Agnès, Philippe, comte de Boulogne;
3° Marie, épouse de Philippe de Hainaut, marquis de Namur.

On lui connoît un enfant naturel : Pierre Charlot, évêque de Noyon.

XI.

LOUIS VIII, surnommé *Cœur-de-Lion*, Roi de France, en 1223, mort en 1226, après trois ans de règne.

Ce prince avoit épousé Blanche de Castille, fille d'Alphonse IX, roi de Castille. Il eut d'elle

1° Philippe, mort jeune;

2° Louis IX, son successeur;
3° Robert, comte d'Artois, tige de la branche d'Artois;
4° Philippe, mort au berceau;
5° Jean, mort à l'âge de huit ans;
6° Alphonse, comte de Poitiers et de Toulouse;
7° Philippe-Dagobert, mort au berceau;
8° Étienne, idem.
9° Charles, comte d'Anjou, roi des Deux-Siciles, tige de la première branche d'Anjou;
10° N....., fille, morte au berceau;
11° Isabelle, fondatrice de l'abbaye de Longchamps.

XII.

LOUIS IX, autrement SAINT LOUIS, Roi de France, en 1226, mort le 25 août 1270, après avoir gouverné glorieusement la France pendant quarante-quatre ans.

Ce prince avoit épousé Marguerite de Provence, dont il eut

1° Louis, mort âgé de seize ans;
2° Philippe III, son successeur;
3° Jean, mort au berceau;
4° Jean Tristan, comte de Nevers, mort sans enfants;
5° Pierre, comte d'Alençon, idem.
6° ROBERT, comte de Clermont, tige de la maison royale de Bourbon;
7° Blanche, morte à l'âge de trois ans;

8° Élisabeth, mariée à Thibaut, roi de Navarre;
9° Blanche, mariée à Ferdinand, infant de Castille;
10° Marguerite, épouse de Jean I, duc de Brabant;
11° Agnès, mariée à Robert, duc de Bourgogne.

Nota. C'est donc le comte Robert, sixième fils de saint Louis, qui est le chef de la maison royale de Bourbon. De cette tige principale sont sorties plusieurs branches, dont nous donnerons aussi la description. Nous commencerons notre exposé historique par ce chef, après que nous aurons rapporté succinctement l'origine de l'auguste maison de Bourbon par les femmes.

DESCENDANCE PAR LES FEMMES.

PREMIÈRE DYNASTIE,
DITE BOURBON L'ANCIEN.

Armoiries : D'or au lion de gueules, et à l'orle de huit coquilles d'azur. D'autres en mettent dix ; mais il paroît que les deux dernières ont été ajoutées postérieurement à Archambaud VI, qui le premier prit des armoiries.

Dans la plus grande partie de la France, Pépin n'avoit fait qu'ajouter le titre de roi à la puissance royale dont son père avoit joui. Il n'en étoit pas de de même de l'Aquitaine dont le Bourbonnois faisoit partie : Pépin s'étoit vu forcé de conquérir cette province; et pour conserver sa conquête, qui lui étoit vivement disputée, il avoit été obligé en quelque sorte de la partager entre les compagnons de ses victoires, en établissant des ducs, comtes, barons et autres seigneurs, sur chaque portion de territoire susceptible d'être gouvernée militairement, à la charge par ceux qu'il établissoit ainsi de se reconnoître vassaux du roi et ses premiers sujets, en lui rendant foi et hommage, et en lui payant un tribut proportionné à l'importance du domaine concédé. Charlemagne, son fils, suivit le même plan, et c'est de cette époque que peut dater l'érection de la ville de Bourbon en seigneurie.

Un auteur du seizième siècle, cité par M. Coiffier-Demoret, dans son histoire du Bourbonnois, parle de l'érection de Bourbon en seigneurie vers 509, du temps de Clovis, et la fait ériger en baronnie en 770, du temps de Charlemagne. Il n'y a pas à la vérité de monument historique qui remonte jusqu'à ce temps, mais les titres qui constatent l'existence du premier seigneur de Bourbon connu indiquent suffisamment qu'il avoit eu des prédécesseurs. Néanmoins ne pouvant rien statuer sur l'existence de ces premiers possesseurs de la terre de Bourbon, nous commencerons à celui qui nous offre quelque chose de certain.

I.

AYMAR, ou plutôt ADHÉMAR, Sire de Bourbon,

est le premier qui se présente en ordre. Charles-le-Simple, en 913, lui donna en récompense de sa fidélité plusieurs terres situées en Berry, en Auvergne et dans l'Autunois près de l'Allier. Avant ce temps, les sires de Bourbon ne possédoient que les domaines de Bourbon, de Hérisson, de Murat et de Chantelle. Cette générosité ne doit pas paroître étonnante, si l'on considère qu'Aymar étoit parent de Hugues-le-Grand, qui gouvernoit déjà la France, et que Charles-le-Simple avoit intérêt de le ménager. Souvigny faisoit partie de la donation, ainsi que le petit lieu appelé *de Molinis* (depuis Moulins). Deux ou trois ans après l'acte de donation, où Adhémar est qualifié *fidelis noster comes Adhemarius*, ce seigneur fonda un prieuré de bénédictins de l'ordre de Cluny à Souvigny, au diocèse de Clermont, à moitié chemin de Moulins à Bourbon. Pour le service de ce prieuré, il affecta plusieurs héritages et spécialement l'église de Saint-Pierre en ladite ville. La donation fut faite en présence et du consentement de sa femme et de ses enfants, formalité exigée alors pour la validité de ces sortes d'actes.

Par un autre acte, fait à Autun en 918, il ajouta au prieuré un bien situé à Lusigny provenant du don qui lui avoit été fait par Charles-le-Simple.

Le seigneur Adhémar fit son testament le 4 des calendes de mai, la première année du règne de

Raoul, 923; dans ce testament, daté de son château *de Molinis* (Moulins) au territoire d'Autun, il parle de son aïeul le comte Aymar et de son père Nibilonge, que l'on soupçonne descendu en ligne directe d'un comte Nibilonge, cousin germain de Pépin-le-Bref. Dans ce testament, Aymar institue Aymon, son fils aîné, héritier de tous ses biens, sauf des apanages peu considérables à ses puînés.

Il laissa de sa femme Hermengarde Aymon I, son successeur; Dagobert et Archambaud, morts sans postérité.

II.

AYMON I, Sire de Bourbon, fils du précédent, n'est connu dans l'histoire que par les annales des bénédictins, pour avoir voulu révoquer les donations faites par son père au prieuré de Souvigny. Les droits n'étant pas alors bien définis, on voyoit souvent les seigneurs revenir sur les donations qu'ils avoient faites soit par dévotion, soit par vanité. Comme la prétention d'Aymon n'étoit point admissible, puisqu'il avoit signé lui-même l'acte de donation, il ne tarda pas à se repentir de sa démarche. Non seulement il rendit ce qu'il avoit pris, mais encore il ajouta aux dons précédents la terre de Longvé près de l'Allier.

Son testament est daté du château de Bourbon, 945 et 953. Dans ce testament sont nommés, outre sa femme Alsende et ses fils, les comtes Hugues père, Hugues et Othon fils, lesquels pourroient bien être Hugues-le-Grand, duc de France, Hugues Capet, depuis roi de France, et l'un de ses frères, tous trois parents du testateur. Ce qui établiroit la parenté des Bourbons avec les princes de la seconde et troisième race.

Aymon mourut peu de temps après cet acte. Il avoit épousé une dame Alsende, dont on ignore l'origine; et il eut d'elle Gérard, qui mourut en bas âge, Archambaud, qui lui succéda, Aymon, Ébles et Anseric. Ce dernier obtint pour son partage le château des Thermes, appelé depuis Bourbon-Lancy en Bourgogne, et que l'on croit tenir son surnom d'Anseric, dont on auroit fait par corruption Ancy. Cette opinion n'est pas fondée. Ce prince laissa une postérité qui fut la tige d'une famille Dompierre, qu'il ne faut pas confondre avec Bourbon-Dampierre. La trace de la première est perdue. On doit à Guischard et Guillaume de Dompierre, issus d'Anseric, la fondation de l'abbaye de Sept-Fonds en Bourbonnois. (M. Coiffier-Demoret, *Hist. du Bourbonnois*, t. II, p. 97.)

III.

Archambaud I, Sire de Bourbon, fils puîné du précédent. On sait peu de choses sur lui, sinon qu'il donna son surnom aux princes qui lui succédèrent. Il étoit seigneur de Bourbon en 959, époque à laquelle il confirma avec sa femme Rotbilde les donations faites par ses pères au prieuré de Souvigny. Il soumit la même année l'église d'Osches à l'abbaye de Déols, bourg situé près de Châteauroux en Bas-Berry. Il avoit épousé Rothilde, vicomtesse de Limoges, dont il eut un fils qui lui succéda.

IV.

Archambaud II, Sire de Bourbon, à l'exemple de ses prédécesseurs, enrichit le prieuré de Souvigny, objet particulier de la dévotion de sa famille. Il étoit contemporain de saint Mayeul, qui mourut en 994 au même prieuré, après avoir gouverné l'ordre de Cluny pendant trente-quatre ans. Hugues Capet accorda, à la prière d'Archambaud, le droit de battre monnoie audit prieuré. En 999, le sire de Bourbon eut avec Landry, comte de Nevers, son voisin, une guerre assez vive pour les limites de sa seigneurie, et cette guerre se tourna à son avantage. Ce prince avoit épousé Hermengarde, fille d'Herbert, sire de Sully, et il en eut quatre fils : Archambaud III, qui lui succéda; Gérard, qui eut pour apanage Montluçon, mais qui mourut sans postérité; Albin ou Guischard, inconnu d'ailleurs, mais nommé dans une charte de son frère Archambaud III ; et Aymon, archevêque de Bourges, célèbre dans son diocèse, non seulement pour sa piété, mais encore pour sa valeur dans les combats ; car, à cette époque, l'amour de la guerre n'avoit rien d'extraordinaire dans un évêque, et ne l'empêchoit pas de passer pour un saint homme.

Quelques savants critiques veulent qu'Archambaud II n'ait été que le petit-fils d'Archambaud I, qui auroit eu un fils unique nommé Eudes, qualifié de comte de Bourbon dans une charte datée de l'an 1000. Ce point est peu important.

V.

ARCHAMBAUD III, dit *du Montet*, Sire de Bourbon, confirma toutes les donations faites aux églises par ses ancêtres. Car c'est seulement sous le rapport religieux que le nom de la plupart de ces anciens seigneurs est parvenu jusqu'à nous. En 1048, il restitua au chapitre de Saint-Ursin de Bourges l'église de Saint-Ursin, injustement usurpée, et se trouva en 1066, le jour de la Pentecôte, à la cour du roi Philippe I, pour approuver le don fait par un de ses vassaux de la Chapelaude, commune située à deux lieues de Montluçon, à l'abbaye de Saint-Denis. Il mourut bientôt après cet acte, et fut enterré au prieuré du Montet-au-Moine, qu'il avoit richement doté. De là vient que son fils, dans une de ses chartes, se qualifie : *Archembaldus Borboniensis, cognomine Fortis, filius Archembaldi de Monticulo* (le P. Labbe, Mélanges curieux, p. 576). Il eut de sa femme, nommée Déaurate, Archambaud IV, qui suit, et une fille appelée aussi *Déaurate*, morte sans alliance.

VI.

Archambaud IV, Sire de Bourbon, surnommé *le Fort*, eut une vive discussion avec les religieux de Souvigny, que ses prédécesseurs avoient richement dotés. L'objet de cette querelle, suivant M. Coiffier, étoit la justice temporelle que les religieux vouloient étendre peut-être au-delà des bornes qui leur étoient prescrites par la charte d'Archambaud II. L'affaire parut assez grave pour être discutée dans deux conciles tenus l'un à Charlieu, l'autre à Clermont. Ces deux assemblées ne décidèrent rien et les choses restèrent indécises jusqu'à la mort d'Archambaud IV. Ce prince n'en confirma pas moins les donations faites aux églises par ses pères et notamment celle de la Chapelaude à l'abbaye de Saint-Denis. D'après le nécrologe du prieuré du Montet, où il fut enterré, il mourut le 16 juillet 1078, laissant de sa femme Hermengarde, fille du comte d'Auvergne, Archambaud, qui lui succéda ; Aymon II, qui usurpa la baronnie de Bourbon sur son neveu ; Guillaume, seigneur de Montluçon, dont une descendante, ayant épousé Archambaud VIII, fit rentrer cette seigneurie dans la maison de Bourbon; enfin Hermengarde, mariée à Foulques, dit *Réchin*, comte d'Anjou, dont elle eut Geoffroi Martel, comte d'Anjou, tige des Plantagenets, rois d'Angleterre.

VII.

Archambaud V, Sire de Bourbon, reprit l'affaire que son père avoit eue avec les moines de Souvigny et qui étoit restée indécise. En 1096, il assembla une cour de justice pour en décider. Cette cour se composoit de plusieurs seigneurs de ses vassaux et de ses voisins, parmi lesquels, suivant l'historien du Bourbonnois, se trouvoit Bernard de Villars et Aymon, sénéchal de Bourbon. Le pape Urbain II y assistoit comme médiateur. L'arrangement qui fut la suite de cette assemblée prouve que les religieux de Souvigny vouloient soustraire la seigneurie à la juridiction temporelle du prince, et que celui-ci de son côté vouloit trop étendre ses droits. Tout en lui conservant sa juridiction on crut devoir la restreindre : un des articles convenus porte « que les hommes de Souvigny ne seroient tenus de servir Archambaud que dans trois occasions : lorsque l'ennemi attaquera; lorsqu'il voudra fortifier une place qui porteroit préjudice au pays; lorsque enfin il sera jugé nécessaire d'en fortifier une pour la sûreté commune. »

Depuis cette affaire, il paroît que les seigneurs de Bourbon cessèrent de doter un monastère ingrat, et qu'ils choisirent d'autres lieux pour leur sépulture, ce qui étoit alors un point très important.

Archambaud mourut jeune, et avant 1114, laissant de sa femme, nommée Lucques, un fils en bas âge. Cette dame, s'étant mariée peu de temps après, donna lieu à l'usurpation dont nous allons parler.

VIII.

Aymon II, Sire de Bourbon, surnommé *Vaire-Vache*, à cause de la couleur variée de ses cheveux et de sa barbe, profita de la foiblesse de son neveu pour s'emparer de la seigneurie de Bourbon; mais Alard Guillebaud, seigneur de La Roche, beau-père du jeune prince, réclama la justice du roi Louis-le-Gros. Aymon fut cité à la cour des pairs. Au lieu de comparoître, il se fortifia dans son château de Germiny, décidé à soutenir son usurpation par les armes. Le roi marcha contre lui avec une armée, l'assiégea dans les formes, et le força de venir à ses pieds implorer sa clémence. Aymon se rendit donc à Paris, où fut terminé le différent entre l'oncle et le neveu : l'abbé Suger (Vie de Louis-le-Gros, l. 21) ne nous dit pas comment. Ce qu'il y a de certain, c'est qu'Aymon resta en possession de la seigneurie. On présume que le neveu mourut sans enfants, immédiatement après le jugement et avant l'exécution de la sentence, ce qui légitima la possession du bien entre les mains du détenteur. Vers l'an 1099, et du vivant de son père, Aymon avoit eu une guerre avec Guillaume I, comte de Nevers, pour les droits de sa femme, petite-fille de ce comte. Le résultat de cette guerre n'est pas connu. Du mariage d'Aymon avec Aldesende naquirent Archambaud, qui suit; Gérard et Guy, morts sans postérité.

IX.

Archambaud VI, Sire de Bourbon, et fondateur de Villefranche en Bourbonnois, à laquelle ville il accorda des coutumes et des franchises vers l'an 1137, augmenta la puissance de sa maison en devenant beau-frère du roi Louis-le-Gros. Il avoit épousé, du vivant de son père, Agnès de Savoie, fille de Humbert II, comte de Savoie, et sœur d'Alis ou Adélaïde, reine de France. En 1146 il se croisa à Vezelai avec Louis-le-Jeune, son neveu. Pour faire le voyage, il se vit forcé d'emprunter une grosse somme d'argent, que lui prêtèrent les religieux de Souvigny, non sans exiger de lui de nombreuses cautions. Indépendamment d'Agnès de Savoie, son épouse, M. Coiffier-Demoret compte vingt-six seigneurs ou riches particuliers du pays qui se portérent pour garants du paiement de ladite somme. L'acte est de 1147. Archambaud étoit revenu de la Terre-Sainte en 1149. En 1151, il accorda des franchises au village de Limoise; en 1162, Louis-le-Jeune l'honora de sa visite lorsqu'il vint à Souvigny tenir cour plénière pour prononcer sur les différents survenus entre les vicomtes de Polignac et l'évêque du Puy-en-Velay; et en 1165, il autorisa de sa présence et de son scel la transaction négociée par le pape Alexandre III, entre Guillaume VII, comte d'Auvergne, et l'évêque de Clermont. Il paroît que ce prince fut le premier des Bourbons qui timbra les armes du Bourbonnois telles que nous les avons mises en tête de cet article (voir ci-dessus, p. 17). En effet, c'est à l'époque des premières croisades que commença de s'introduire l'usage de timbrer les armoiries d'une manière fixe et constante. Avant ce temps, chaque seigneur prenoit individuellement, ainsi que les anciens l'ont pratiqué, telles couleurs et armoiries qui lui plaisoient. Ce qui confirme ma conjecture, par rapport aux armes de l'ancien Bourbon, c'est l'orle de coquilles qui en fait partie.

Archambaud mourut en 1171, laissant de sa femme Agnès: Archambaud, qui suit; Guiberge, femme d'Ebles, sire de Charenton en Berry; Adelaïs de Bourbon, mariée à un seigneur de Perreux; et Milesinde, dont l'alliance n'est pas connue.

X.

ARCHAMBAUD VII, Sire de Bourbon, né en 1140, mourut, à ce que prétend La Thomassière, en 1169, deux ans avant son père, et ce critique ne le compte pas moins au nombre des sires de Bourbon, ce qui implique contradiction. A moins qu'Archambaud VI ne l'ait associé à l'exercice de son pouvoir, à l'exemple des premiers rois de France de la troisième race. M. Coiffier-Demoret, dans son histoire du Bourbonnois, t. I, p. 117, fait vivre notre Archambaud jusqu'en 1187: et il s'appuie sur une charte tirée de notes manuscrites, qu'il cite souvent, dans lesquelles notes le prince est qualifié baron de Bourbon. Quoi qu'il en soit de ce fait, qui ne sera jamais bien éclairci, on ne sait rien d'Archambaud VII, sinon qu'il fut marié à Alix de Bourgogne, fille d'Eudes II, duc de Bourgogne, prince du sang de France, dont il n'eut qu'une seule fille, appelée Mahaud, qui lui succéda.

SECONDE DYNASTIE DES SIRES DE BOURBON,

DITS BOURBON-DAMPIERRE.

ARMOIRIES DE DAMPIERRE.

De gueules à deux léopards d'or. Couronne de baron.

La terre de Dampierre, d'où les seigneurs de ce nom ont tiré leur dénomination, est située dans le comté de Champagne, à huit lieues de Troyes, au-delà de la rivière d'Aube. Cette seigneurie a passé par alliance dans les maisons de Châtillon et de Launoy, vers l'an 1520, ensuite en d'autres mains.

Thibaud, seigneur de Dampierre, de Saint-Just, et de Saint-Dizier en Champagne, est le premier dont il soit fait mention d'une manière précise. Il florissoit avant l'an 1090. Il eut de sa femme Isabeau de Montlhéry, fille de Milès-le-Grand, sire de Montlhéry, Guy I, et une fille, mariée à un simple chevalier nommé Geoffroy.

Guy I succéda à son père dans la seigneurie de Dampierre, et fut un des otages fournis par Thibaud, comte de Champagne, au roi Louis VI, en garantie de sa fidélité, l'an 1110. Il vivoit encore en 1136. Il eut de sa femme Helvinde de Baudemont plusieurs enfants, dont Guillaume, qui suit.

Guillaume I vivoit de 1151 à 1160. Il se trouve nommé dans plusieurs chartes. De lui et de sa femme Hermengarde de Moucy naquit Guy II, sire de Dampierre, lequel ayant épousé Mahaud, dame de Bourbon, qui suit, eut d'elle Archambaud VIII, sire de Bourbon; Guillaume II, qui lui succéda pour la seigneurie de Dampierre, et plusieurs autres enfants, tiges de grandes maisons de France. Une des descendantes de Guillaume II, Jeanne de Dampierre, porta dans la maison de Bourgogne les comtés de Flandre, d'Artois, et de Nevers, d'où ils ont passé à la maison de Bourgogne. Ainsi les deux plus illustres maisons de l'Europe, celles de France et d'Autriche, tirent leur origine maternelle de Bourbon-Dampierre.

XI.

Mahaud, Dame de Bourbon, et Guy II, Sire de Dampierre.

Mahaud, fille unique d'Archambaud VII et d'Alix de Bourgogne, succéda à son père, et se maria d'abord à Gaucher de Vienne, sire de Salins, dont elle fut séparée en 1196 par le pape Célestin III pour cause de parenté. Elle n'eut de ce premier mari que Marguerite de Vienne, dame de Salins, qui, ayant épousé Guillaume de Sabran, comte de Forcalquier, porta, après la mort de Gaucher de Vienne, la seigneurie de Salins dans la famille de Forcalquier. Mahaud eut pour second mari Guy de

Dampierre. Ce seigneur, avant son mariage avec Mahaud, jouissoit d'une grande considération. Il étoit renommé pour sa piété et pour sa valeur. Il avoit donné des preuves de l'une par différents dons faits aux églises de Villiers et de Trois-Fontaines, et de l'autre par son voyage à la Terre-Sainte avec Philippe-Auguste. Sa réputation contribua à lui faire épouser la riche héritière de Bourbon, qui lui apporta de grands biens. La princesse Mahaud, comme nous venons de le dire, avoit été engagée dans un premier mariage, dissous pour cause de parenté. La fille qu'elle avoit eue de ce mariage fut pourvue d'avance sur la succession de sa mère par un premier don de douze cents marcs d'argent. On prévint de même les répétitions de la couronne sur les terres de la baronnie de Bourbon, concédées par Charles-le-Simple, au moyen de lettres-patentes obtenues de Philippe-Auguste en 1199, par lesquelles le roi reconnoît n'avoir rien à prétendre sur Souvigny et autres lieux de la baronnie de Bourbon, sinon la mouvance féodale. Cette déclaration étoit nécessaire au moment où la baronnie de Bourbon tomboit entre les mains d'une fille.

Le même Guy obtint du roi la souveraineté sur Montluçon qui devint héréditaire dans la famille. En 1200, Guy fut accepté comme *pleige* (caution) par Blanche de Navarre, comtesse de Champagne, pour les conventions faites avec elle, touchant la garde et l'éducation de sa fille et héritière, âgée seulement de douze ans. En 1202, il fut reçu par le même roi Philippe Auguste, *vassal-lige* de la couronne; ce qui prouve la considération dont il jouissoit alors, et quelle étoit l'importance de sa personne. En 1210, il fut chargé de la conduite d'une expédition contre le comte d'Auvergne qui s'étoit révolté. Cette guerre, si l'on en croit Mézerai, étoit occasionée par les injustices que le comte se permettoit envers les ecclésiastiques, et notamment envers l'évêque de Clermont; elle dura trois ans, pendant lesquels Guy fit plusieurs conquêtes, dont le roi lui céda une partie, ce qui agrandit la baronie de Bourbon, qui comprenoit alors presque tout le pays connu depuis sous le nom de Bourbonnois, et qui de nos jours embrasse un territoire plus vaste que le département de l'Allier.

Guy, en 1214, confirma les privilèges du prieuré de Souvigny, après être convenu auparavant avec les religieux que les hommes du prieuré seroient tenus de le suivre en guerre et dans ses expéditions militaires.

Il mourut l'année suivante, 1215, et fut inhumé à Blois, en l'église de Saint-Laumer, à laquelle il avoit fait plusieurs dons. Mahaud, son épouse, lui survécut trois ans, mourut en 1218, et fut enterrée dans l'église du Montet-au-Moine, le 20 juin de la même année. Elle eut de Guy II, son second mari,

Archambaud VIII; Guillaume, qui succéda aux biens paternels et les porta par suite dans la maison d'Autriche, comme nous l'avons dit ci-dessus; Guy de Dampierre, mort sans postérité; Mahaud, première femme de Guignes IV, comte de Forez, d'où sont sortis les sires de Beaujeu; Marie, mariée d'abord à Hervé, seigneur de Vierzé, qui mourut à Damiette, en Égypte; puis à Henry, seigneur de Sully; enfin Jeanne et Marguerite dont on ne trouve que les noms.

XII.

ARCHAMBAUD VIII, surnommé *le Grand*, Sire de Bourbon, succéda à sa mère Mahaud, et prit le cri et les armes de Bourbon. Il eut d'abord un procès à soutenir contre sa sœur utérine, la comtesse de Forcalquier, qui prétendoit à la baronnie de Bourbon, en qualité d'aînée des enfants de Mahaud, et qui revint, en 1221, contre l'accord passé entre elle et son beau-père, accord dont nous avons parlé dans l'article précédent. Le procès fut jugé devant Philippe-Auguste, assisté de son parlement. Il fut déclaré que la baronnie de Bourbon ne pouvoit venir aux filles qu'à défaut d'hoirs mâles; et de plus qu'elle ne pouvoit être divisée. En conséquence, la comtesse de Forcalquier fut obligée de se contenter de treize cents marcs d'argent pour sa part d'héritage. On ignore si les douze cents marcs, stipulés dans l'acte mentionné ci-dessus, faisoient partie de cette somme.

La fortune d'Archambaud étoit considérable, quoiqu'il eût abandonné à ses frères tous ses biens paternels. Elle venoit de sa mère et des portions du comté d'Auvergne que Philippe-Auguste avoit données à son père et qu'il lui confirma. Il jouissoit aussi, à titre de défenseur du pays d'Auvergne, de toutes les forteresses de ce comté; et, par ce moyen, il se trouvoit un des grands feudataires de la couronne. Il faut dire aussi que jamais aucun prince n'usa plus noblement de sa puissance : il répandoit ses libéralités, non seulement sur les monastères, mais encore sur ses parents et sur ses vassaux. Il les étendoit même jusqu'à ses ennemis : car il remit à la veuve du comte d'Auvergne le douaire qui lui étoit promis, sans exiger aucune redevance. Les communes et les pauvres ne furent pas oubliés. Il confirma les coutumes de Villefranche, il affranchit la commune de Gannat, et réduisit au simple service militaire les droits que lui donnoit la loi féodale sur ses sujets les plus pauvres. Tant de générosité, son amour pour un peuple qu'il rendoit heureux, et sa bravoure dans les combats qu'il eut à soutenir contre le comte d'Auvergne, du vivant de son père, lui méritèrent le surnom de GRAND que la postérité lui a confirmé.

Ce prince, encore dans la force de l'âge, ayant suivi Alphonse, comte de Poitou, dans une expédition contre la Guyenne, fut tué à la bataille de Cognac, en combattant pour son roi, l'an 1238. Son corps fut rapporté à l'abbaye de Bellaigue, et inhumé dans ce lieu, parcequ'il l'avoit choisi pour sa sépulture.

Archambaud dans sa jeunesse avoit été accordé avec Guigonne, fille de Guignes IV, comte de Flandres, mais le mariage n'eut pas lieu. Il épousa depuis, vers 1215, Béatrix, dame de Montluçon, sa parente au cinquième degré, et qui étoit issue des seigneurs de Bourbon par Gérard, fils d'Archambaud II. Il eut d'elle : Archambaud IX, qui suit; Guillaume, seigneur de Beçay, en Bourbonnois, qui eut un fils, nommé Guillaume, mort sans postérité; Guy de Bourbon, seigneur de Néry et doyen de l'église métropolitaine de Rouen; Dreux de Bourbon, chanoine et chevecier de l'église de Chartres; Marguerite de Bourbon, troisième femme de Thibaud, comte de Champagne et roi de Navarre. Elle eut, en faveur de ce mariage, trente-six mille francs de dot, somme considérable pour ce temps-là et qui prouve la richesse des seigneurs de Bourbon; Béatrix, mariée à Béraud, seigneur de Mercœur; enfin Marie de Bourbon, alliée en 1240 à Jean I, comte de Dreux.

XIII.

Archambaud IX. Ce prince ne fut ni moins brave, ni moins puissant que son père. Il augmenta même ses domaines par différentes transactions faites avec ses voisins, et par conséquent ses moyens de faire le bien ; car on peut dire avec certitude, que jamais aucune puissance ne fut plus considérée, plus agréable au peuple, que celle des trois derniers Bourbons, dits l'Archambaud. A cette époque, Archambaud étoit regardé comme un des plus puissants vassaux de la couronne. A l'hommage près, il jouissoit dans ses vastes domaines de tous les pouvoirs de la royauté : il avoit des grands officiers, tels qu'un sénéchal, deux maréchaux, des juges inférieurs ; il affranchissoit ses communes du droit de servage, comme faisoient les rois de France dans leurs terres. Iolande de Châtillon, son épouse, lui avoit apporté en dot des domaines considérables ; lui-même, il jouissoit d'une fortune immense : aussi sa cour étoit-elle regardée comme une des plus brillantes et des plus aimables, non seulement de la France, mais même des pays étrangers. Par les titres qu'on a de lui, on voit que la baronnie de Bourbon, sans compter les terres de sa femme, comprenoit Bourbon, Hérisson, Ainay, Montluçon, Néry, La Bruyère, Montaigu, Chantelle, Charroux, Vichy, Belleperche, Limoine, Souvigny, Rochefort, Verneuil, etc. Dans toutes ces châtellenies, car elles avoient ce titre, il possédoit plusieurs châteaux où il habitoit successivement, en rendant par lui-même la justice à ses vassaux. Il paroît pourtant qu'il affectionnoit de préférence le château d'Ainay; car la plupart de ses actes sont datés de cet endroit.

Il possédoit aussi Saint-Pourçain, qui, ainsi que Gannat et autres communes, lui étoient restées en propre des conquêtes faites par son aïeul, Guy de Dampierre, sur les comtes d'Auvergne. Ce prince étoit plus modeste que sa fortune ne sembloit le comporter. Dans ses actes, il signoit, *Je, sire de Bourbon*, etc., et il donnoit le même titre à ses vassaux, qu'il regardoit comme ses enfants, et qu'il gouvernoit en père.

En 1248, avant de partir pour la croisade à la suite de saint Louis, il transigea avec le comte de Poitou, frère du roi, pour différents fiefs. Et, entraîné par son zèle pour la religion, il prit la croix, et fit son testament. Dans cet acte, après avoir rappelé la mémoire de Guy de Dampierre, son aïeul, d'Archambaud VIII, son père, de sa mère Béatrix et de son aïeul maternel, le seigneur de Montluçon, il institue ses héritières, Mahaud et Agnès ses filles; il donne la garde de la dernière à Guy de Dampierre, son oncle, ainsi qu'au seigneur de Mercœur, son beau-frère, en leur recommandant l'exécution du testament. Il ajoute nombre de dons pieux pour les chapelains d'Hérisson et autres lieux, etc.

Après ces arrangements, il partit pour la Terre-Sainte, accompagné de Iolande, son épouse, qui, l'ayant secondé dans ses actes de bienfaisance, voulut partager avec lui les périls d'une expédition que l'on regardoit alors comme le couronnement des vertus chrétiennes et militaires. Archambaud n'eut pas le bonheur de voir la terre promise. Arrivé à la hauteur de l'île de Chypre, il fut obligé de s'arrêter dans ce lieu; et une maladie violente l'ayant surpris, il mourut dans cet endroit, le 15 janvier 1249. Sa femme Iolande lui survécut de deux ans, et revint en France, où elle décéda après avoir fait un testament dans lequel elle fixoit le sort de ses filles. L'archevêque de Bourges, l'évêque de Nevers et le doyen du chapitre de Hérisson, étoient les exécuteurs testamentaires.

M. Coiffier-Demoret, de qui nous tenons ces détails, remarque que le P. Le Moine, dans son poëme de Saint-Louis, fait d'Archambaud un de ses héros: il le suppose arrivé en Égypte, ce qui n'est pas vrai; mais c'est une licence poétique, dont il résulte seulement l'idée que ce prince avoit laissée de ses vertus.

Archambaud IX eut d'Iolande de Châtillon, comtesse de Nevers, d'Auxerre, de Tonnerre, etc., deux filles, Mahaud et Agnès. Elles furent toutes deux mariées aux deux fils aînés de Hugues IV, duc de Bourgogne, Eudes et Jean II. Mahaud, l'aînée, après la mort de son père, et avant celle de sa mère, prit parmi ses titres celui de dame de Bourbon; et, en effet, comme le prouve l'auteur de l'histoire du Bourbonnois, elle a joui de la seigneurie avant sa sœur, et pendant les années 1249, 1252 et 1254. Mais, après la mort de sa mère Iolande, qui laissoit une riche succession ouverte, il y eut un accord entre les deux sœurs, duquel accord il résulta que Mahaud, l'aînée des deux filles, et son mari, Eudes de Bourgogne, posséderoit les comtés de Nevers, de Tonnerre, d'Auxerre, etc., et généralement tous les biens de sa mère; tandis que la cadette auroit pour son partage les biens paternels, c'est-à-dire le Bourbonnois, et tout ce qui en dépendoit. Ainsi Agnès de Bourgogne devint baronne de Bourbon, conjointement avec Jean de Bourgogne, son mari, qui étoit déja comte de Charolois.

XIV.

AGNÈS, Dame de Bourbon, et JEAN de Bourgogne, Comte de Charolois. Ces princes augmentèrent encore les domaines de leurs ancêtres de la terre de Montignac et de celle de Piremont. En 1261, ils confirmèrent les priviléges accordés précédemment au prieuré de Souvigny. En 1268, Jean de Bourgogne mourut, en ordonnant par testament la fondation d'un hôpital à Moulins; ce que sa veuve commença d'exécuter: mais cette opération ne fut terminée que par le comte de Clermont.

Agnès, restée seule dame du Bourbonnois, fit en 1268 une transaction avec les religieux de Saint-Pourçain, touchant la justice de cette ville. Elle se remaria en 1278 à Robert, comte d'Artois, neveu de saint Louis, et fils de Robert, tué à la bataille de la Massoure, en Égypte. Elle n'eut point d'enfants de ce mariage. D'après une inscription trouvée à Champaigue, en Bourbonnois, où elle fut enterrée, il résulte qu'elle mourut en 1288, et non pas en 1283, comme le dit le P. Anselme.

Agnès ne laissa de son premier mari, Jean de Bourgogne, qu'une fille, appelée Béatrix, laquelle épousa en 1272 Robert, sixième fils de saint Louis; et c'est en elle que les deux dynasties précédentes, Bourbon-l'ancien et Bourbon-l'Archambaud, viennent se confondre dans la maison de France, par la branche de Clermont-Bourbon.

XV.

Béatrix, Dame et baronne de Bourbon, de Charolois, de Saint-Just, etc., etc. Voyez l'article suivant.

HISTOIRE

GÉNÉALOGIQUE

DE LA MAISON ROYALE

DE BOURBON.

PREMIÈRE BRANCHE,

DITE DE BOURBON-CLERMONT.

I.

ROBERT DE FRANCE,

COMTE DE CLERMONT, BARON DE BOURBON ET DE CHAROLOIS,
SEIGNEUR DE CREIL, DE GOURNAI, ET DE SAINT-JUST, ETC.

ET

BÉATRIX DE BOURGOGNE,

DAME ET BARONNE DE BOURBON, SON ÉPOUSE.

Le comte Robert timbroit ses armes, de France; c'est-à-dire d'azur, fleurs-de-lys d'or sans nombre. L'écu brisé d'un bâton ou cotice de gueules, brochant sur le tout. Couronne de fils de France, A. R. comme celle du roi, à huit fleurs de lys d'or.

La dame de Bourbon timbroit ses armes, party de Bourgogne du chef de son père. Elles sont coticées d'or et d'azur de six pièces, retenant la bordure de gueules; et de Bourbon-l'Archambaud, du chef de sa mère. Ces dernières sont d'or, au lion de gueules, et à l'orle de huit coquilles d'azur. Couronne de princesse du sang, A. S., avant son mariage, et depuis, couronne de fille de France, A. R.

Le comte Robert, sixième fils de saint Louis et de Marguerite de Provence, naquit au château de

Vincennes en 1256, lorsque son auguste père, encore dans la force de l'âge, et parvenu au plus haut point de sa gloire, s'occupoit uniquement du bonheur de ses sujets. Saint Louis méditoit alors ces établissements qui seuls auroient immortalisé son règne, quand sa piété, sa clémence, sa modération dans la victoire, son courage inébranlable dans les revers, et son sang répandu pour le triomphe de la foi, ne lui auroient pas mérité une couronne immortelle, bien plus éclatante que celle qui brilloit alors sur sa tête.

Le jeune Robert, élevé à la cour du saint roi, à cette cour si modeste en apparence, mais si grande en réalité par ses vertus, y puisa l'amour de ses devoirs comme chrétien et comme prince du sang; il y puisa ce courage invincible qui le distingua lui-même ainsi que toute sa postérité. Quoique trop éloigné du trône pour espérer d'y parvenir, il avoit pu entendre sortir de la bouche de Louis les mémorables paroles que ce prince adressoit à Philippe son héritier présomptif : « Beau fils, je te prie « que te fasses aimer du peuple; car vraiment j'ai- « meroys mieux qu'un Écossois vînt d'Écosse, qui « gouvernât bien et loyaument, que tu gouver- « nasses mal en point et en reproches. » Et ces royales paroles furent sans doute la régle de sa conduite à l'égard de ses vassaux; et pour ses descendants un point fixe et invariable dont ils ne s'écartèrent jamais, lorsque parvenus au trône, ils eurent occasion de les mettre en pratique.

Saint Louis, avant son départ pour la seconde croisade, avoit assigné à chacun de ses fils un apanage proportionné à la place qu'ils devoient occuper dans l'état. Robert, le plus jeune de tous, eut le comté de Clermont, qui comprenoit une grande partie du Beauvoisis, les châtellenies de Creil et de Gournai, à la charge de reversion à la couronne au défaut d'hoirs mâles; et c'est de cette première ordonnance, conforme à la loi salique, confirmée et étendue par Philippe-le-Bel, que date le droit public qui régit la France en cette partie.

Robert n'avoit que quatorze ans lorsqu'il perdit son père, mort à Tunis en 1270. Il étoit resté en France sous la tutéle de sa mère, qui, chargée seule de son éducation, lui inspira ces sentiments nobles et généreux dont elle avoit déja donné de si grands témoignages à Damiette. Deux ans auparavant, en 1268, le jeune prince étoit à peine en état de porter les armes, qu'il accompagna le roi Philippe, son frère, dans son expédition des Pyrénées. Roger Bernard, comte de Foix, se confiant dans la situation de ses états, au milieu des rochers et des montagnes, bravoit l'autorité souveraine, et affectoit l'indépendance la plus absolue, en refusant de rendre au roi l'hommage qui lui étoit dû pour le comté de Foix, dépendant du Languedoc, alors réuni à la couronne. Le monarque, justement irrité de l'insolence de ce vassal, et résolu de faire un exemple, déploya un appareil de force imposant. Il conduisit son armée jusqu'à Toulouse, reçut la soumission du comte d'Armagnac, qui avoit pris le parti de Roger, et rappelé dans l'intérieur du royaume par d'autres affaires, il laissa à son jeune frère le soin de poursuivre les rebelles, et de venger la majesté royale. Robert, à la tête de l'armée françoise, s'avance dans le comté de Foix avec la rapidité de l'éclair, surprend l'ennemi, le pousse de positions en positions, de rochers en rochers, emporte d'assaut ses places fortes, et, l'ayant réduit à une seule, il l'oblige de se rendre à discrétion avec toute sa famille. Le comte de Foix fut conduit chargé de fers à Beaucaire, où il resta un an, jusqu'à ce que le roi, après avoir reçu son hommage, lui rendit son comté, et lui donna même en mariage la fille de Philippe, comte d'Artois, prince du sang, et petit-fils de Philippe-Auguste.

(1271) Un si bel exploit, dans un âge encore tendre, méritoit une récompense. Philippe conféra, dans une assemblée solennelle, l'ordre de la chevalerie au comte de Clermont. Cette cérémonie donna lieu à des fêtes brillantes, suivies de joûtes et de tournois dans lesquels le nouveau chevalier signala son adresse et sa bravoure.

Quelques années après, en 1278, le roi qui aimoit tendrement son frère, lui fit épouser Béatrix de Bourgogne, princesse du sang, fille unique et héritière de Jean de Bourgogne, baron de Charolois, et d'Agnès, Dame de Bourbon et de Saint-Just, fille puînée d'Archambault le jeune, et petite-fille d'Archambault, huitième du nom, de la première dynastie des sires de Bourbon; c'est ainsi que la baronnie de Bourbon passa à la famille du comte de Clermont.

Au milieu des fêtes occasionées par ce mariage, et sur-tout à l'arrivée du prince de Salerne, héritier de la couronne de Sicile, postérieure de quelques mois au mariage du comte, un accident fâcheux vint priver la France des services qu'auroit pu rendre encore à l'état un prince dont les premiers pas dans la carrière militaire annonçoient un grand homme. Le jeune Robert, impatient de signaler sa valeur dans un tournoi, voulut en être le principal tenant. Résolu de mourir plutôt que de céder, il se livra avec tant d'ardeur à ce genre de combat, qu'il en resta incommodé le reste de ses jours. Suivant quelques auteurs, la violence des coups qui portèrent sur sa tête, la pesanteur de ses armes, toutes bardées de fer, la chaleur excessive de la journée, jointe à la foiblesse de son tempérament, lui causèrent une aliénation mentale qui dura jusqu'à sa mort; c'est-à-dire pendant quarante ans. Il paroît que l'on a exagéré : car l'accident qui le priva en effet de paroître dans la suite à la tête des armées, ne lui ôta point la faculté de se rendre utile dans les conseils.

(1282.) Il montra de la fermeté en défendant les droits de sa femme contre Agnès de Bourbon, sa belle-mère. Cette princesse mariée en secondes noces avec Robert, comte d'Artois, vouloit priver sa fille Béatrix de la baronnie de Bourbon, pour avantager son nouvel époux. Le comte de Clermont en rappela au roi Philippe, qui, siégeant en son parlement, déclara la baronnie indivisible, et l'adjugea à la comtesse avec ses dépendances. C'est ainsi que le Charolois et la seigneurie de Saint-Just, entrant avec le Bourbonnois dans la maison de France, composèrent aux descendants de Robert un patrimoine convenable à la splendeur de leur origine.

En 1286, nous voyons le comte de Clermont admis dans le conseil des notables tenu par Philippe-le-Bel, à l'effet de prendre des mesures pour s'opposer aux entreprises de Guy, comte de Flandre, ennemi de l'état, et assisté des Anglois.

(1310.) Le même roi Philippe envoye en ambassade le roi de Navarre avec le comte Robert et son fils aîné, le prince Louis, vers l'empereur Henri VII, pour conclure une trêve offensive et défensive contre les Anglois et les Flamands.

Il est à remarquer que, dans ce traité, le comte

de Clermont est qualifié de *Chambrier de France*, dignité qu'il ne faut pas confondre avec celle de grand chambellan, comme nous le dirons ci-après.

En 1313, le comte de Clermont, dans une assemblée générale des grands du royaume, tenue par le roi Philippe-le-Bel, prend la croix avec le prince Louis son fils, et se prépare au voyage d'outre-mer. Cette expédition n'a pas de suite.

Mais de tous les événements auxquels le comte de Clermont eut part, aucun ne lui fit plus d'honneur que la canonisation de Louis IX son père. Philippe-le-Bel, petit-fils du saint roi, ayant obtenu de la cour de Rome la béatification de son illustre aïeul, ordonna à cette occasion les fêtes religieuses les plus magnifiques. Le corps du prince, rapporté de Saint-Denis, où il avoit été déposé provisoirement, à la Sainte-Chapelle de Paris, et placé sur une estrade, dans une châsse de vermeil, enrichie de pierreries, resta pendant plusieurs jours exposé à la vénération publique. Le concours des évêques, des grands, du clergé et du peuple étoit immense; car le triomphe de saint Louis étoit celui de la religion et de la France entière, qui n'a cessé, depuis ce moment, de l'honorer comme son patron; et, si je puis m'exprimer ainsi, comme son ange tutélaire. Philippe ne voulut confier qu'à lui-même et à sa famille le soin de porter à Saint-Denis les reliques de Louis. Ainsi, à la suite d'un cortége nombreux et recueilli dans les sentiments de la piété la plus sincère, on voyoit d'une part, le roi avec ses deux frères, les comtes d'Évreux et de Valois, *le comte de Clermont* et ses deux fils, les princes Louis et Jean de Clermont, portant sur leurs épaules le précieux fardeau, pendant l'espace de deux lieues. On les voyoit, ces augustes et généreux fils, fondant en larmes, et s'arrêtant à des chapelles placées de distance en distance sur la route, au milieu des bénédictions d'un peuple entier, qui faisoit retentir les airs d'hymnes et de cantiques, auxquels se mêloient les justes éloges rendus à la mémoire du monarque à qui la France devoit son bonheur, et sa royale famille la première couronne de l'univers.

Le comte de Clermont ne s'en tint pas à de stériles regrets. Comme son auguste père, il fut pieux, équitable, et compatissant; comme lui, il fonda des hopitaux, entre autres celui de Saint-Julien de Moulins. Enfin, après avoir eu la consolation de bénir ses enfants, il décéda en paix à Paris, âgé de soixante-deux ans, en l'an de grace 1317, et fut inhumé dans l'église des dominicains de la rue Saint-Jacques (chapelle dite des Bourbons), sous une tombe fort modeste, au-dessus de laquelle on voyoit naguères sa statue couchée, surmontée d'un dais ou chapiteau en gothique, dont le travail nous a paru assez précieux.

Voici les inscriptions gravées autour du tombeau et à côté, telles qu'elles sont rapportées par M. Alex. Lenoir (t. I, p. 203 du *Musée des monuments français.*)

Inscription ancienne autour de la tombe.

Chy-gist le fils mos S.-Loys iadis roi de France c'est a sçauoir M. Robert comte de Clermont seigneur de Bourbon qui trespassa le septième iour de feurier et fust le lundi apres la purification de nostre Dame. Priez Dieu pour le repos de l'ame de ......(¹).

Autre inscription ancienne, gravée derrière la tête du prince,
sur un marbre noir.

Chy-gist messire Robert comte de Clermont seigneur de Bourbon qui fust fils de monsieur saint Loys roi de France qui trespassa le VII iour de feurier lan de grace MCCCXVII.

Priez Dieu pour son ame.

Il y avoit aussi, dans la même chapelle, une troisième inscription, fort récente, de la composition de Santeul, et conçue en ces termes : (Voyez page suivante.)

(¹) Suivant M. Le Noir, la lacune qui existe peut être remplie par le mot *ly*. Il faut lire : *Pour l'ame de ly*, ou *de lui*.

IN PIAS ET ILLUSTRES EXUVIAS

SERENISSIMI PRINCIPIS, COMITIS DE CLERMONT
SANCTI LUDOVICI REGIS FILII, REGIÆ
BORBONIORUM PRIMÆVÆ STIRPIS,

EPITAPHIUM.

HIC STIRPS BORBONIDUM; HIC PRIMUS DE NOMINE PRINCEPS,
CONDITUR; HIC TUMULI VELUT INCUNABULA REGUM,
HIC VENIANT PRONI REGALI E STIRPE NEPOTES:
BORBONII HIC REGNANT INVITO FUNERE MANES.

Suivoit la traduction, faite par le P. La Place, religieux dominicain dudit couvent.

LE PREMIER DES BOURBONS, SOURCE D'UN NOM AUGUSTE,
REPOSE EN CE TOMBEAU, BERCEAU DES PLUS GRANDS ROIS.
PRINCES, VENEZ LUI RENDRE UN HOMMAGE HUMBLE ET JUSTE:
BOURBON, MALGRÉ LA MORT, ICI DONNE DES LOIS.

Robert, comte de Clermont, laissa, de son mariage avec Béatrix de Bourgogne, morte en 1310, avant son époux:

1° Louis I, d'abord comte de Clermont, puis premier duc de Bourbon, qui succéda à son père;
2° Jean de Clermont, baron de Charolois, qui eut de son mariage avec Jeanne d'Argies son épouse, Béatrix de Clermont, mariée à Jean I, comte d'Armagnac, à qui elle apporta en dot le Charolois; et Jeanne de Clermont, mariée à Jean I, comte d'Auvergne. Jean de

Clermont mourut un peu avant son père, en 1316, au moment où il se préparoit à passer à la Terre-Sainte avec son frère Louis. Ce prince ne laissa que deux filles; Béatrix, mariée à Jean, comte d'Armagnac, en 1327; et Jeanne, épouse de Jean I, comte d'Auvergne;

3° PIERRE DE CLERMONT, grand archidiacre de Paris, qui vivoit encore en 1330, sous Hugues de Besançon, évêque de Paris;

4° BLANCHE DE CLERMONT, épouse de Robert VII, comte d'Auvergne;

5° MARIE DE CLERMONT, accordée d'abord à Jean, marquis de Montferrat, mais qui bientôt quitta les vanités du monde pour se consacrer à Dieu, dans le monastère de Poissy, dont elle fut la seconde prieure. Sur son tombeau elle est qualifiée de *noble dame sœur Marie de Clermont;*

6° MARGUERITE DE CLERMONT, première femme de Jean de Haynault, comte de Namur, décédée sans postérité.

II.

LOUIS I,

DUC DE BOURBON, PAIR ET CHAMBRIER DE FRANCE, COMTE DE CLERMONT, DE LA MARCHE ET DE CASTRES, SIRE D'ISSOUDUN, DE SAINT-PIERRE-LE-MOUSTIER ET DE MONT-FERRAND, ROI TITULAIRE DE THESSALONIQUE, ETC., SURNOMMÉ LE GRAND, ET PAR D'AUTRES LE BOITEUX.

ARMOIRIES.

De même que son père (voyez ci-dessus, page 45), excepté que la couronne étoit celle de prince du sang, et non pas de fils de France, c'est-à-dire qu'elle n'avoit que quatre fleurs de lys, entre-mêlées de quatre fleurons de duc.

Louis I, que l'on appela *Monsieur Louis* du vivant de son père, fils aîné de Robert, comte de Clermont, vint au monde en 1279. Il étoit à peine âgé de dix-sept ans, lorsque Philippe-le-Bel, voulant punir l'orgueilleuse audace du comte de Flandre, son vassal, mit sur pied une armée formidable, composée de l'élite de sa noblesse et de la milice française. Pour exciter l'ardeur de tant de braves guerriers, il conféra l'ordre de la chevalerie à un grand nombre de personnes, parmi lesquelles se distinguoient le comte d'Évreux, frère du Roi, le jeune d'Artois, et le prince Louis son cousin-germain, qui avoit amené avec lui à cette expédition neuf compagnies d'hommes d'armes, pouvant former avec les gens de guerre non nobles, appelés servants, et leurs valets, environ deux mille cinq cents hommes.

(1296.) L'occasion de se signaler se présenta bientôt, et fut saisie avec empressement par le jeune Louis. Chargé avec le fils du comte d'Artois, son compagnon d'armes, de l'attaque du Pont-à-Vendin, près de Lille en Flandre, que le roi assiégeoit alors, et de laquelle dépendoit le succès de l'expédition, il força le passage et ouvrit au général le chemin de la victoire la plus éclatante. Il montra une pareille vigueur à la bataille de Furnes, aux siéges de Cassel, et des autres forteresses de la Flandre maritime, et contribua ainsi à la réduction de la province aux armes du roi.

(1302.) La campagne fut très malheureuse pour les Français. Les Flamands, révoltés sous la conduite d'un tisserand, nommé Pierre Leroi, avoient établi leur camp retranché entre Bruges et Courtrai. L'armée française étoit commandée par le comte d'Artois, qui, avec le vieux connétable de Nesle et deux maréchaux de France, guidoit l'avant-garde. Ce prince présomptueux méprisa trop une armée qu'il regardoit comme un ramas de paysans mal équipés et sans expérience ; jaloux de l'honneur d'une victoire qu'il croyoit obtenir seul, il s'enfonça dans des marais et des tranchées très épaisses, qui défendoient le camp des Flamands, sans attendre le comte de Saint-Pol, commandant le corps de bataille, ni le prince Louis de Clermont, chargé de la conduite de l'arrière-garde. L'effet de cette action téméraire fut la ruine entière de l'avant-garde dont les Flamands firent un carnage affreux. Le comte d'Artois, le connétable, les deux maréchaux, le chancelier, les comtes de Dreux, d'Angoulême, d'Eu, d'Aumale, etc., et plus de quatre mille chevaliers périrent dans cette mêlée; le corps de bataille, abandonné de son chef, prit la fuite avec une perte considérable ; mais l'arrière-garde, qui n'étoit pas entamée, survenant avec le prince Louis, eut le bonheur de sauver une grande partie de cette armée, composée, avant l'affaire, de cinquante mille combattants, et réduite alors à vingt-sept mille seulement.

(1303.) L'année suivante, le prince Louis, assisté du connétable de Châtillon, soutint avec plus d'éclat la gloire de la France : il battit, en plusieurs rencontres, les Flamands, et leur tua environ dix-sept mille hommes.

On connoît la fameuse bataille de Mons-en-Puelle, livrée en 1304, où les Flamands, resserrés dans leur camp par l'armée royale, tentèrent un coup de désespoir pour se dégager. Ils vinrent fondre à l'improviste, et en plein jour, sur les Français, dirigeant tous leurs efforts sur le quartier du Roi, qui, abandonné du comte de Valois et de la plupart des chevaliers, eut à soutenir, lui vingtième, le choc d'une armée entière. C'en étoit fait du monarque, si le prince Louis ne fût accouru à son secours avec ses neuf compagnies d'hommes d'armes, et n'eût ramené, par son exemple, le comte de Valois sur le champ de bataille avec ses escadrons. Une victoire complète fut le fruit de ce beau fait d'armes, et les Flamands, taillés en pièces, abandonnèrent leur pays à la discrétion du vainqueur. Le résultat général de cette expédition, dont le succès étoit dû en grande partie au courage, à l'habileté, et à la bravoure du jeune Bourbon, fut le rétablissement du comte de Flandre, 200,000 fr. de dédommagement payés à la France, pour les frais de la guerre, et l'accroissement des frontières par la cession de plusieurs places importantes.

(1304.) Après cette guerre, qui avoit duré huit ans, il y eut une célèbre réunion de plusieurs potentats de l'Europe, à Boulogne-sur-Mer. On y comptoit cinq rois, trois reines, et quatorze fils de rois. Ce fut dans cette assemblée que se traita le mariage d'Édouard II, roi d'Angleterre, avec madame Isabelle de France, fille de Philippe de Valois. On peut bien penser que dans ce beau siécle de la chevalerie, il y eut force joûtes et tournois, dans lesquels se signalèrent principalement le prince Louis et le baron de Charolois son frère, qui remportèrent les prix sur tous les chevaliers les plus renommés de l'Europe. Il n'en falloit pas davantage à nos deux braves, pour mériter auprès des dames un accueil favorable; aussi furent-ils choisis des premiers par Philippe-le-Bel, pour accompagner la nouvelle reine en Angleterre, et pour y représenter leur souverain auprès du monarque anglais.

Cette même année, ou la suivante, le roi Philippe, pour récompenser d'une manière digne de lui les services que le prince Louis avoit rendus à la monarchie, l'honora à son retour d'Angleterre de la charge éminente de chambrier de France, charge qui, à la vérité, ne devint pas héréditaire dans sa famille, comme l'avancent, sans preuves, la plupart des historiens, mais qui fut accordée particulièrement à presque tous ses successeurs. Nous pourrons donner, dans les piéces justificatives, une idée de cette grande fonction, l'une des quatre premières de la monarchie.

Il paroît que cette charge n'enrichit pas notre jeune Bourbon, ou que les frais énormes qu'il eut à supporter dans la guerre précédente et dans son ambassade à Londres, joints à sa générosité naturelle, contribuèrent à l'endetten au point que le comte de Clermont son père, qui vivoit encore, et sa mère Béatrix furent obligés, pour l'acquit de ses dettes, d'engager, en 1309, les châtellenies de Mont-Luçon, de Chantelle, d'Hérisson, et de Verneuil.

En 1310, il signa, avec son père et le roi de Navarre, le traité conclu entre Philippe-le-Bel et l'empereur Henri VII.

D'après un titre, rapporté par Dutillet, il paroît que Louis, comte de Clermont, auroit contracté mariage en 1311, à l'âge de trente-deux ans, et non pas de ving-sept, comme le dit Désormaux. Il épousa Marie de Hainault, fille de Jean II, comte de Hollande, de Zélande, de Frise, etc., et de Madame Philippe de Luxembourg. Le mariage fut célébré avec la plus grande magnificence en présence de toute la cour. Le vieux comte Robert, veuf alors, abandonna à son fils la propriété entière de ses vastes domaines, et s'en réserva seulement l'usufruit, à la charge, par le donataire, d'apanager le prince Jean de Clermont, son frère. Cette clause ayant été attaquée devant le conseil du roi, il fut réglé que le prince Jean auroit pour sa part le Charolois et la seigneurie de Saint-Just, avec 1000 fr. à prendre sur le comté de Clermont. Immédiatement après son mariage, Louis fut obligé de venir au secours de son beau-père, attaqué par le comte de Flandre. Accompagné d'un grand nombre de chevaliers, ses vassaux, il n'eut qu'à se montrer pour terminer le différent à l'amiable.

A-peu-près vers le même temps (1311), il accompagna Philippe-le-Bel au concile général, convoqué à Vienne pour la condamnation des templiers. Pendant la tenue du concile, le roi vouloit prendre la croix avec les princes ses fils, pour venir au secours des chrétiens de l'Orient. Les circonstances ne permirent pas d'accéder aux vœux du monarque.

(1312.) Cependant le projet d'une croisade fut adopté; et pour commander l'armée qui devoit se réunir, on jeta les yeux sur le prince Louis, qui passoit pour le premier capitaine de son siècle. Au comble de la joie, Louis vint, l'année suivante, au rendez-vous général, indiqué à Lyon; mais il attendit inutilement les troupes promises; et, à son grand regret, il fut obligé de retourner à la cour. Pour se dédommager de ce contre-temps, il acheta, mais plus tard, les droits qu'Eudes de Bourgogne conservoit au trône de Thessalonique et aux principautés d'Achaïe et de la Morée, moyennant la somme de 40,000 fr.; et il ne perdit jamais de vue l'expédition d'outre-mer; mais ni lui ni ses successeurs n'eurent jamais occasion de faire valoir leurs droits sur ces principautés.

Dès 1310, après la mort de Béatrix sa mère, le prince Louis avoit hérité du Bourbonnois, mais il n'en avoit pas encore pris possession. En 1314, il se rendit au prieuré de Souvigny. C'étoit dans l'église de ce prieuré que les seigneurs de Bourbon alloient d'abord en grande pompe. Là, en présence de leurs vassaux, et ayant devant eux les tombes de leurs ancêtres, ils prêtoient serment de rendre une exacte justice à leurs peuples. La cérémonie achevée, ils faisoient leur entrée solennelle dans la ville, et prenoient possession de leurs seigneuries. La fête étoit accompagnée, suivant l'usage, de festins, de jeux, et de tournois, où toute la noblesse du pays joûtoit avec celle des environs, et elle se terminoit par des actes de bienfaisance et de générosité.

En 1315, le prince Louis, baron de Bourbon, jeta les fondements du chapitre de Bourbon, en y établissant sept vicaires, que dix-sept ans après, il changea en six canonicats, avec une place de trésorier.

En cette même année, le crédit du prince fut plus affermi que jamais sous le règne des enfants de Philippe-le-Bel; et il n'employa jamais la confiance qu'il inspiroit qu'à la gloire de la France et au bien de l'état.

(1316.) Robert d'Artois faisoit la guerre à Mahaut, comtesse légitime d'Artois, malgré l'arrêt prononcé en parlement, contre lui, en faveur de la princesse. Louis, chargé de faire respecter l'autorité des lois par la force des armes, entra en campagne, s'empara des places de Saint-Venant, de Sénigan, de Fiennes, et mit tout l'Artois sous la puissance de la comtesse Mahaut.

Depuis ce temps notre héros fut toujours appelé au conseil, ou mis à la tête des armées. Son père venoit de mourir, et il avoit pris le titre de comte de Clermont. C'est alors que, pour la première fois depuis l'établissement de la monarchie, la loi salique fut mise en question. Louis X, dit *le Hutin*, étoit mort laissant son épouse enceinte, et le comte de Poitiers, son frère aîné, avoit pris les rênes du gouvernement, sous le titre de régent. La reine, peu de temps après, étoit accouchée d'une fille: il y eut alors un grand débat sur la question de savoir si le trône vacant appartiendroit à la fille aînée de Louis X, ou à son frère aîné, le comte de Poitiers. Le comte de La Marche, frère puîné du régent, depuis roi sous le nom de *Charles IV*, le duc de Bourgogne, le duc de Valois, dont la postérité régna si long-temps, se prononcèrent fortement, on ne sait par quel motif, pour la fille du défunt roi; prétendant qu'il n'y avoit point de loi, ni d'usage qui pût déroger au droit commun sur les successions. Le comte de Clermont se déclara le champion de la *loi salique*, ou plutôt de l'usage aussi ancien que la monarchie, en vertu duquel la couronne de France et plusieurs autres grands fiefs ne pouvoient jamais venir aux femmes.

. Ce prince tint ferme, aida Philippe V à vaincre les obstacles, et il eut l'honneur de parler le premier en faveur d'une loi salutaire, que nous allons voir bientôt attaquée d'une manière plus violente encore.

Sous le règne de Philippe V, le comte de Clermont contribua à la refonte des monnoies, considérablement altérées sous les règnes précédents; et il appuya la sage mesure qui fit rentrer en grande partie dans les attributions de la royauté le droit de battre monnoie. Louis fut le premier qui céda son privilège à cet égard pour la somme de 15,000 fr.

En 1322, le comte de La Marche succéda à son frère Philippe V, sous le nom de Charles IV, et il eut pour premiers ministres et pour généraux les comtes de Valois et de Clermont.

Dans la guerre de 1324, le comte Louis se distingua par la réduction des places de Mont-Ségur, de Sauveterre, et d'Agen; et il contribua de tout son pouvoir au succès d'une expédition terminée par la réunion de l'Agénois à la couronne de France; et par la prise du prince Edmond, frère du roi d'Angleterre, qui fut obligé de céder ses conquêtes pour la rançon du prisonnier.

(1327.) Après tant de services rendus à l'état, il

étoit juste que le monarque récompensât d'une manière éclatante un sujet aussi dévoué que le comte Louis. Charles IV, prince généreux, et qui connoissoit le prix de la valeur, né à Clermont en Beauvoisis, affectionnoit principalement cette ville. Il desira de la réunir à son domaine; et, pour cet effet, il proposa au comte un échange assez avantageux, savoir le comté de La Marche, les villes d'Issoudun, de Saint-Pierre-le-Moustier, de Mont-Ferrand et leurs dépendances, contre le comté de Clermont. L'échange fut accepté; mais, pour favoriser davantage le prince Louis, la baronnie de Bourbon fut érigée en duché-pairie. Il n'y avoit alors de ducs que les souverains de Bourgogne, d'Aquitaine, et de Bretagne; quant à la pairie, les enfants de France et les princes du sang étoient seuls jugés dignes d'en faire partie. Les paroles du titre d'érection du Bourbonnois en duché-pairie sont remarquables : « Nous (Charles IV) espérons que la postérité du « nouveau duc, marchant sur ses traces, sera, dans « tous les temps l'appui et l'ornement du trône. » On verra, par la suite de l'histoire des Bourbons, que cette espérance s'est entièrement réalisée. De ce moment, le nouveau duc prit la qualité de duc de Bourbon, qu'il transmit à ses descendants; mais il conserva les armes de France comme prince du sang; et il fit sagement, car s'il les eût quittées pour celles du Bourbonnois, ce seul changement auroit pu donner lieu, par la suite, à des contestations, comme cela est arrivé à l'égard des maisons de Dreux et de Courtenay, qui, pour avoir négligé cette précaution, sont tombées en peu de temps dans une obscurité dont elles n'ont jamais pu sortir depuis.

(1328.) Un an après la concession dont nous venons de parler, Charles IV mourut, laissant sa femme enceinte, ce qui nécessitoit une régence. Deux princes y prétendoient : Philippe, comte de Valois, cousin-germain du roi défunt, et Édouard III, roi d'Angleterre, son neveu par les femmes. On discuta de nouveau sur l'effet de la loi salique. Cette loi qui n'a jamais été écrite, mais qui est gravée, pour ainsi dire, dans le cœur des Français, vouloit que, non seulement la succession à la couronne, mais aussi celle à plusieurs grands fiefs d'origine franque, ne tombassent jamais *en quenouille*, c'est-à-dire que les femmes, à quelque degré de proximité qu'elles fussent du trône, ne pussent jamais parvenir elles, leurs maris, et même leurs enfants mâles, à la couronne de France, quand même il ne resteroit aucun héritier mâle dans le degré le plus éloigné. Il y a plus; dans le droit commun sur les successions, on ne peut hériter au-delà d'un certain terme convenu; mais la couronne de France étoit exceptée de cette loi. Elle pouvoit écheoir à tous les degrés possibles, ainsi que l'a déclaré positivement Balde de Pérouse, célèbre jurisconsulte du quinzième siècle, qui en fit l'application à la maison de Bourbon nommément, quoique cette maison fût alors fort éloignée du trône. *Si* (inquit Baldus, c. I, de feudo march.), *in Francia, moreretur tota domus regia, et extaret unus de sanguine antiquo, puta de domo Borbonia, et non esset alius proximior, esto, quod esset millesimo gradu, tamen jure sanguinis et perpetuæ consuetudinis, succederet in regno Francorum.* Ce qui veut dire : « Qu'un « prince, qui seroit issu de la maison royale, par « exemple de la maison de Bourbon (et cette mai- « son étoit alors au quinzième degré), pourroit « succéder à la couronne de France, encore qu'il « fût au millième degré de génération. » Cette loi, observée religieusement, a été le salut de la France ; non seulement elle a procuré à ce beau pays une durée et une splendeur dont il n'y a pas d'exemple dans l'histoire des nations ; mais encore elle est une source de félicité pour tous les Français, qui ont, par ce moyen, l'avantage de n'être gouvernés que par des concitoyens, et, si j'ose m'exprimer ainsi, par de bons et tendres frères.

A l'époque dont nous parlons, la France a scellé de son sang et de son repos, pendant plus de cent ans, l'indépendance et la liberté, dont elle a joui jusqu'à l'époque de la révolution. Espérons qu'elle en jouira tant qu'il plaira à Dieu de la maintenir dans les mêmes principes.

Édouard, fils de la sœur du roi défunt, se portoit donc pour héritier de la couronne, à l'exclusion du comte de Valois qui n'étoit que cousin germain de Charles IV ; et son droit à cet égard, indépendamment de la loi salique, n'étoit nullement fondé : car, si les descendants par les femmes eussent eu quelque droit à la couronne, les princes, issus des filles de Louis X et de Philippe V, devoient avoir le pas sur ceux des filles de Charles IV. Aussi Édouard eut-il recours à l'or et à l'intrigue pour soutenir sa prétention ; mais ces deux mobiles, si puissants d'ailleurs, demeurèrent sans force devant la fermeté du duc de Bourbon, aidé du comte d'Artois, alors sujet fidèle et dévoué. L'Anglois n'obtint pas un seul suffrage dans l'assemblée des pairs du royaume ; les universités même et les jurisconsultes de l'Europe lui furent contraires ; et il se vit obligé de rendre à Philippe de Valois l'*hommage lige* qu'il lui devoit pour le duché de Guyenne.

(1329.) Cependant les Flamands s'étoient révoltés de nouveau contre leur comte. Philippe, qui venoit de prendre possession du trône, rassembla l'élite de sa noblesse, et, malgré tous les obstacles, il sortit vainqueur de cette nouvelle lutte. Surpris dans son camp à la journée de Cassel, ce monarque couroit le plus grand danger, lorsque le duc de

Bourbon vint le dégager avec les seules troupes qu'il avoit tirées de ses vastes domaines. Philippe combla d'honneurs et de bienfaits ceux qui avoient contribué à la défaite de l'ennemi, et le duc de Bourbon eut la première part ; car le roi lui rendit le comté de Clermont, qu'il érigea en pairie, sans exiger la restitution du comté de La Marche ; et il mit le comble à cette faveur en plaçant sur la tête du duc et de la duchesse la couronne ducale en présence de toute la cour.

(1329.) De retour à Londres, Édouard protesta contre l'hommage qu'il avoit rendu au roi, prétendant, contre l'évidence du fait, que cet hommage étoit *simple* et non *lige* (¹). Le duc de Bourbon fut envoyé avec les évêques de Chartres et de Tancarville, pour faire expliquer le monarque anglois ; et, par la manière adroite avec laquelle on s'y prit, il obtint d'Édouard une déclaration solennelle, portant qu'il se reconnoissoit *homme lige du roi*. Quelques années se passèrent dans une heureuse sécurité. Philippe de Valois se voyoit à la tête d'une nation puissante, et chef d'une famille qui comptoit

---

(¹) Dans l'hommage lige, le vassal étoit à genoux, la tête nue, et mettant les deux mains dans celles de son seigneur, il reconnoissoit être *son homme*, et tenu de faire tout ce qu'on lui commanderoit. L'hommage simple étoit plus honorable ; celui qui le rendoit se disoit seulement obligé et reconnoissant du bienfait.

quinze branches, dont plusieurs occupoient des trônes ; les autres étoient composées de braves chevaliers, prêts à verser leur sang pour le roi et pour l'état. C'est ce qui lui avoit fait donner le surnom de *Fortuné*, que malheureusement il perdit dans la suite. Pendant ce temps, le duc de Bourbon eut le précieux avantage de voir plusieurs de ses enfants alliés à des rois, savoir : Marie à Guy de Lusignan, héritier du roi de Chypre, et ensuite à Robert d'Anjou, empereur de Constantinople. Louis espéroit, à la faveur de ce mariage, être plus à portée de prendre possession de son royaume de Thessalonique, qui paroît avoir été la seule chimère dont ce bon prince se berçoit; sa puînée, Béatrix, épousa Jean de Luxembourg, roi de Bohême, le plus fidèle allié de la France; enfin le comte de Clermont, son fils aîné, unit sa destinée à madame Isabelle de Valois, sœur du roi de France.

(1333.) Philippe de Valois renouvela le projet des croisades, dans lequel entrèrent les rois de Bohême, de Navarre, d'Arragon, de Sicile, de Hongrie, et de Chypre, les ducs de Bourgogne, de Bretagne, et de Lorraine. Le duc de Bourbon ne manqua pas, quoique déjà sur le retour, de s'engager dans une si brillante partie; mais l'expédition n'eut pas lieu, parceque Édouard, revenant sur ses déclarations précédentes, et sur un fait jugé depuis long-temps, intéressa dans ses prétentions l'Empereur, le corps germanique, le duc de Brabant, les Flamands, et commença la guerre dite de la succession, prenant audacieusement le titre de roi de France avec les armes écartelées des siennes.

(1337.) Après bien des préparatifs, il se présenta à la tête d'une armée formidable : Philippe lui en opposa une semblable ; il l'obligea même de lever le siége de Cambrai, et d'en venir à une négociation.

(1339.) Pendant cette première levée de boucliers, le duc de Bourbon étoit l'ame des conseils, et sur lui seul reposoit le soin de faire manœuvrer la grande armée que le roi commandoit en personne. On lui doit le conseil salutaire qu'il donna à Philippe de ne point répondre au défi insolent d'Édouard, et même de se refuser à une action générale qui auroit pu compromettre la monarchie.

(1340.) Au plus fort de la querelle, on négocia un accommodement ; et ce fut encore le duc que l'on chargea de débattre les intérêts de la France. Cette fois ses talents et ses efforts échouèrent contre la ténacité du monarque anglois, et tout ce qu'il put obtenir, ce fut une trêve d'un an.

(1341.) Le dernier acte du duc Louis fut d'assister au jugement rendu par Philippe de Valois, en vertu duquel jugement le duché de Bretagne étoit adjugé à Charles de Blois, au préjudice du comte de Montfort. Enfin ce prince, par ses hauts faits, mérita le surnom de *Grand*. Il sembloit avoir pris pour modèle saint Louis, son aïeul, dont il eut l'esprit de charité, le courage, la piété, et presque toutes les vertus. Chacun des instants de sa vie fut consacré à la défense de son roi et de sa patrie. Il éleva le Bourbonnois au-dessus des autres seigneuries du royaume, et le rendit presque l'égal des plus grandes souverainetés. La ville de Bourbon lui dut un de ses plus beaux monuments, une sainte chapelle, construite sur le plan de celle de Paris. Il fit rebâtir en partie le château ducal de Bourbon, et commença celui de Moulins. Il ne paroît pas avoir fait beaucoup pour le prieuré de Souvigny, mais en général les églises de ses domaines se ressentirent de sa générosité; enfin, après une carrière glorieuse, le duc Louis décéda à Paris, le 22 janvier 1341, à l'âge de soixante-deux ans; il fut enterré auprès de son père, aux Jacobins, dans la chapelle des Bourbons, sous une tombe de marbre blanc, décorée de sa statue. Sur le rebord on lisoit, à ce que dit l'historien Malingre :

Cy-Gist messire Loys duc de Bourbon comte de Clermont et de La Marche fils dudit Robert lequel trespassa le vingt et deuxieme jour de janvier mil-trois cent quarante-un.

Louis I avoit épousé Marie de Hainaut, qui lui survécut de treize ans. Cette princesse décéda l'an 1354, et fut inhumée à Champaigne en Bourbonnois. Louis eut d'elle six enfants, savoir :

1° PIERRE I, qui lui succéda ;
2° JACQUES, comte de La Marche et de Ponthieu, connétable de France, de qui descend en ligne directe Charles X, roi de France, notre bien aimé souverain. Cette branche aura son article à part.
3° JEANNE, épouse de Guignes VII, comte de Forez, dont la petite-fille Anne, Dauphine d'Auvergne, fut mariée à Louis II, duc de Bourbon, son cousin, et lui apporta en dot le Forez et d'autres terres considérables ;
4° MARGUERITE, mariée en premières noces à Jean, sire de Sully, de la maison des anciens comtes de Champagne, et en secondes noces à un simple chevalier nommé Hutin de Vermeilles ;
5° MARIE, femme de Guy de Lusignan, fils aîné et héritier de Hugues, roi de Chypre et de Jérusalem, et ensuite de Philippe, prince de Tarente, et empereur titulaire de Constantinople ;
6° BÉATRIX, unie d'abord à Jean de Luxembourg, roi de Bohême, puis à Eudes, sire de Grancey.

III.

PIERRE I,

DUC DE BOURBON, COMTE DE CLERMONT, ETC., PAIR ET CHAMBRIER DE FRANCE, LIEUTENANT-GÉNÉRAL POUR LE ROI, ET CAPITAINE SOUVERAIN EN LANGUEDOC, GUYENNE, POITOU, BERRI, LA MARCHE, ET BOURBONNOIS.

Les mêmes que celles de son prédécesseur.

Ce prince succéda à son illustre père, à l'âge de trente ans, époque où le courage est dans toute sa force, et où l'expérience commence à l'éclairer. Il possédoit le premier aussi bien que son père, mais malheureusement il n'avoit ni les mêmes talents, ni la même fermeté. Cependant il sut tenir une place marquée dans les conseils, et une mort glorieuse effaça entièrement les fautes que le manque de bonne politique avoit pu lui faire commettre. Il nous fournit aussi un bel exemple d'amitié fraternelle, ayant toujours eu pour compagnon d'armes, son propre frère, Jacques de Bourbon, comte de La Marche et de Ponthieu, qui combattit sans cesse à ses côtés, et principalement dans les plaines de Poitiers. Aussi nous ne séparerons pas, dans notre notice, les deux héros qui en font le sujet.

(1341.) Jean III duc de Bretagne, de la branche royale de Dreux venoit de mourir, après avoir choisi pour son héritière Jeanne-la-Boiteuse, sa nièce, épouse de Charles de Blois, de la maison de Châtillon. Le comte de Montfort, fils puîné du duc, réclama l'héritage en vertu de la loi salique, qui n'étoit pas applicable à la Bretagne; et, sans attendre le jugement de la cour des pairs, il se mit en possession du duché et des trésors du défunt. Une invasion aussi subite fut jugée criminelle; et l'affaire ayant été portée en parlement, Simon de Montfort fut débouté de sa demande et condamné à la restitution.

Il falloit soutenir le jugement par la force des armes. Le duc de Normandie, héritier présomptif de la couronne, fut chargé de l'expédition; et mis à la tête d'une armée. Mais comme il étoit fort jeune, on lui donna pour conseils et pour adjoints les deux frères, le duc de Bourbon et le comte de La Marche avec le comte d'Alençon. Le succès fut rapide; l'armée royale s'empara en peu de temps des villes de Nantes et de Rennes, et fit prisonnier le comte de Montfort, qui fut amené à Paris.

Marguerite de Flandres, épouse du prince dépossédé, ne se découragea pas pour cela; mais elle continua la guerre, et parvint à intéresser l'Anglois dans sa querelle.

(1345.) Le roi se vit obligé d'envoyer les mêmes princes, pour arrêter les progrès d'Édouard; et ils s'y prirent avec tant d'adresse, qu'ils obligèrent le monarque anglois de sauver une partie de son armée, au moyen d'une trêve qu'on lui accorda, peut-être un peu trop précipitamment.

Édouard, qui cherchoit toujours un prétexte pour faire valoir ses prétendus droits sur la couronne de France, ne tarda pas à rompre la trêve et à envoyer en France une armée formidable, qui eut bientôt conquis la Guyenne, le Périgord, l'Angoumois, et la Saintonge, restées sans défenseurs, par l'imprévoyance du conseil. Dans cette circonstance, on eut encore recours au duc de Bourbon, dont la valeur étoit éprouvée. Le roi l'envoya donc sans armée, sans argent, dans les provinces envahies, mais avec le pouvoir absolu dont il jouissoit lui-même, autorisant le général à lever des troupes et des contributions, à concéder des priviléges aux villes, à rendre la justice, etc. Le duc de Bourbon arrivé à Cahors eut bientôt formé une armée au moyen de ces concessions. De concert avec son frère, il enflamma le zèle de la noblesse et des communes; et, avec le secours des milices, il parvint à reprendre sur les Anglois toute la Guyenne, excepté la ville de Bordeaux, dont il forma le siège.

(1346.) Il étoit devant cette place, avec l'espoir de la reprendre bientôt, lorsque Édouard, pour faire diversion, entra en Normandie. Aidé de Geoffroi d'Harcourt et de ses affidés, il s'empara de la province, et pénétra jusqu'aux portes de Paris dont il livra les environs à toutes les horreurs de la guerre.

Il fallut rappeler les deux frères à la défense de la monarchie en péril. Ils accourent avec le brave maréchal de Montmorency, arrêtent la marche d'Édouard et le forcent de se retirer en désordre vers la Picardie. C'en étoit fait de l'armée angloise, poussée de position en position par Philippe de Valois, et par des héros tels que les Bourbons, si l'on n'eût commis l'imprudence de leur livrer le combat à Créci, près d'Abbeville.

On connoît les suites de cette mémorable journée, dans laquelle la France perdit trente mille hommes, au nombre desquels se trouvoient le roi de Bohême, le comte d'Alençon, dont l'attaque téméraire avoit causé la perte de la bataille, les ducs de Lorraine, les comtes de Flandres, de Blois, de

Sancerre, et plus de douze cents chevaliers bannerets. Le duc de Bourbon et le comte de La Marche combattirent constamment aux côtés du roi. Le premier fut blessé dangereusement, le second moins grièvement.

Le monarque cherchoit la mort en désespéré, au milieu des escadrons ennemis. Jacques de Bourbon, que sa blessure n'avoit pas mis hors de combat, aidé de Jean de Hainaut, de Montmorency, de Montfort, et d'Aubigny, arrête son cheval par la bride, et l'arrache de ce champ de carnage. Pierre avoit été enlevé à bras au commencement de l'action.

La Fortune de la France (c'est le nom que Philippe se donna au sortir de la mêlée) marchoit accompagné de ses cinq libérateurs. Déja il s'étoit retiré au château de Broies, pensant aux moyens de réparer la perte de son armée, lorsqu'il apprit de nouveaux désastres. Calais étoit assiégé, et il n'y avoit qu'une bataille qui pût délivrer cette place importante; mais la plupart des barons s'étoient retirés dans leurs domaines, en vertu de la loi féodale, qui limitoit le temps de service. Le roi n'avoit plus avec lui que les Bourbons, qui, fidèles à l'honneur, étoient restés à l'armée avec leurs vassaux. Dans cette circonstance, Pierre et Jacques sont envoyés en Flandre avec ordre d'y porter le fer et la flamme, afin d'obliger Édouard d'abandonner Calais, pour courir au secours de ses alliés. Les deux frères s'acquittèrent parfaitement de cette terrible commission. Ils prirent Cassel d'assaut et livrèrent le pays à la dévastation ; mais l'Anglois insensible, resta attaché au siége de Calais.

(1347.) On eut recours à la négociation : le duc de Bourbon envoyé auprès d'Édouard ne put rien obtenir. L'Anglois ne s'émut pas davantage à la vue de l'armée royale qui s'étoit reformée et qui tenta en vain de l'attaquer dans son camp. Enfin les habitants de Calais, après une défense opiniâtre et célèbre dans les fastes de l'histoire, furent obligés d'ouvrir leurs portes au vainqueur.

Bientôt une famine affreuse et une maladie épidémique, la plus cruelle qui se soit jamais manifestée, obligea les deux monarques, dont les sujets souffroient également, de suspendre les hostilités, qu'augmentoient encore la guerre de Bretagne et les malheurs de Charles de Blois, le protégé de la France.

(1348 et 1349.) Ce fut au milieu de ces désastres que Philippe de Valois, dont les malheurs avoient avancé la carrière contracta un second mariage avec Blanche de Navarre, princesse âgée de quinze à seize ans. Il n'en falloit pas tant pour abréger ses jours. Dans le même temps, il unit son petit-fils, le prince Charles, fils de Jean duc de Normandie, avec Jeanne de Bourbon, fille aînée de Pierre.

La beauté de cette princesse, sa douceur, sa modestie, sa bienfaisance, et la supériorité de son esprit lui méritoient une couronne, qu'elle obtint plus tard, et qu'elle porta dignement, ayant fait pendant long-temps les délices de Charles V, dit *le Sage*, dont elle fut la compagne fidèle, et le conseil le plus sûr.

Peu de temps après ce mariage, Philippe de Valois mourut, laissant à son fils une grande querelle à terminer, avec un pouvoir chancelant et ébranlé. Le roi Jean, en montant sur le trône paroissoit s'annoncer pour être le restaurateur de la monarchie; mais les commencements de son règne démentirent les hautes espérances qu'on avoit conçues de lui.

(1350.) Des actes de violence exercés sur les principaux de l'état, et le supplice du connétable d'Eu, auquel assistèrent les grands du royaume, notamment les ducs de Bourbon et de Bourgogne, le comte d'Armagnac, le duc d'Athènes, etc., aigrirent de plus en plus les esprits. La faveur du prince, et une faveur sans bornes, accordée à Charles d'Espagne, étranger de nation et favori du roi, vint ajouter encore au mécontentement. Les intrigues de Charles, roi de Navarre, prince du sang, et gendre du roi, augmentèrent la division. Ce méchant prince, appuyé par d'autres, et, si l'on en croit Désormaux, par le duc de Bourbon, faillit occasioner un soulèvement général. Il paroît pourtant que le roi n'avoit pas du duc de Bourbon une aussi mauvaise opinion, puisque, forcé de céder aux circonstances, il choisit ce même prince pour ménager un accommodement, et ramener son gendre, s'il étoit possible, à de meilleurs sentiments, tâche bien difficile, et dont le duc s'acquitta le mieux qu'il put, eu égard aux circonstances.

(1353.) A cette époque, Jacques de Bourbon, comte de La Marche, qui avoit déja reçu pour prix de ses services le comté de Ponthieu pris sur l'Anglais, obtint du roi l'épée de connétable de France; et sans doute, par ses exploits, il méritoit non seulement cet honneur, mais encore le surnom glorieux de *la Fleur des chevaliers*, que les François lui décernèrent unanimement. C'est ce grand prince, qui est la tige des branches de Bourbon La Marche et de Bourbon Vendôme, dont sont issus tous les membres existants de la maison de Bourbon; et il se trouve en ligne directe le quatorzième aïeul de Charles X actuellement régnant. Nous donnerons plus loin sa descendance.

(1353.) Pendant que la trève subsistoit encore entre la France et l'Angleterre, le pape Innocent VI, en sa qualité de père commun des chrétiens, entreprit de réconcilier les esprits. En conséquence, il invita les deux rois à envoyer des ambassadeurs à Avignon pour travailler à la paix. Le duc de Bourbon, assisté de Pierre de La Forest, archevêque de Rouen et chancelier de France, se rendit en cette ville de la part du roi de France; le duc de Lancastre, frère d'Édouard, y vint pour l'Angleterre. Les efforts et la politique des deux ambassadeurs françois échouèrent contre les prétentions de l'Anglois, qui comptoit sur les mécontentements des grands et sur les cabales du roi de Navarre. Tout ce que l'on put obtenir, ce fut une trêve d'un an seulement.

(1354.) C'est dans cet intervalle que le duc donna en mariage sa seconde fille, Blanche de Bourbon, à Pierre I, roi de Castille, si connu dans l'histoire par ses cruautés et par sa fin tragique. (Voyez la *Notice particulière* placée à la fin de cet article.)

(1356.) La trêve étoit à peine expirée, qu'Édouard inondoit de troupes la Picardie, tandis que le jeune Édouard, son fils, prince de Galles, portoit le ravage dans la Guyenne. Le roi, avec une armée commandée, sous ses ordres, par le duc de Bourbon, opposa au père une si vigoureuse résistance, qu'il le força d'évacuer la province avant d'avoir pris une seule place. Le connétable, Jacques de Bourbon, ne fut pas si heureux. Le mauvais choix que l'on avoit fait des officiers destinés à le seconder, la désertion qui se mit dans son armée, l'empêchèrent de rien entreprendre; il eut la douleur de voir les provinces méridionales envahies et dévastées par l'ennemi, sans pouvoir s'y opposer.

Cependant la Normandie étoit également en proie aux horreurs de la guerre civile et étrangère. Le roi Jean avoit fait tout son possible pour ranimer l'amour de la patrie dans le cœur de ses sujets. Égaré d'abord dans de mauvaises routes, il étoit revenu à une meilleure politique. Mais tous ses efforts échouoient contre les menées sourdes de Charles-le-Mauvais, qui en vint au point de conspirer ouvertement contre sa personne. Le roi se vit forcé d'arrêter de sa propre main cet indigne prince, et de le confiner dans une obscure prison où le glaive de la justice resta long-temps suspendu sur sa tête. Quatre de ses principaux complices périrent dans les supplices; mais on eut l'imprudence de laisser échapper le frère du roi de Navarre, qui trouva le moyen de livrer la Normandie aux Anglois.

(1356.) Le premier soin du roi fut d'accourir au secours de cette province, avec une puissante armée. Il étoit accompagné des Bourbons et de presque toute la noblesse de son royaume. L'Anglois, de son côté, avoit fait de grands efforts pour conserver ses conquêtes. Appuyé des traîtres du pays, il s'étoit retranché auprès de la ville de l'Aigle, dans une épaisse forêt, ce qui rendoit sa position inexpugnable. Le prince Noir, de son côté, parcouroit les provinces au-delà de la Loire, et longeoit ce fleuve, dans l'espoir de gagner la Normandie et d'opérer une jonction avec son père.

Le roi Jean, qui avoit déja repoussé les Anglois, n'eut pas plus tôt appris les progrès du prince de Galles, qu'il laissa un corps de troupes suffisant pour tenir en respect le vieux roi, et se porta de sa personne vers la Loire, à la tête de quarante-huit mille hommes, accompagné de ses quatre fils, du duc d'Orléans, son frère, du duc de Bourbon, et du comte de La Marche qui l'avoient rejoint. Avec ces forces imposantes, il passe la Loire, arrive à un endroit nommé Maupertuis, près de Poitiers, où se livra la bataille appelée vulgairement la bataille de Poitiers. La France n'y perdit, à la vérité, que sept à huit mille hommes, mais c'étoit toute la fleur de sa noblesse, en tête de laquelle, outre les princes, on voyoit les Beaujeu, Neyle, La Rochefoucault, La Fayette, Laval, d'Humières, de Montai, Guy, et autres personnages non moins recommandables.

C'est aussi dans cette sanglante journée que, le 19 septembre 1356, Pierre I, duc de Bourbon, âgé seulement de quarante-cinq ans, tomba mort aux pieds de son roi, en lui faisant un rempart de sa personne. Jacques de Bourbon et Jean de Rochefort, fils naturel de Pierre, percés de coups à ses côtés, furent renversés et pris à quelques pas du roi de France, qui lui-même, couvert de blessures, de sang, de poussière, et de sueur, le casque abattu, les armes brisées, et n'ayant plus la force de soutenir son épée, fut obligé de se rendre à un des officiers du prince de Galles.

Après la bataille, le corps du duc de Bourbon fut reconnu et transporté en l'église des Jacobins de Poitiers. Là, suivant l'historien Vély, qu'a suivi Désormaux, il fut retenu et privé de sépulture en vertu d'un anathème lancé contre lui, de son vivant, pour cause de dettes. Comme ces deux historiens ne citent pas leurs garants, on nous permettra de douter de ce fait. Sans doute Pierre étoit, comme ils le disent, *beau, bien fait, et galant;* mais ce qui n'est pas certain, c'est qu'il ait porté aussi loin le luxe et la magnificence. Il a dû sans doute contracter des dettes au service de son roi. Toujours sous les armes, sans pouvoir rien tirer du trésor épuisé, obligé de payer et d'entretenir ses troupes, suivant l'usage de ce temps, où les généraux ne s'enrichissoient pas au service de l'état, il a pu se ruiner; mais on ne trouve dans l'histoire aucune trace de la prodigalité qu'on lui reproche, encore moins de l'anathème lancé contre un prince du sang, chéri de son roi, et considéré du pape; ainsi ce fait me paroît fort incertain. Quoi qu'il en soit, le premier soin de Louis II, son fils et son successeur, fut, l'année suivante, d'aller à Poitiers recueillir les restes précieux de son père et de les faire apporter aux Jacobins à Paris, où ils furent déposés, solennellement, sous une tombe de marbre noir, autour de laquelle on avoit gravé l'inscription suivante :

Cy gist messire Pierre duc de Bourbon comte de Clermont pair et chambrier de France, lequel fut fils dudit Loys et trespassa le dix-neuf de septembre de l'an mil-trois-cent-cinquante-six.

Cependant le prince Jacques de Bourbon, que Mézerai met à tort au rang des victimes de la journée de Poitiers, n'y survécut que pour périr d'une manière plus malheureuse encore que son frère. Retenu prisonnier en Angleterre, il ne sortit de sa captivité qu'en 1360. Le premier acte de sa liberté fut le sacrifice qu'il fit à l'état du comté de Ponthieu. Ce fief, pris sur les Anglois, lui avoit été accordé comme récompense de sa valeur; il fallut le rendre en vertu du traité de Brétigny, et le rendre sans indemnité. Il y a plus; chargé de la triste commission de remettre à l'ennemi toutes les places du Languedoc et de la Guyenne, cédées en vertu dudit traité, il s'acquitta de cette commission avec douleur, mais avec tout le soin que requéroit un si triste ministère.

Cependant la paix, qu'on avoit achetée si cher, étoit accompagnée de tous les fléaux de la guerre. Les officiers et les soldats échappés à la journée de Poitiers, ou licentiés par suite de la paix de Brétigny, étoient devenus brigands. Le monarque, sans force et sans argent, ne pouvoit secourir ses sujets opprimés. Une horde formidable d'aventuriers, connus sous le nom de *tards-venus*, s'étoit formée, et elle dévasta successivement la Champagne, la Bourgogne, et la Franche-Comté. Le comte de La Marche fut chargé du soin de réprimer ces misérables. Sans troupes, sans finances, il eut bientôt composé au seul nom de Bourbon une armée de seize mille hommes, avec lesquels il atteignit les *tards-venus* auprès de Lyon.

Cette expédition fut très malheureuse. Trompé par de faux rapports, le comte de la Marche attaqua les ennemis précipitamment et sans ordre, comptant en avoir bonne composition. Ceux-ci, parfaitement retranchés dans des montagnes, soutinrent l'assaut avec vigueur. Après des prodiges de valeur, l'infortuné prince, percé de coups, tomba au pouvoir de l'ennemi, qui, contre l'ordinaire des brigands, eut toute sorte de soin de lui. Mais ce fut en vain; et Jacques de Bourbon mourut deux jours après de ses blessures, avec son fils aîné. L'un et l'autre furent déposés sous le même tombeau, à Lyon, dans l'église des dominicains.

« Ainsi périt, en défendant la patrie, dit Désormaux, Jacques de Bourbon, comte de la Marche et de Ponthieu, frère du duc Pierre de Bourbon.

« La bonté du prince Jacques, surnommé *la Fleur des chevaliers*, égaloit sa bravoure. Il ne se laissa jamais abattre par la mauvaise fortune : blessé dangereusement à la bataille de Crécy, il trouva encore assez de force dans son courage pour arracher à la mort Philippe de Valois; pris et blessé à la bataille de Poitiers, en faisant un rempart de son corps au roi, il ne recouvra la liberté que pour venir expirer sous les coups des révoltés qui désoloient le royaume. »

Pierre I, qui fait le sujet principal de cet article, eut pour enfants:

1° Louis II, duc de Bourbon, qui lui succéda;
2° Jeanne de Bourbon, reine de France, épouse de Charles V, dit *le Sage;*
3° Blanche de Bourbon, reine de Castille, dont nous parlerons ci-après;
4° Bonne de Bourbon, comtesse de Savoie, et tige maternelle des rois de Sardaigne actuellement régnans;
5° Catherine de Bourbon, comtesse d'Harcourt et d'Aumale, morte en 1427;
6° Marguerite de Bourbon, dame d'Albret, quatrième aïeule maternelle de Jeanne d'Albret, mère de Henri IV;
7° Isabelle de Bourbon, non mariée;
8° Marie de Bourbon, septième prieure de l'abbaye de Poissy, décédée le 10 janvier 1401.

Enfant naturel: Jean, bâtard de Bourbon, seigneur de Rochefort, de Breulles, Ballénaux, Champ-Fromental, du Crozet, de Meillan, et d'Estampes, lieutenant-général pour le roi, pris à la bataille de Poitiers avec son oncle Jacques de Bourbon, et mort depuis sans postérité.

NOTICE PARTICULIÈRE

SUR

BLANCHE DE BOURBON,

REINE DE CASTILLE, FILLE PUINÉE DE PIERRE I, DUC DE BOURBON.

ARMOIRIES.

Un écu écartelé au 1 et 4 de gueules, au château sommé de trois tours d'or, qui est de Castille, au 2 et 3 d'argent au lion de gueules (d'autres disent de pourpre), qui est de Léon, parti de Bourbon comme dessus.

Si la beauté touchante, les graces et la grandeur de caractère pouvoient rendre une princesse heureuse, jamais personne n'auroit pu prétendre au bonheur avec plus de justice que Blanche de Bourbon. A peine âgée de quinze ans, elle fut mariée à Pierre I, roi de Castille et de Léon, d'après sa demande. Ce prince, dont la postérité n'oubliera jamais le nom (*Pierre-le-Cruel*), n'eut pas plus tôt vu sa nouvelle épouse, que, changeant tout-à-coup de sentiments et de langage, il se livra aux transports les plus violents de la haine et de la jalousie. Néanmoins le mariage se fit à Valladolid ; mais au bout de deux jours Pierre abandonna sa nouvelle épouse pour voler dans les bras de sa concubine, Marie Padilla, qui ne contribua pas peu à entretenir le feu secret dont il étoit dévoré. Blanche, dès son entrée en Espagne, avoit captivé tous les cœurs, excepté celui de son époux. La conduite de Pierre à son égard étonna les Castillans ; les seigneurs du conseil essayèrent les premiers de ramener à la raison un prince qu'ils chérissoient alors. La jalousie que le roi avoit conçue contre son frère naturel, dom Frédéric, qui étoit allé le premier recevoir la princesse sur la frontière, paroissant être le seul motif de l'aversion du prince contre son épouse, on s'attacha d'abord à détruire tout soupçon, en écartant celui qui en étoit l'objet. Dom Frédéric quitta volontairement la cour, et le cri de la nation obligea bientôt Pierre à retourner auprès de Blanche ; mais ce ne fut pas pour long-temps : subjugué par l'ascendant fatal que Marie Padilla avoit pris sur son cœur, il traita la reine non seulement avec le plus profond mépris, mais encore il la confina dans une étroite prison. Blanche, comme nous venons de le dire, étoit aimée généralement : la conduite révoltante de son mari souleva contre lui tout ce qu'il y avoit de plus grand dans le royaume ; la reine mère elle-même, la reine d'Aragon sa tante, ses frères naturels, et même le duc d'Albuquerque qui avoit été son gouverneur. Le peuple se joignant à la noblesse manifesta son indignation: une sorte de conjuration, formée en peu d'instants, alloit en venir à la force ouverte, à l'effet de délivrer la princesse, lorsque le roi de Castille n'imagina d'autre moyen pour prévenir le mouvement, que de livrer à la mort l'infortunée princesse. Il commanda à ses gardes particuliers de transférer la reine Blanche de la prison d'Arevallo, où elle étoit, au château de Tolède. Pour conduire la princesse à sa destination, il falloit la faire passer par Madrid. Arrivée devant la cathédrale, elle demanda en grace d'entrer dans l'église pour y faire sa prière: on lui accorda sa demande; alors s'approchant des saints autels, elle profite de ce moment pour se débarrasser de ses gardes, puis embrassant le crucifix, elle invoque le ciel et jure de ne quitter ce lieu qu'avec la vie. Le peuple en foule étoit entré dans l'église; à cette vue, il passe des transports de la pitié à ceux de la fureur et de l'indignation, court aux armes, s'élance sur les satellites du tyran et délivre la reine. Portée sur les bras de la multitude, Blanche est ramenée en triomphe au palais. A cette vue, le roi se livre aux transports de la fureur la plus violente, et refuse obstinément de se joindre à son épouse. Le soulèvement, qui jusqu'alors n'étoit que partiel, devient général. Pierre est détrôné et forcé de fuir jusqu'à Bordeaux, où il trouve un asile auprès du prince de Galles; celui-ci embrasse avidement la cause du roi dépossédé, tandis que les François prennent parti pour la reine outragée : on court aux armes de part et d'autre ; malheureusement les François n'étoient pas les plus forts. Cet événement avoit lieu après la bataille de Poitiers, où le roi Jean avoit été fait prisonnier, ainsi que Jacques de Bourbon, oncle de la princesse, Pierre de Bourbon, père de la victime, étoit mort. Ainsi le prince de Galles avec ses troupes n'eut pas de peine à ramener dans ses états le roi de Castille, et à venir à bout du foible parti qui pouvoit soutenir l'innocence opprimée. Une contre-révolution s'opère, et Pierre rentre à Madrid en vainqueur, voyant la reine sa mère, son épouse, ses frères, les grands, et le peuple abattus à ses pieds. C'est alors qu'il goûte dans toute son étendue l'horrible plaisir de la vengeance. Il tire de sa ceinture un poignard avec lequel il égorge vingt-cinq des grands du royaume, dont le sang rejaillit jusque sur la reine mère. A peine cette princesse put-elle échapper aux coups du monstre à qui elle avoit donné la vie; il immole sa tante, la reine d'Aragon, deux fils de cette princesse, deux de ses frères naturels, envoie au supplice un si grand nombre de seigneurs qu'il sembloit, comme le dit Désormaux, qu'il eut entrepris d'anéantir toute la noblesse. Il termina cette sanglante tragédie par le meurtre de la reine sa femme, qu'il força d'avaler un breuvage empoisonné. Ainsi périt Blanche de Bourbon, à l'âge de vingt-deux ans, après en avoir passé neuf sur un trône, environnée des ombres de la douleur et de la mort.

L'innocence, la beauté, et les malheurs de cette princesse justement célèbre ont trouvé des vengeurs dans sa propre famille, et la postérité a flétri justement du surnom de *Cruel* Pierre I, roi de Castille, qui, bien que légitime, porta l'abus du pouvoir au-delà des bornes que la Divinité lui impose, et qu'on ne sauroit franchir sans occasioner un bouleversement général dans la société.

IV.

LOUIS II,

SURNOMMÉ *LE BON*, PAR D'AUTRES *LE GRAND*, DUC DE BOURBON, COMTE DE CLERMONT ET DE FOREZ, SEIGNEUR DE MERCUEIL, DE CHATEAU-CHINON, DE BEAUJOLOIS, ET DU PAYS DE COMBRAILLES; PRINCE DE DOMBES, PAIR ET CHAMBRIER DE FRANCE, ETC.; L'UN DES RÉGENTS DU ROYAUME, ET TUTEUR DU ROI PENDANT LA MINORITÉ ET L'ALIÉNATION MENTALE DE CHARLES VI.

Comme ses prédécesseurs. Couronne de prince du sang.

Si les trois premiers princes de la maison royale de Bourbon s'étoient signalés par leur bravoure et leur dévouement à la noble couronne de France, Louis II semble les avoir surpassés par ses exploits et par une honorable carrière remplie de vertus et d'actions véritablement héroïques: c'est ce qui a fait dire à un auteur ancien, que « le comble de la « grandeur et de la gloire de la maison de Bourbon, « avant le grand Henri, se reconnoissoit en ce « prince. »

Louis, fils unique de Pierre I et d'Isabelle de Valois, étoit né en 1337. Sa jeunesse n'eut rien de remarquable; il fut élevé sous les yeux de son auguste mère jusqu'à la mort de son père, arrivée en 1356. Sa première démarche, comme duc de Bourbon, fut, ainsi que nous l'avons déja remarqué, un acte de piété filiale; libre des soins qu'il devoit à la mémoire de son père, et après avoir pourvu à la sûreté de sa province pendant les troubles survenus lors de la captivité du roi Jean, en 1356 et 1357, il vint au secours du Dauphin avec trois cent cinquante hommes d'armes. Sans roi, sans troupes, sans argent, la France se trouvoit alors désolée tout à-la-fois par les bandes angloises et françoises, par les paysans armés, qui massacroient la noblesse, par la famine et par l'horrible confusion qui régnoit à Paris dans l'assemblée des états-généraux, où l'on proposoit les mesures les plus sanguinaires et les plus désastreuses pour la monarchie.

Le duc de Bourbon, après avoir excité par son exemple la noblesse de son pays et des provinces environnantes, se fait jour à travers mille obstacles, soumet par-tout les rebelles, et vient se joindre au dauphin, régent de France, résolu de vaincre ou de périr avec lui.

On sait quelle fut l'issue de la lutte sanglante élevée, comme nous l'avons vu de nos jours, entre la démocratie et la monarchie. Celle-ci triompha complétement alors. Le dauphin, qui avoit été obligé de fuir de la capitale, en proie aux horreurs de la rébellion, y rentra bientôt en maître, à la tête de son illustre et généreuse noblesse. Le duc de Bourbon, profitant d'un instant de calme, survenu à la suite de cette violente tempête, passa en Angleterre pour consoler son infortuné souverain pendant sa captivité.

(1359.) A cette époque, la misère de la France étoit au comble; et le roi Édouard, regardant ce malheureux pays comme une proie facile à saisir, parut à Calais avec une armée de cent mille combattants : mais ne trouvant sur son passage que des contrées désertes et qui n'offroient aucun moyen de subsistance, il fut forcé de s'arrêter et de relâcher quelque chose de ses premières prétentions. Le dauphin, de son côté, qui jusqu'alors avoit persisté dans la résolution de conserver la monarchie intacte, harcelé sans cesse par le méchant roi de Navarre, se prêta malgré lui à un accommodement. En conséquence, le traité de Bretigny fut signé en 1360 : par ce traité un tiers de la France passa sous la domination de l'étranger. Le roi Jean étoit libre, à la vérité, mais il devoit livrer pour otages les ducs d'Anjou, de Berri, d'Orléans, de Bourbon, vingt seigneurs des plus puissants du royaume, et quarante-deux habitants riches des principales villes, chacun d'eux répondant d'une portion de la rançon du roi, fixée à 3,000,000 de florins. Le duc de Bourbon se chargea de la trentième partie de cette somme, c'est-à-dire de 100,000 florins.

Ce prince, arrivé à Londres comme otage, y fut bien accueilli et plus favorablement traité que les autres, grace à la protection dont l'honora la reine d'Angleterre, Philippe de Haynaut, sa parente; mais il ne resta pas moins retenu pendant près de huit ans, bien que ses vassaux eussent fourni, dès la seconde année, la somme dont il s'étoit rendu *pleige* (caution) pour le roi.

Pendant cette longue détention, qui dura de 1360 à 1368, le mérite du jeune Bourbon, la bonté de son caractère, ses graces touchantes, jointes à la noblesse de ses sentiments, lui gagnèrent tous les cœurs. On ne l'appeloit que *le roi d'honneur et de liesse*, dit naïvement son historien (d'Orronville, page 3). Cependant il soupiroit après sa délivrance, avec d'autant plus d'ardeur que sa patrie, toujours en proie aux dissensions civiles, et sa malheureuse sœur, Blanche de Bourbon, requéroient son aide. Une intrigue de cour vint à propos pour le tirer de peine. Guillaume Wickam, favori d'Édouard, ne pouvoit obtenir les bulles nécessaires pour prendre possession de l'évêché de Winchester. Le duc de Bourbon, qui étoit bien dans l'esprit du pape, fut sollicité d'interposer sa médiation. Il consentit à l'accorder, non sans avoir exigé auparavant que la liberté lui fût rendue, en cas qu'il réussît dans sa négociation. Le saint-père lui accorda sans difficulté un bref favorable à la demande. Wickam fut pourvu de l'évêché, et le duc lui dut son élargissement, qui pourtant ne fut pas entièrement gratuit, car on l'obligea de donner 20,000 fr. en sus des 100,000 florins déja fournis.

Il étoit à peine libre, qu'il se hâta de se rendre en Bourbonnois. Il trouva la province en proie à la désolation, comme le reste de la France; ses vassaux ruinés par les sacrifices qu'ils avoient été obligés de faire pendant la guerre; et trois de ses places que les Anglois lui retenoient encore, au mépris du traité de Brétigny. Pendant son absence, ses chevaliers, en général, avoient fait preuve d'un grand courage en reprenant sur les ennemis toutes les places prises, excepté trois; et même d'un dévouement rare, en contribuant de leurs propres deniers à l'acquittement des 100,000 florins dont il s'étoit rendu caution; mais aussi plusieurs d'entre eux s'étoient autorisés du désordre des temps pour piller les domaines du duc, et pour commettre des actes plus répréhensibles encore. Nous allons voir quelle vengeance notre jeune duc tira des délinquants.

Satisfait des dispositions dans lesquelles il trouvoit ses vassaux, il forma le projet de rehausser leur courage, et même de l'épurer par l'institution d'un ordre de chevalerie qui ramenât sans cesse l'esprit de chaque membre vers deux idées éminemment morales, *le soutien de la religion et du trône, la défense du foible et de l'opprimé.*

(1368.) Pour cet effet, il se rendit à Souvigny, d'autres disent à Chantelle, deux jours avant Noël. Là, après avoir été reçu par les gentilshommes du Bourbonnois avec toutes sortes d'honneurs, et après les avoir lui-même accueillis avec sa bonté accoutumée, il leur dit en riant : « Je ne veux pas
« encore vous *mercier* des services que vous m'a-
« vez rendus, parceque alors vous vous en iriez cha-
« cun chez vous, ce qui me seroit *grande despé-*
« *rance*. Depuis sept ans, ajouta-t-il, je ne fus aussi *lie*
« comme je me trouve entre vous, car je suis en la
« compagnie où je veux vivre et mourir. » Les barons et chevaliers s'écrioient : *Béni soit Dieu, car nous avons seigneur et maître !* La conclusion fut que tous se rendroient le 1er janvier 1369 à Moulins, où le duc se proposoit de les *étrenner* d'une manière digne de lui.

Personne ne manqua au rendez-vous. Tous les seigneurs allèrent rendre leurs devoirs au duc dans son appartement, et il leur déclara alors « que, « pour le bon espoir qu'il avoit en eux, après Dieu, « dores-en-avant, il porteroit pour devise une cein-« ture, où il y auroit escrit un joyeux mot: ESPÉ-« RANCE; » et il distribua à vingt-cinq d'entre eux les marques du nouvel ordre, qui consistoient en une ceinture dorée, attachée par un écu d'or servant d'agrafe. Cette ceinture étoit traversée d'une bande de perles, où il y avoit écrit en broderie les mots ALLEN, ALLEN, c'est-à-dire *tous ensemble*; ce qui signifioit: *Allons tous ensemble au service de Dieu; soyons tous unis en la défense de notre pays.*

Il paroît, d'après Paillot (science des armoiries, p. 497), que ce même ordre fut institué à deux reprises par le duc de Bourbon, et qu'il eut différentes dénominations. La première fois, lorsque Louis revint d'Angleterre, comme nous venons de l'indiquer; alors le nombre des chevaliers étoit de dix-sept seulement. La seconde institution, ou le renouvellement, auroit eu lieu en 1370 ou 1371, époque de la consommation du mariage du prince avec Anne, dauphine d'Auvergne. L'ordre de Bourbon, déja connu sous le nom de l'*écu* ou de l'*espérance*, prit alors celui d'ordre *du chardon*, ou plutôt de *Notre-Dame*, et il fut institué en l'honneur de la très sainte Vierge Marie, aux prières de la quelle le prince avoit une très grande confiance. Au jour de l'immaculée conception, fête de l'ordre, et aux fêtes solennelles, les chevaliers, portés alors au nombre de vingt-cinq, compris le duc ou ses successeurs, étoient vêtus d'une soutane ou robe de damas incarnat, aux larges manches, ceinture de velours bleu doublée de satin rouge, bordée en broderie d'or, et le mot ESPÉRANCE pareillement brodé sur la ceinture qui se fermoit à boucle et ardillon d'or, ébarbillonnés et déchiquetés d'émail vert, comme la tête d'un *chardon* (d'où vient le nom commun de l'ordre); le manteau de damas étoit bleu céleste, aux orfrois de broderie d'or; et le chaperon ou mantelet de velours vert, sur lequel ils portoient le grand collier de l'ordre, savoir : d'or et du poids de dix marcs, fermant à boucle et ardillon par-derrière, de même que la ceinture.

DESCRIPTION DU COLLIER.

Il étoit fait de losanges entières et de demies, à double orle, émaillées de vert, cleschées et remplies de fleurs de lis d'or et de lettres capitales formant le mot ESPÉRANCE. Au bout du collier, pendoit sur l'estomac une ovale; le cercle émaillé de vert et rouge; et dans cette ovale une image de la sainte Vierge, entourée d'un soleil d'or, couronnée de douze étoiles d'argent, et un croissant de même métal sous ses pieds; et au bout de ladite ovale, une tête de chardon, émaillée de vert, barbillonnée de blanc.

Le chapeau des chevaliers étoit de velours vert, surmonté d'une houppe de soie cramoisie et de fil d'or, le rebras à l'antique, fourré de panne cramoisie, sur lequel brilloit l'écu d'or avec le mot ALLEN. Après cette distribution, le duc se rendit processionnellement accompagné de ses barons à la chapelle du château, où l'on entendit la messe avec une grande dévotion; et au retour le duc, étant sur son siége, harangua ses nouveaux chevaliers en ces termes : « Messeigneurs, je vous mercie tous de mon
« ordre qu'avez pris: ledit ordre signifie que tous
« nobles qui l'ont et le portent doivent être tous
« comme frères, et vivre et mourir l'un avec l'autre
« avec tous leurs besoins; c'est à savoir en toutes
« bonnes œuvres que chevaliers d'honneur et no-
« bles hommes doivent mener; et outre qu'ils ne
« soient en lieu à ouïr blasphémer Dieu qui le puisse
« achever; et prie à tous ceux de l'ordre qu'ils veuil-

« lent honorer dames et demoiselles, et ne souffrir
« en ouïr mal dire; car ceux qui mal en dient font
« petit de leur honneur, et dient d'une femme, qui
« ne peut se revancher, ce qu'ils n'oseroient dire
« d'un homme, dont plus accroît leur honte; et des
« femmes, après Dieu, vient une partie de l'honneur
« de ce monde. Le second article de cet ordre, si est
« que ceux qui le portent ne soient jongleurs et
« médisants l'un de l'autre, qui est une laide chose
« à tout gentilhomme; mais porter foi l'un à l'autre
« comme il appartient à tout homme de chevalerie.
« Mes amis, continua le duc, à travers mon écu d'or
« est une bande où il y a écrit : ALLEN, c'est-à-dire
« *Allons tous ensemble au service de Dieu*, et soyons
« tous unis en la défense de nos pays, et là où nous
« pourrons trouver ou conquêter honneur parfait
« de chevalerie; et pour ce, mes frères, je vous ai
« dit que signifie l'ordre de l'écu d'or, lequel un
« chacun à qui je l'ai baillé le doit jurer et promettre
« de le tenir, et moi le premier. » A ces mots, le duc
leva la main, et fit le serment de défendre *Dieu, le
Roi et les Dames*. Il reçut ensuite le même serment
de la part de tous les chevaliers.

L'un d'eux, Guillaume de Damas, seigneur de
Vichy, prit la parole pour tous et dit : « Très haut,
« très puissant prince, notre très redouté seigneur,
« véez icy vostre chevalerie, qui vous mercie très
« humblement du bel ordre et grands dons que leur

« avez donnés, lesquels ne savent que donner en ce
« jour, fors qu'ils vous offrent leurs corps et leurs
« biens, qu'il vous plaise les recevoir à cettui pre-
« mier jour de l'an, nonobstant qu'ils y sont obligés,
« mais leur cœur est ferme, et leur volonté est pa-
« reille. » Le duc leur répond avec attendrissement:
« J'ai reçu aujourd'hui les plus belles étrennes que
« seigneur pût recevoir, quand j'ai reçu le cœur de
« tant de nobles chevaliers. »

Au moment où le duc se livroit à la joie la plus pure avec ses braves chevaliers, Huguenin Chauveau, grand procureur du duché, parut au milieu de l'assemblée avec un gros livre sous le bras. Ce serviteur fort diligent, à ce qu'il paroit, avoit pris des notes exactes de tous les torts et méfaits des vassaux et autres sujets du duc pendant sa longue absence. Tout étoit marqué, jusqu'aux actions les plus secrètes, ainsi que la quotité et la quantité des biens volés, etc.; et c'est le résultat de ce travail que le procureur venoit présenter alors à son prince. Mettant donc un genou en terre, il lui adressa ces paroles: « Mon très redouté seigneur,
« les forfaits et désobéissances des chevaliers,
« écuyers, et nobles d'arrière-fiefs sont si grands,
« qu'ils ont confisqué leurs biens, et aucuns en y a
« le corps (¹); et, pour ce, à ce jour de l'an, je vous

(¹) C'est-à-dire que les uns ont mérité la confiscation de leurs biens, et les autres la mort.

« donne le *peloux* (¹) (le régistre); et vous fais la plus
« belle offre qui fut jamais faite. »

Ces paroles jetèrent l'alarme dans le cœur de
plusieurs des assistants, qui n'étoient pas exempts
de reproches, et dont le nom devoit se trouver
inscrit. Le duc, sans paroître remarquer leur trouble, prit le volume, et s'adressant à son procureur,
lui parla en ces termes : « Hoste (²) Chauveau,
« vous avez mis longue estude et grand' peine en
« sept ans que j'ai demeuré en Angleterre, à def-
« faire ma chevalerie et la noblesse de mon pays,
« dont vous avez faict comme œuvre de mauvais
« villain, et bien ressemblez la nature dont vous
« estes yssu.... Et quant est de ce, Chauveau, que
« vous me dictes que vostre livre *peloux* soit exécuté;
« bref le sera faict devant vous. Certes, il me sem-
« ble que vous n'avez mie descript en vostre livre
« les biens que m'ont faict mes barons, qui m'ont
« tiré de prison : mais y avez mis les grandes haines
« que vous avez à eux comme telles gens de vostre
« estat ont. »

(¹) *Peloux* veut dire velu, couvert de poils. Ce régistre
étoit probablement relié en velours bleu, ou cramoisi,
comme le sont les livres de cette époque. Or, le velours a
l'apparence du poil.

(²) Le duc l'appelle *Hoste*, parcequ'en effet il logeoit
pour le moment chez son procureur.

Alors il invite les seigneurs, qui se tenoient un peu à l'écart par respect, à s'approcher de la cheminée avec lui; et, en leur présence, il jette dans un grand feu le livre *peloux*, sans avoir daigné seulement l'ouvrir.

Cet acte de clémence, un des plus beaux dont il soit fait mention dans les fastes de l'histoire, acheva de lui gagner tous les cœurs; et il ne se trouva personne parmi les assistants qui n'eût répandu jusqu'à la dernière goutte de son sang pour un prince aussi magnanime.

Cependant, sur douze places du Bourbonnois dont l'ennemi s'étoit emparé, il en restoit trois à reprendre : La Roche-sur-Allier, Beauvoir et Montescot. Le duc profita de l'ardeur qu'il avoit su communiquer à sa noblesse; et, sans attendre plus tard que la fête des rois, qu'il célébra aussi à sa cour avec la pompe en usage alors, il se mit en campagne vers la mi-janvier 1369, au fort de l'hiver; et reprit en peu de jours les trois forteresses, qui naguère avoient résisté des mois entiers aux efforts des Anglois.

C'est à cette même année 1369 que Désormaux rapporte le mariage du duc. Suivant les titres de la maison de Bourbon, et l'historien Froissard, Louis ne fut que fiancé le 4 juillet 1368 et non pas en 1369. Il y a plus, Du Tillet (Recueil des rois de France, page 162) parle d'un traité antérieur, passé en 1361, entre Louis de Bourbon et Anne, fille unique de Béraud, dauphin d'Auvergne; et il relate aussi un second traité conclu pour le même objet, le 4 juillet 1368. L'âge de la fiancée ne permettoit pas que le mariage fût consommé à cette époque. Ainsi il faut reporter l'accomplissement à la date du 19 août 1371 marquée par le P. Anselme. Ce mariage était très avantageux pour la maison de Bourbon, parcequ'il lui apportoit le Forez, la seigneurie de Mereueil, et le Dauphiné d'Auvergne, dont Issoire étoit la capitale. Il ne faut pas confondre ce Dauphiné avec le comté d'Auvergne, ni avec la province ainsi nommée.

C'est aussi vers ce même temps que les historiens placent un autre trait d'amour filial, qui fait honneur au duc de Bourbon. Le dauphin, parvenu au trône sous le nom de Charles V, s'étoit décidé, sur les représentations qui lui furent faites alors, à ne point maintenir le traité de Brétigny. Les infractions nombreuses que les Anglois eux-mêmes y faisoient chaque jour n'autorisoient que trop cette rupture. En conséquence, la guerre devint générale. Le duc de Bourbon fut appelé avec le duc de Bourgogne à la défense de la Picardie, contre le duc de Lancastre, tandis que le duc de Berri, secondé de l'immortel Duguesclin, chassoit les Anglois des pays situés au-delà de la Loire. Tout alloit bien du côté du duc de Bourbon; lorsqu'il apprit que son duché étoit envahi, la place de Belle-Perche, résidence habituelle de la duchesse douairière sa mère, tombée au pouvoir de l'ennemi par surprise, et que, par conséquent, cette princesse se trouvoit prisonnière.

Le roi Charles avoit besoin de ses troupes, et il ne pouvoit rien faire pour lui. Alors le prince Louis, avec ses hommes d'armes, quitta l'armée, du consentement du roi, et accourut au secours du Bourbonnois. La première chose qu'il fit fut de convoquer les milices et d'assiéger Belle-Perche. L'attaque fut vigoureuse, et la place auroit succombé, si le duc n'avoit été retenu par la crainte d'exposer la vie de sa mère, que les ennemis menaçoient de la mort. Cette considération lui fit changer le siége en un blocus; pendant ce temps les Anglois, aidés d'un renfort qui leur survint, trouvèrent le moyen de s'évader, après avoir mis le feu au château, emmenant avec eux la duchesse douairière de Bourbon et les dames de sa suite. Le duc furieux, comme on peut bien le croire, poursuivit les ravisseurs, leur tua beaucoup de monde, mais il ne put leur arracher leur proie. La duchesse fut transportée au château de La Roche-Vauclaire en Auvergne, d'où elle sortit quelque temps après, ayant été échangée et rendue à la reine de France, sa fille. Cette princesse, fille et mère de rois, quitta bientôt le monde et une famille dont elle étoit adorée, pour consacrer à Dieu le reste de ses jours dans le monastère des cordelières du faubourg Saint-Marcel à Paris, où elle est morte en odeur de sainteté.

En 1370, au retour de cette expédition, le duc de Bourbon trouva à la cour le comte de La Marche, son neveu, avec Duguesclin, qui venoient de venger, sur la personne de Pierre-le-Cruel, les malheurs de la reine Blanche de Bourbon. C'est alors que s'établit entre le connétable et lui une amitié sincère qui dura toute leur vie, Louis se faisant honneur et gloire d'être à-la-fois l'élevé d'un aussi grand homme et son meilleur ami.

La campagne de 1370 et les suivantes furent très heureuses pour la France. Le roi Charles, assisté de son conseil, dont le duc faisoit partie, résolut de poursuivre ses conquêtes sur les Anglois. Ce projet fut peu après suivi de l'exécution. La prise de Limoges par les ducs de Berri et de Bourbon commença l'œuvre; et bientôt la conquête d'une grande partie de la Guienne l'accomplit. Pendant que ceci se passoit au-delà de la Loire, une armée angloise formidable attaquoit le centre de la monarchie, et menaçoit le roi jusque dans sa capitale. Berri, Bourbon, et Duguesclin accourent, et la France est sauvée.

Jusqu'ici le duc avoit servi l'état à ses frais, avec huit cents hommes d'armes et deux cents arbalétriers qu'il payoit. Le roi voulant le charger de la conquête du Poitou, il se vit forcé de dire à ce prince : « Sire, je voudrois bien vous obéir toujours, mais « les moyens me manquent, ainsi qu'à mes braves « compagnons. Nous avons tout employé; il ne nous « reste que le bon vouloir. » — « Ah! beau frère de « Bourbon, dit le roi, je vous prie, ne parlez pas de « cela; car je vous certifie que je rafraischirai eux « et vous, et ne leur faudra rien. » Que Charles V ait donné de l'argent ou non, il est certain que, d'après la parole royale, le duc et ses chevaliers continuèrent leurs bons et loyaux services, et qu'ils eurent la principale part au succès des campagnes de 1371 et 1372, qui se terminèrent par le combat de Chisay près de Niort, où les restes de l'armée angloise ayant été détruits, des provinces entières furent rendues à la monarchie.

En 1373, la guerre du Poitou fut suivie de celle de Bretagne. Le connétable avec Bourbon n'eût qu'à paroître pour vaincre. Dans cette expédition, la duchesse de Bretagne, tombée entre les mains du duc avec les dames de sa cour, lui dit avec effroi : « Ah! beau cousin, suis-je prisonnière? » — « Nenni, répond Louis, car nous n'avons pas de « guerre aux dames. »

Pendant cette même campagne, le duc de Bourbon, ayant eu lieu d'admirer la valeur, la franchise, et la loyauté des chevaliers bretons, en retint plusieurs à son service, suivant l'usage des beaux siècles de la chevalerie où les princes faisoient consister leur grandeur à s'attacher les guerriers les plus renommés. Ces chevaliers étoient les sieurs de Rieux, de Lobeau, de Piedreux, de Karselio, de Maury, de Teonguedys, de Prustallet, et de La Suse; en y joignant ceux du Bourbonnois, les Château-Morand, Saimpy, Boucicaut, Guischard-Dauphin, Montaigu, La Fayette, Gouffier, l'Hermite de La Faye, on se fera une idée parfaite de la cour de Louis, qui passoit dans toute l'Europe pour l'école de l'honneur, de la courtoisie, et de la bravoure. Ces vaillants guerriers, connus sous le nom de *chevaliers de l'hôtel*, accompagnoient le prince à la guerre, à la cour, et dans ses voyages, et ils partageoient ses dangers, ses exercices, et ses plaisirs.

Cependant Édouard, furieux de voir ses conquêtes disparoître sous les coups redoublés des François, fit un dernier effort. Trente mille hommes, envoyés sous la conduite du duc de Lancastre, débarquent à Calais. Les mesures étoient si bien prises, qu'ils ne recueillirent de cette tentative que la honte de l'avoir hasardée. Les ducs d'Anjou et de Bourbon les poursuivent à toute outrance dans le Limousin, jusqu'où on les avoit laissés pénétrer exprès, et détruisent en peu de mois toute leur armée; passant de là en Guienne avec trois mille hommes d'armes et mille de traits, ils s'emparent successivement du port Sainte-Marie, de la Réole, chassent l'ennemi de l'Agénois, du Condomois, du Bigorre, et d'une grande partie de la Gascogne. En un mot, par les efforts réunis des princes et de leurs braves compagnons, il ne resta plus en France aux Anglois que Bordeaux, Bayonne, et Calais, c'est-à-dire moins qu'ils n'avoient lorsque Édouard, emporté par son ambition, avoit attaqué Philippe de Valois. Quatre armées florissantes perdues en peu d'années, l'épuisement de ses finances, l'affoiblissement de son corps usé de fatigues et de vieillesse, obligèrent le vieux monarque anglois de solliciter une trêve qui lui fut accordée.

En 1374, Louis profite de l'instant de calme que la trêve lui laissoit, se rend à Chamberry pour visiter sa sœur, la comtesse de Savoie, qui lui prodigue les fêtes les plus brillantes, et fait présent d'un beau diamant à chacun des chevaliers de son hôtel. Le reste de l'année est employé à purger l'Auvergne des brigands qui infestoient cette province depuis vingt ans.

Quelques années auparavant, lorsque Louis étoit encore retenu en Angleterre, le célèbre Duguesclin, aidé de Jean de Bourbon, comte de La Marche, et d'un bon nombre de chevaliers françois, avoit vengé dans le sang de Pierre-le-Cruel la mort de l'nfortunée Blanche de Bourbon; et Henri de Transtamare, paisible possesseur du royaume de Castille, ayant formé le projet de chasser les Maures cantonnés encore en Espagne, dans les royaumes de Murcie, de Grenade, et en Andalousie, fit, pour réussir dans cette noble entreprise, un appel à tous les chevaliers chrétiens. Beaucoup s'empressèrent de répondre à son invitation; et le duc Louis, qui regardoit cette guerre contre les infidèles comme une guerre sainte, se rendit un des premiers à Burgos.

Après avoir passé par Avignon pour recevoir la bénédiction du pape Grégoire XI, comme chevalier banneret du royaume de France, et prince du sang, il fit son entrée solennelle à Burgos, ayant en sa compagnie quatre chevaliers bacheliers, quatorze écuyers, et cent hommes d'armes avec leur suite. Son historien dit que Transtamare, après l'avoir reçu avec la plus grande magnificence, le conduisit au château de Ségovie, où étoient retenus prisonniers les enfants de Pierre-le-Cruel, et qu'il lui tint ce discours : « Véez-là les enfants de celuy qui fit « mourir vostre sœur; et, si vous voulez les faire « mourir, je vous les délivreray. »—« Nenni, répond « le duc, je ne serois mie consentant de leur mort; « car de la male volonté de leur père, il n'en peu- « vent mais. »

La guerre qui s'éleva entre la Castille et le Portugal empêcha l'expédition projetée. Louis refusa de suivre Transtamare contre les Portugais, qui étoient des chrétiens, parceque son intention n'avoit été que de poursuivre les Maures, qu'il regardoit comme les oppresseurs de l'Espagne et les ennemis de la religion.

A son retour en France, en 1377, le duc de Bourbon eut la douleur de perdre sa sœur chérie, Jeanne de Bourbon, reine de France, princesse la plus accomplie de son siècle, qui, par son génie, ses lumières, et ses vertus, avoit contribué en quelque sorte aux succès de Charles V et à l'éclat de son règne.

Cette mort et les chagrins que causoient au roi les attaques réitérées de Charles-le-Mauvais avancèrent de beaucoup les jours du sage monarque. Le roi de Navarre en vint même au point de conspirer contre la vie du roi. La découverte de son crime lui coûta bien cher. Le connétable d'une part, et le duc de Bourbon de l'autre, lui enlevèrent tout ce qu'il possédoit en Normandie et en Languedoc ; il ne resta plus à ce méchant prince que la ville de Cherbourg qu'il vendit aux Anglois.

Une expédition en Brétagne, conduite par les ducs d'Anjou et de Bourbon, en 1379, faillit coûter à la France la perte du connétable Duguesclin. Cette expédition n'ayant pas eu de succès, à cause de la défense opiniâtre des Bretons, le roi s'en prit au connétable, et lui en fit des reproches amers. Ce grand homme, piqué des soupçons injustes élevés par les ministres de Charles contre sa conduite, prit le parti de quitter la France, et d'aller se consacrer au service de Henri de Transtamare, à qui il avoit mis deux fois la couronne sur la tête. Il ne fallut pas moins que l'amitié qui l'unissoit au duc de Bourbon, son élève, pour le retenir au service d'un prince qui, en cette circonstance, commettoit véritablement un acte d'injustice envers un sujet dévoué.

Cette même année, le connétable mourut, et Louis rendit aux restes de ce héros les mêmes devoirs qu'il auroit pu rendre au père le plus tendre et le plus respectable. Charles V, le restaurateur de la monarchie, suivit de près le grand Duguesclin, laissant un fils, Charles VI, âgé de douze ans, sous la tutelle de quatre princes du sang, savoir : les ducs d'Anjou, de Berry, de Bourgogne, ses frères, et le duc de Bourbon, son beau-frère. Il n'appartient qu'à l'histoire générale de signaler les trois premiers, dont l'ambition, l'avarice, et les exactions de tout genre préparèrent à la France un règne, le plus malheureux qu'on ait encore vu dans les fastes des nations.

Il suffira de dire que la grandeur d'ame, la modération, et le désintéressement du duc de Bourbon formoient un parfait contraste avec la conduite de ses collègues. Il étoit à cette époque dans la force de l'âge (quarante-trois ans), et l'expérience, unie à la valeur la plus éprouvée, devoit lui donner une grande influence dans le conseil de régence dont il faisoit partie. Aussi ne se servit-il de son pouvoir que pour alléger les maux de la patrie qu'il n'étoit pas en son pouvoir d'empêcher.

Au moment de la mort de Charles V, en 1380, la guerre se poursuivoit avec activité contre les Bretons et les Anglois réunis. Les ducs de Bourgogne et de Bourbon étoient sur le point de la terminer, lorsqu'ils furent rappelés auprès du jeune roi; ce qui donna à l'ennemi le temps de réparer ses pertes. Le duc de Bourbon qui, de la cour où il résidoit ne perdoit jamais de vue la guerre de Bretagne, ordonna à Château-Morant et à Le Barrois, deux chevaliers de son hôtel, de se jeter avec six cents hommes d'armes dans Nantes, assiégée alors par l'ennemi. Ces deux braves repoussèrent les Anglois, ce qui les obligea de se retirer, et le duc de Bretagne de faire son traité avec le roi.

En 1382, Louis, comte de Flandre, le dernier des Dampierre-Bourbon, qui avoit marié sa fille au duc de Bourgogne, venoit d'être vaincu et chassé de ses états par les Gantois révoltés, sous la conduite du fameux Artevelle. Le jeune roi, qui n'avoit que quatorze ans, saisit avec empressement cette occasion de signaler son nouveau règne, et les militaires embrassèrent avec joie un projet aussi glorieux que celui de délivrer de l'oppression un prince uni par les liens les plus étroits à la famille royale. Cette guerre, conduite par les ducs de Bourgogne et de Bourbon, avec le connétable Olivier de Clisson, eut le succès le plus brillant. Un premier avantage, remporté par le connétable, puissamment secondé du brave Saimpy, sur un corps de dix mille Flamands, ouvrit aux François les portes d'Ypres, de Bruges, de Cassel, de Dunkerque, etc.; par toute la Flandre les richesses des révoltés tombèrent au pouvoir du vainqueur. Dans cette extrémité, Artevelle, résolu de périr plutôt que de céder, rassembla une armée de cinquante mille hommes entre Rosbec et Courtrai.

On connoît la célèbre bataille de Rosbec, livrée en 1383, qui mit un terme aux continuelles révoltes des Flamands contre leurs souverains légitimes. Bourbon, dans cette journée, commandoit la réserve, et paroissoit ne pas devoir entrer en ligne. Ce fut pourtant lui qui fixa la victoire.

Jacques Artevelle, brasseur de bierre, conduisoit l'armée des révoltés; il avoit des lieutenants de même condition que lui, mais d'une valeur peu commune; son porte-étendard étoit une femme, nommée la Grand-Margot, qui se battit en désespérée, et tomba percée de coups aux pieds du duc en défendant la bannière de Flandre. Artevelle, par un mouvement subit et désespéré, tourna l'avant-garde, commandée, suivant l'usage, par le connétable, et vint fondre sur le corps de bataille, où se trouvoit le roi avec son frère, les ducs de Bourgogne et Jean de Bourbon. Louis accourt aussitôt au secours du roi, il étoit précédé de sa bannière, et environné de ses braves, dont l'histoire nous a conservé les noms : c'étoient Robert de Damas, portant l'étendard, Château-Morant, Le Barrois, Coucy, Boucicaut, La Fayette, Gouffier, les deux maréchaux du prince, Jean de Laye et Blain le Loup, Jean de Saint-Priest, Tachon des Glainiers, Bailly du Bourbonnois, Regnaut de Bressolles, Borgnes de Vaucé, Philippe Béraud, Baudequin, Méchin, Hugues de Chastelus, l'hermite de la Faye, Pierre de Fontenay, Jean de Tilly, etc.

En ce moment, il se fit des prodiges de valeur. Le duc étoit monté sur un superbe coursier, et combattoit la hache à la main. *Il frappoit*, dit son historien, *à dextre et à senestre, et ce qu'il assenoit, jà ne se sçut relever*. Bourbon, emporté par sa valeur, s'engagea si avant dans la mêlée qu'il fut renversé de cheval; mais, ayant été relevé aussitôt par ses écuyers, il se porta avec tant d'ardeur au combat, qu'il enfonça tout le corps des Flamands, leur tua vingt-cinq mille hommes, et les poursuivit jusque dans Courtrai, où il entra pêle-mêle avec eux.

L'historien d'Orronville nous représente le duc Louis aussi bon, aussi généreux qu'avant la victoire. La ville de Paris, celle de Rouen, et plusieurs autres de la France, avoient manifesté des vœux assez conformes à ceux des Flamands, avec lesquels elles conservoient toujours des rapports intimes. La cour irritée s'apprêtoit à tirer vengeance de la conduite des Parisiens. Le généreux Bourbon fut leur intercesseur auprès du roi et des princes à l'effet d'obtenir d'eux grace pleine et entière pour le peuple affligé.

Suivant Juvénal des Ursins, c'est cette même année 1383, que le duc fit son premier voyage en Afrique, dans l'intention de venger les chrétiens des insultes réitérées des Maures et des Sarrasins. Il débarqua en effet auprès de Tunis avec une armée assez considérable, mais il fut bientôt obligé de revenir en Europe, parceque les vivres et les munitions lui manquoient; et il ne retira de cette expédition que l'avantage d'avoir fait éprouver aux Maures une perte considérable, sans profit pour la chretienté.

(1384.) De retour en France, il trouva les Anglois rentrés en Guienne, au mépris de la trève, et maîtres d'une grande partie du Poitou, de la Saintonge, et de l'Angoumois. Le roi le chargea de défendre la France de ce côté et de terminer cette guerre. Louis, à qui l'on ne donnoit ni armée ni argent, eut bientôt trouvé l'une et l'autre. Les Poitevins, qui l'avoient en quelque sorte appelé de leurs vœux, lui fournirent soixante mille livres avec lesquelles il se mit en campagne. Cette guerre dura peu de temps ; les places prises par les Anglois furent successivement reprises : il ne restoit plus que Verteuil, ville très fortifiée à cette époque. La résistance opiniâtre des assiégés obligea d'avoir recours à l'art des mines. L'ennemi, de son côté, pratiqua des contre-mines. C'est dans ces souterrains que se livroient nombre de combats singuliers entre les deux partis, et à la lueur des flambeaux.

Un jour, notre duc, qui vouloit avoir sa part du péril, descendit dans une mine accompagné seulement de quelques chevaliers : là, il défie le plus brave des assiégés au combat de la hache et de l'épée. Alors le gouverneur du château, Regnaud de Mont-Ferrand, se présente. On se bat à outrance. Le duc couroit un danger évident. Aussitôt un chevalier s'écrie : *Bourbon ! Bourbon ! Notre-Dame !* A ce cri de guerre, Mont-Ferrand recule en baissant son épée, puis, s'adressant à Borgnes de Vauce, un des chevaliers du duc, il lui demande si c'est contre le prince qu'il se bat : sur sa réponse affirmative, il met un genou en terre et demande à être armé chevalier de la main du duc, promettant de rendre la place à cette condition. Bourbon, sans tarder, lui donne l'accolade, le décore des marques de son ordre, et lui rend tous les prisonniers qu'il avoit faits pendant le siège.

Une courte expédition en Flandre, un grand

projet de descente en Angleterre, qui n'eurent aucun résultat satisfaisant, ainsi qu'un voyage que fit le duc de Bourbon vers les Pyrénées, pour porter secours à don Juan de Transtamare, héritier de Henri, remplirent les années 1385 et 1386.

(1387.) Cependant, Charles VI, âgé de vingt-un ans, avoit épousé la célèbre Isabeau de Bavière. Fatigué d'entendre les plaintes qui s'élevoient de toutes parts contre l'administration de ses oncles paternels, il déclara qu'il vouloit gouverner seul, et ordonna à ses tuteurs de se retirer dans leurs gouvernements respectifs. Il ne voulut garder auprès de sa personne, que le duc de Bourbon son oncle maternel, et Jean de Bourbon, comte de La Marche, son cousin, donnant ce témoignage signalé de leur fidélité : « Qu'il les aimoit, pourcequ'ils n'a-« voient jamais servi autre maître que lui, ni d'autre « ambition ou dessein que pour le bien de l'état. » Le duc resta donc un des premiers membres du conseil; mais ce ne fut pas pour long-temps. Il voyoit avec peine le roi entouré de ministres avides et corrompus, dont la conduite étoit encore plus tyrannique que celle de leurs prédécesseurs. Craignant de compromettre son honneur, il saisit avec empressement l'occasion qui se présentoit de passer en Afrique pour faire la guerre aux infidèles.

En 1390, les Génois, opprimés dans leur commerce par le roi de Tunis, demandèrent du secours au roi. Charles accorda un corps de troupes considérable, et il en confia la conduite au duc, qui méritoit bien une telle faveur. Nous n'entrerons pas dans les détails de cette expédition, qui ne servit qu'à faire briller davantage les vertus de notre héros; mais dont le seul résultat fut un traité de paix qu'il obligea les Maures d'accepter, et que ceux-ci observèrent comme ils voulurent, après le départ du duc et de son armée. Il étoit stipulé que les Génois auroient la mer libre et toute sûreté pour leur commerce, que tous les esclaves chrétiens seroient rendus, et que le roi de Tunis paieroit 10,000 ducats.

Pendant cette guerre, disent les historiens du temps, le duc de Bourbon se montra digne fils de saint Louis, dont il imitoit parfaitement la piété et la valeur. Froissard semble blâmer le duc, et l'accuser d'avoir empêché, par sa présomption, les affaires de prendre une direction avantageuse au bien de l'état. Froissard en cela, comme en d'autres circonstances, ne mérite pas une entière confiance. On sait que c'est un écrivain passionné et souvent ennemi de tout ce qui porte un nom illustre.

A son retour de l'Afrique, en l'année 1391, le duc de Bourbon relâcha en Sardaigne, et s'empara de plusieurs places qui servoient de refuge aux pirates, et secondoient les Maures dans leurs courses; il en gratifia les Génois ses alliés. Assailli par une violente tempête pendant la traversée, il fut heureux de gagner Messine en Sicile, où le comte de Clermont-Motica, vice-roi de l'île, le reçut avec tous les honneurs dus à son rang, et lui fournit tous les secours nécessaires pour faire voile vers le port de Gênes. Dans cette ville, où il revint avec les esclaves chrétiens qu'il avoit arrachés aux infidèles, il fut accueilli comme un bienfaiteur; et, après avoir séjourné quelque temps à Gênes, il revint en France pour être témoin de la plus affreuse catastrophe qui ait jamais pesé sur la France. Charles VI, jeune roi plein d'ardeur, étoit à la poursuite de Pierre de Craon, gentilhomme breton, qui, après s'être souillé du meurtre d'Olivier de Clisson, connétable de France, avoit trouvé un appui et un protecteur dans le duc de Bretagne. Une connivence aussi manifeste entre l'assassin et le protecteur obligeoit le roi à tirer une vengeance éclatante; et c'est pendant le voyage, que l'infortuné monarque fut attaqué de l'aliénation mentale qui plongea la France dans la désolation. Ce funeste événement arriva dans le cours de l'année 1392.

Dans une telle circonstance, il falloit pourvoir à la tutelle du roi et de ses enfants en bas âge. Le duc de Bourbon fut appelé à remplir cette pénible fonction avec la reine, les ducs de Berry, de Bourgogne, et de Bavière, assistés d'un conseil composé de trois évêques, de six chevaliers, et de trois magistrats. Ce fut précisément la multiplicité des tuteurs et des gouvernants qui fit naître et entretint le désordre. Le duc de Bourgogne, le plus puissant des princes comme le plus ambitieux, s'empara du pouvoir qui lui fut vivement disputé par le duc d'Orléans, frère du roi, appuyé des ducs de Berry et de Bourbon, dont il étoit l'élève. Le duc de Bourgogne se vit contraint de céder aux circonstances, et de partager avec son neveu les fonctions de l'autorité souveraine. Le duc d'Orléans, jeune présomptueux, livré à toutes les passions, au luxe, à la débauche, et à la prodigalité, ne réalisa pas les espérances qu'il avoit données de lui. Son administration fut une suite de déprédations et de vexations de toute espèce, ce qui donna lieu au duc de Bourgogne de profiter des fautes de son ennemi pour mettre le peuple de son côté.

En 1394, le duc eut un procès à soutenir contre la couronne, en revendication des seigneuries de Gaille-Fontaine, de Rosoi, et Saint-Ouen, qui lui venoient du chef de son aïeule maternelle, la comtesse Mahaut, et de la seigneurie de Creil, qui lui appartenoit de son propre. Le procès se termina par une transaction passée le 14 novembre 1394, par laquelle transaction il céda au roi les seigneuries en litige pour celles de Châtel-Chinon et autres lieux, avec 40,000 liv. payables en deux ans.

(1399.) Le duc de Bourbon, de retour à Paris,

à la suite d'une tentative qu'il avoit faite en Guienne, pour reprendre Bordeaux et Bayonne aux Anglois, ne put voir sans en être effrayé la grandeur de l'abyme où la France étoit entraînée. La misère du peuple, et sur-tout celle des gens de guerre, l'affligeoit profondément. Pendant plusieurs mois, il fit de grands sacrifices pour soutenir les derniers. Sa maison étoit ouverte à toutes les infortunes, et respectée comme un temple où la vertu s'étoit retirée dans ces temps désastreux; mais enfin il s'endettoit; et dans l'espace d'un an il contracta des engagements pour plus de 60,000 francs d'or. Sans influence à la cour, en proie à la rapacité d'Isabelle et du duc d'Orléans, ne recevant rien du trésor, et toujours en crainte d'ajouter au malheur public, il prit le parti de se retirer dans ses domaines pour se mettre en état, par son économie, d'acquitter ses dettes. Le roi, d'autant plus à plaindre qu'il avoit des moments lucides, voyant un jour le duc dans cette disposition, se mit à pleurer et à le prier de la manière la plus touchante de ne point l'abandonner. Le prince, que la nécessité contraignoit de partir, consola son malheureux souverain le mieux qu'il put, lui promit de revenir bientôt; ce qu'il fit quelques années après.

La première occupation du duc de Bourbon à son arrivée à Moulins, en 1399, fut de mettre ordre à ses affaires. Il paya ses créanciers les plus pressés, prit terme avec les autres, et en deux ans il vit ses dettes éteintes.

Ses revenus montoient à 80,000 livres. Les émoluments de la charge de chambrier de France, joints à sa pension de 18,000 liv. sur le trésor royal, formoient la somme de 30,000 livres employées au paiement des troupes qu'il tenoit toujours prêtes pour le service de l'état. C'est avec ces revenus, très considérables alors, et bien administrés par Guillaume de Nourry, son trésorier, qu'il employoit chaque année 20,000 livres en aumônes, qu'il acquittoit ses dettes, et pourvoyoit à l'entretien d'une maison qui pouvoit passer pour la cour la plus brillante de l'Europe, après celles du roi et du duc de Bourgogne.

Le prince jouissoit, dans le Bourbonnois et dans le Forez, de tous les droits de la souveraine puissance : du droit de guerre et de paix, de l'anoblissement, de la légitimation, des affranchissements, et des cas royaux. Il convoquoit les états de ses provinces, et les présidoit. Sa cour se composoit d'un chancelier, de deux maréchaux, et d'un procureur général. Il avoit en outre une chambre des comptes établie à Moulins, des chambellans, des chevaliers de l'hôtel, des écuyers, des pages, etc.

Les peuples du Bourbonnois se ressentirent du long séjour que le duc fit dans ses terres; et ses voisins, dont il concilioit les querelles, et qu'il défendoit de tout son pouvoir contre les oppresseurs, n'eurent qu'à se louer de lui. C'est ainsi qu'il rétablit sur son siége le cardinal-évêque de Metz, que les Allemands étoient parvenus à faire expulser; qu'il soutint, contre les comtes de Savoie, les princes de Dombes, qui lui durent la conservation de leurs états. C'est aussi au moyen de cette puissance, qu'il fit rendre une entière justice à Bonne de Bourbon, sa sœur, douairière de Savoie, que son fils Amé VIII, payant d'une noire ingratitude la tendre sollicitude d'une mère, vouloit déposséder de son douaire, et même de ses domaines particuliers.

Le duc crut recueillir alors les fruits des services qu'il avoit rendus à l'état. En 1400, il se félicita de faire épouser à son fils la riche héritière du duc de Berry, le plus brillant parti de l'Europe. Des rois et des fils de rois avoient sollicité cette alliance. A l'aide de ce mariage, il eut la substitution du duché d'Auvergne, que le duc de Berry, père de la princesse, tenoit en apanage, à condition pourtant que le Bourbonnois et le Forez, patrimoine de la branche aînée de Bourbon, seroient reversibles à la couronne, à défaut d'hoirs mâles; ce qui dépouilloit les branches collatérales de l'expectative de ces riches domaines, et mettoit les rois de France en état de suivre leur plan de politique, qui consistoit à éteindre les grandes seigneuries, en réunissant successivement au domaine les différentes parties de la monarchie qui en avoient été détachées. Nous verrons bientôt combien ce traité a été funeste à la maison de Bourbon.

(1400.) L'alliance des ducs de Berry et de Bourbon ralentit pour quelques moments l'animosité existante entre les maisons d'Orléans et de Bourgogne. Le duc de Bourbon étoit un conciliateur si aimable et si engageant, qu'il trouvoit toujours quelque moyen d'arrêter la fureur des partis.

(1403.) La mort du duc de Bourgogne, laissant un fils héritier de sa vaste puissance et de son ambition, vint ajouter aux maux qui pesoient sur la France. Il n'est pas de notre sujet d'entrer dans le détail des faits relatifs à cette époque; il nous suffira de dire qu'au moment même où le duc d'Orléans tomboit sous les coups de l'assassin aposté par Jean-sans-Peur, duc de Bourgogne, les Bourbons se consacroient uniquement à la défense et à la gloire de la France. Le duc de Bourbon, voulant arracher son fils à la corruption d'une cour dépravée, sollicitoit pour lui l'honneur de commander une armée en Guyenne contre les Anglois.

En 1406, les premières armes de ce jeune prince furent très heureuses. Plus de cinquante châteaux pris, une victoire remportée, et la Guyenne françoise dégagée, une forte contribution imposée à la ville de Bordeaux furent les fruits de cette campagne. De leur côté, le comte de La Marche et son fils, l'un frère et l'autre neveu de Louis, se distinguoient sur mer contre les Anglois; mais ils n'obtinrent pas des avantages aussi marqués que le jeune comte. Enfin l'Anglois, dégoûté du peu de succès de son attaque et mal affermi sur son trône, demanda et obtint un renouvellement de trêve.

Louis aimoit le duc d'Orléans malgré ses défauts; il ne fut pas insensible à la mort funeste de son neveu, arrivée en 1404; mais le moyen d'en tirer vengeance, lorsque l'assassin jouissoit d'une impunité révoltante et voyoit son parti triomphant? Le duc de Bourbon, ne trouvant aucun moyen de conciliation, n'eut d'autre parti à prendre que de se retirer de nouveau à Moulins, après avoir assisté, en 1407, à une prétendue réconciliation entre les enfants du duc d'Orléans et le meurtrier de leur père; il laissa au comte de Clermont son fils le soin de soutenir le parti d'Orléans, à la tête duquel se trouvoit le dauphin, et ce que la France comptoit de plus illustre.

Il étoit aussi tranquille qu'on pouvoit l'être dans la circonstance; et il s'occupoit du bonheur de ses sujets, lorsqu'un sire de Viry, son vassal, suscité par le duc de Bourgogne, et soutenu par Amé VIII, comte de Savoie, eut l'audace de le défier au combat, puis entrant dans le Beaujolois, de s'emparer de plusieurs places, entre autres d'Amberieux. Le duc mande ses parents, ses amis, et ses vassaux, et se trouve bientôt à la tête de quatre mille hommes, parmi lesquels on comptoit les comtes de La Marche, de Vendôme, d'Alençon, de Richemont, le connétable d'Albret, et douze cents gentilshommes. Telle fut la rapidité des mouvements de ce prince, âgé de 71 ans, qu'en moins de quinze jours il vint à bout de reprendre Amberieux et les autres places, et de contraindre Amé de lui livrer l'audacieux Viry. Maître de son ennemi, Bourbon se contenta pour toute vengeance de le tenir quelques jours en prison, et de lui faire payer les frais de l'expédition.

Le duc de Bourgogne jouissoit du fruit de ses crimes : il gouvernoit la France; mais les princes, qui lui avoient pardonné jusqu'alors, ne pouvoient souffrir son orgueil. En 1409, ils formèrent une ligue formidable, à la tête de laquelle étoient les ducs de Berry, d'Orléans, et ses frères, les comtes de Clermont, de Richemont, et d'Armagnac, avec le connétable d'Albret. Il ne manquoit que le duc de Bourbon; le comte de Clermont avoit engagé dans la ligue son vieux père, qui ne songeoit nullement à endosser de nouveau la cuirasse; au contraire, ce prince religieux méditoit de se retirer aux célestins de Vichy, pour consacrer à Dieu les restes d'une vie passée au milieu du tumulte des armes ou au sein des discordes civiles. Instruit de la parole que son fils avoit donnée pour lui, il le réprimanda vivement. Mais, toujours porté d'affection pour les jeunes d'Orléans et pour le dauphin, ou plutôt mû par le louable dessein de concilier les partis, il résolut de prendre part à cette nouvelle guerre. Le ciel ne permit pas qu'il réalisât son projet.

(1410.) Nous ne pouvons mieux clore cet article, consacré à la mémoire d'un héros, qu'en rapportant fidèlement, d'après Orronville, les circonstances des derniers instants du duc de Bourbon. La mort aussi vient tout récemment de nous enlever un père, un grand roi : et lorsque placé sur son lit funèbre, il serroit de ses mains glacées le signe du salut, on se disoit les uns aux autres : *Voilà comme meurt un roi de France!* Nous allons voir aussi comme meurt un Bourbon.

Le duc étoit parti de Moulins, après avoir donné ordre à ses maréchaux et barons de le venir rejoindre à Montbrison chacun avec leur contingent. Son armée étoit réglée alors à cinq cents hommes d'armes, et cent hommes de trait, ce qui formoit un corps de quatre à cinq mille hommes. Arrivé à Montbrison, le duc se trouva indisposé le jour de la Saint-Laurent; il ne fit d'abord aucune attention à cet accident. Le lendemain, il célébra la Notre-Dame d'août avec beaucoup de solennité; mais le jour suivant la fièvre ayant fait des progrès rapides, il sentit sa fin approcher. Comme il ne se dissimuloit pas son état, il se mit à louer Dieu, et à le remercier de ce qu'il daignoit l'appeler à lui. Puis, se tournant vers ses chevaliers, il leur tint ce discours :

« Mes amis, je regracie Dieu de tout mon cœur,
« qui m'a presté vie telle que j'ay vescu jusques ici
« par son commandement. Certes la mort ne me
« desplaist mie, mais si au createur eust plu, j'eusse
« volontiers veu la santé de monseigneur le roy,
« l'union des princes de Fleurs-de-Lys, et la paix
« de cettuy très desolé royaume de France. Je y ai
« de tout mon pouvoir besongné à le pacifier, et
« estoit mon vouloir en ce voyage, où aller cuidois
« m'employer en manière que bon accord y fust
« mis, et pource que je n'y puis, je recommande
« l'affaire à Dieu le puissant. Vous, loyaux et bons
« serviteurs, sçavez comme pieça j'ay faict mon tes-
« tament, lequel je veux qu'il soit tenu comme je
« l'ordonnai à mes executeurs, la duchesse ma
« femme, messire Hutin de Baneux, messire l'Her-
« mite de La Faye, et maistre Pierre de Chantelle,
« mon confesseur. Et commande que les pompes
« qui se font ès obseques des princes, qui tant
« coustent en revérence de Dieu, ne soyent poinct
« faictes, mais telle somme d'argent qui pourroit
« estre employée, soit distribuée aux pauvres. Vous
« aurez mon ame pour recommandée, et prierez
« Dieu si j'ay faict quelque chose contre sa volonté
« qu'il me le veuille pardonner. Et, je vous en prie,

« la duchesse, ma femme, vous soit pour recom-
« mandée. Elle n'est mie icy, ne Jehan mon fils, qui
« est mon heritier. Il est vostre seigneur, après mon
« décez, conseillez-le, et aimez, et honorez loyau-
« ment, comme vous avez faict moy. De ce je vous
« en supplie, et luy direz de par moy qu'il soit def-
« fenseur contre tous oppresseurs du royaume de
« France, et ce je lui enjoincts expressement. »

Les assistants fondoient en larmes; ils lui promirent d'exécuter ses ordres. Alors le duc fit couper
ses cheveux, et les tenant en main, il dit : « Beau
« sire Dieu, Jesus-Christ, mon pere createur, ès de-
« licts de ceste vie mortelle ou je me suis plus es-
« battu en mes cheveux; si je ne veux plus que ceste
« me suive. Véez les là en despit de l'orgueil; » et il
les foula aux pieds. Alors tout le monde s'étant retiré; il resta dans son oratoire, avec son chapelain.
Le dimanche suivant 17, après s'être confessé, action qu'il répétoit souvent dans le cour de l'année,
il entendit trois messes, récita ses heures cano-
niales, et se prépara à recevoir le saint viatique.
Comme il étoit très foible, on voulut le placer sur
un siège : il se refusa à cette condescendance, et
s'agenouilla devant l'autel, où, après s'être humilié
devant Dieu, il reçut le saint sacrement avec les
marques de la piété la plus ardente.

Il resta encore deux jours dans les angoisses de la
mort, mais sans perdre connoissance, et continuant

toujours de se préparer par la prière à sa dernière fin. Il disoit souvent que « la mort n'estoit à redou-
« ter à nul preud'homme. » Enfin le duc Louis II, après s'être recommandé de nouveau au ciel, après s'être placé sous la protection de la sainte Vierge Marie, du glorieux martyr saint Denys apôtre de la France, et du saint confesseur *Loys*, jadis roi de France, son quatrième aïeul, rendit sa belle ame à Dieu le mardi 19 août 1410, à l'âge de soixante-treize ans.

L'éloge de ce prince est tout entier dans sa vie. Il fut réellement le plus grand des Bourbons avant Henri IV, avec qui il avoit d'ailleurs beaucoup de traits de ressemblance. Les restes précieux du duc furent transportés au prieuré de Souvigny. Sur la longue route de Montbrison à Souvigny, que devoit parcourir le cortège, on voyoit accourir le clergé, la noblesse, et les habitants des villes et des campagnes, qui tous faisoient retentir les airs de leurs cris lamentables. « Ha! ha! Mort, disoient-ils, tu
« nous a osté en ce jour nostre soutenement, celui
« qui nous gardoit et nous deffendoit de toutes op-
« pressions; c'estoit nostre confort, nostre duc, le
« plus preud'homme, de la meilleure vie qu'on sçut
« treuver! » On ne peut rien ajouter à une oraison funèbre si naïve et si touchante.

Les fondations faites par le duc de Bourbon sont immenses, ainsi que les embellissements qu'il fit à ses domaines, et les actes de bienfaisance qu'il répandit sur les malheureux de tout état. M. Coiffier Demoret cite principalement la collégiale de Moulins, le monastère des Célestins de Vichy, l'hôpital de Saint-Nicolas à Moulins. Il bâtit les châteaux de Verneuil et d'Auzance en Combrailles, une grande partie de celui de Moulins; il répara ceux de Montluçon, de Belle-Perche, de Billy, de Murat, etc. Enfin, ce qui ajoute un dernier trait à sa gloire, c'est que sa mémoire s'est perpétuée dans le Bourbonnois jusqu'à l'époque de la révolution. Quand on parloit de lui, on ne l'appeloit que *le bon duc Louis* (¹).

Louis II avoit épousé, comme nous l'avons dit, Anne, fille de Béraud II, dauphin d'Auvergne, et dauphine elle-même. Il eut de cette princesse :

1° JEAN I, qui suit;
2° LOUIS de Bourbon, à qui étoit destinée la seigneurie de Beaujolois, et qui mourut avant son père, le 12 septembre 1404, à l'âge de seize ans et demi;
3° CATHERINE de Bourbon, morte en bas âge;

(¹) La vie de ce prince a été écrite assez bien pour le temps, par Jean d'Orronville, picard, surnommé *Cabaret* et *le Pélerin*, par le commandement de Charles, comte de Clermont, petit-fils du duc, et presque sous la dictée du sire de Château-Morand, un des premiers chevaliers de l'hôtel. Le livre est si rare, que j'en ai à peine trouvé un exemplaire dans les bibliothèques publiques.

4° Isabelle de Bourbon.

Messieurs de Sainte-Marthe avancent, sur la foi d'un titre douteux, qu'elle avoit été mariée à Beraud III, dauphin d'Auvergne; mais le P. Anselme a prouvé par d'autres titres authentiques que cette princesse étoit morte sans alliance.

Le duc Louis II, ce prince si vaillant, si pieux, si *preud'homme*, ainsi que l'appelle son historien, paya, comme tant d'autres, et sur-tout comme plusieurs personnages de son illustre maison, le tribut à la foiblesse humaine. Il eut des enfants naturels d'une demoiselle de qualité qu'on ne nomme pas; entre autres :

Hector de Bourbon. Ce jeune prince fut un des plus vaillants de son siècle. Il accompagna le maréchal Boucicaut à Gènes, lorsque ce général y alla pour en prendre le gouvernement au nom de sa majesté. C'est dans cette ville qu'Hector fut armé chevalier. Rentré en France, il suivit le parti des princes ligués contre le duc de Bourgogne, et servit sous son frère Jean, duc de Bourbon. Pendant la campagne de 1412, le duc l'avoit envoyé pour défendre la ville de Dun-le-Roy, et lui avoit associé un vieux chevalier nommé Henry Dast. Hector soutint bravement les attaques de l'armée royale. Le siège dura neuf jours, et fut très meurtrier; mais enfin la place céda aux coups redoublés de l'artillerie ennemie. Hector obtint une capitulation honorable, car lui et ses compagnons eurent la vie et les biens saufs, et la liberté de se retirer où ils voudroient. Suivant Monstrelet (chron., T. I, f° 149), le bâtard de Bourbon, avec trois cents hommes d'armes, fit une sortie vigoureuse contre les assiégeants; et après leur avoir tué beaucoup de monde, il profita de cet avantage pour gagner Bourges, où se trouvoient les princes, abandonnant à la clémence du vainqueur une ville qu'il ne pouvoit plus tenir.

Hector se trouva ensuite au siège de Bourges, et assista au traité de paix signé entre les Bourguignons et les princes. Depuis ce temps, il demeura attaché au roi, qu'il suivit au siège de Soissons. Charles VI et son conseil, après le traité de Bourges, avoient abandonné le duc de Bourgogne, et celui-ci avoit recommencé la guerre civile en 1414. La campagne s'ouvrit par le siège de Compiègne. A ce siège, Hector de Bourbon, qui mêloit la galanterie à la valeur, fit avertir le général Lannoy, commandant la place, qu'il viendroit planter *le mai* le premier du mois de ce nom. Le défi fut accepté. Hector se présente avec une branche d'aubépine d'une main, une lance de l'autre, et deux cents hommes. Cette attaque donna lieu à de hauts faits d'armes, dont le résultat fut la reddition de Compiègne, et la rentrée en grace à la cour du chevalier Lannoy.

La ville de Soissons étoit le centre des opérations du parti Bourguignon: et il falloit avoir cette ville, très fortifiée alors, défendue par une garnison composée d'Anglois, de Picards, et de Flamands, et commandée par Enguerrand-de-Bournonville, qui avoit juré de s'ensevelir sous les ruines de la place. C'est à ce siège qu'Hector, après avoir fait des prodiges de valeur, fut tué, suivant les uns, dans une sortie que les assiégés firent contre son quartier; suivant Monstrelet, il fut atteint d'une flèche lancée par trahison, pendant qu'il parlementoit tranquillement avec les échevins de la ville. Sa mort fut vengée par la prise d'assaut, le sac et la désolation de Soissons. L'inexorable duc de Bourbon, qui aimoit son frère naturel, n'épargna rien. Bournonville et les principaux capitaines furent pendus, la garnison passée au fil de l'épée, la ville livrée au pillage. Les détails donnés par Monstrelet, de cette expédition militaire, font horreur. Le fait est que jamais la ville de Soissons, alors une des plus grandes de France, ne s'est relevée entièrement de ce désastre.

Hector de Bourbon, Hector dont la vaillance rappeloit le héros grec qui porta jadis ce nom, mourut sans laisser de postérité, à l'âge de vingt-trois ans, emportant les regrets de son roi, des princes ses parents, et de toute l'armée. « Il « fut plaint, dit Monstrelet, de tous gens, car il estoit jeune « homme doux et humble en maintien, paroles et gouver- « nement, et ses ennemis mesme le plaignoient. » Et ailleurs, le même auteur dit : « Il estoit prudent, vaillant, et la fleur « de tous les capitaines de France. »

Les historiens donnent à Louis II, d'autres enfants naturels, mais ils ne sont d'accord ni sur le nombre, ni même sur le nom. MM. de Sainte-Marthe ne nomment que JACQUES, seigneur de Curoy, que citent Monstrelet et Paradin comme l'un des garans du traité de Ponchiel près Melun, entre le dauphin (depuis Charles VII) et le duc de Bourgogne. Le P. Anselme ne cite que *Perceval* de Bourbon, armé chevalier en 1415; encore n'assure-t-il rien à cet égard. Désormaux, et après lui l'historien du Bourbonnois, nomment les trois suivants, mais sans citer leurs autorités, savoir :

1° HECTOR, dont nous venons de parler ;

2° Jean, aussi renommé que son frère par son courage et les services qu'il rendit à l'état. Nous en parlerons dans la notice suivante;

3° Perceval, inconnu.

V.

JEAN I,

DUC DE BOURBON ET D'AUVERGNE, COMTE DE CLERMONT, DE MONTPENSIER, DE FOREZ, ET DE L'ISLE-EN-JOURDAIN, PRINCE SOUVERAIN DE DOMBES, SEIGNEUR DE BEAUJOLOIS, DE CHATEL-CHINON, ET DU PAYS DE COMBRAILLES, CAPITAINE-GÉNÉRAL DE LANGUEDOC ET GUYENNE, PAIR ET CHAMBRIER DE FRANCE, ETC., ETC.

Ses armes étoient d'azur, réduites à trois fleurs de lis d'or, deux en tête, une en pointe : bâton ou cottice de gueules, brochant sur le tout : couronne de prince du sang.

Le prince Jean, né au mois de mars de 1380, porta d'abord la qualité de comte de Clermont, et ce fut sous ce titre que le roi l'établit en 1404, capitaine général des pays de Languedoc et de

Guyenne avec trois cents hommes d'armes, et cent cinquante arbaletriers ou hommes de trait à cheval, à 1,000 livres par mois pour solde de sa troupe, outre son traitement particulier. Depuis, son état militaire comme duc de Bourbon fut porté, en 1413, à mille hommes d'armes, et cinq cents hommes de trait. Jean, à l'imitation du duc Louis, n'abandonna jamais le parti des princes qu'il regardoit comme légitime; et, malgré la confraternité d'armes qui avoit existé entre lui et le duc de Bourgogne, il cessa d'avoir avec ce prince aucune liaison intime; au contraire, il se montra toujours un de ses plus grands ennemis.

Il commandoit dans les provinces de Guyenne et Languedoc avec une autorité souveraine, pendant les années 1404 et 1406. C'est alors qu'il acheva de purger ces provinces des bandes de brigands qui avoient échappé à la vigilance de son père, et à les remettre sous l'obéissance entière du roi.

En 1410, il fut un des premiers qui prit parti dans une ligue formée pour arracher au duc de Bourgogne l'empire tyrannique que ce prince s'étoit arrogé sur son roi infirme et sur les François. Lors du blocus de Paris, Jean de Bourbon commandoit conjointement avec le duc de Berry et Bernard, comte d'Armagnac, une armée de deux cent mille hommes. C'en étoit fait de la capitale, si les cris lamentables du peuple, joints aux prières du roi mourant, n'eussent obligé ces princes furieux de signer une trêve de dix-huit mois.

Dès l'année suivante, 1411, la trêve fut rompue, et le duc de Bourbon, accompagné du duc des Vertus, parut le premier en campagne. Le duc d'Orléans, le comte d'Armagnac, et lui entrèrent dans le Soissonnois et dans la Picardie, où ils rencontrèrent le fameux duc de Bourgogne, leur ennemi, qui, ne pouvant leur résister à cause de la trahison de ses Flamands, se retira d'abord, et revint ensuite avec des forces plus considérables au secours de la ville de Paris, menacée de nouveau par les princes vainqueurs. Ceux-ci, à leur tour, furent forcés à la retraite, et se virent en proie à toutes les horreurs qui accompagnent la proscription.

Le duc Jean ne se découragea pas pour cela. En 1412, il avoit vu ses trois enfants en bas âge enlevés de Montereau et confinés dans une étroite prison, menacés de la mort à chaque instant pour répondre de la vie du sieur de Croy, arrêté par le duc d'Orléans; il voyoit son comté du Clermontois, sa seigneurie de Beaujolois envahis; rien ne pouvoit le distraire du parti qu'il avoit embrassé; il commença par faire bonne justice de ce même Viry à qui le duc Louis, son père, avoit pardonné, et qui, payant le fils de son bienfaiteur de la plus noire ingratitude, s'étoit emparé, à l'instigation du

Bourguignon, du Beaujolois et de la principauté de Dombes. De-là, il accourut au secours du duc de Berry, assiégé avec le connétable d'Albret dans Bourges. Il conduisoit avec lui quatre cents hommes d'armes, et sa valeur ainsi que celle du jeune Hector, dont nous avons parlé plus haut, en arrêtant toutes les forces du royaume devant Bourges, contraignirent les Bourguignons à convertir le siége de la place en blocus; ce qui sauva du naufrage le parti des princes.

(1412.) Cette même année, une descente des Anglois en Normandie obligea pourtant les deux partis de se réunir; ce qu'ils firent, en apparence, à Auxerre, mais de si mauvaise grace que l'on fut obligé, en quelque sorte, d'acheter la retraite des Anglois pour la somme de 260,000 écus, dont le duc d'Orléans se porta caution envers les ennemis.

L'année 1413 fut une année heureuse pour le duc de Bourbon. Les Parisiens, sensibles aux outrages journaliers que le tyran bourguignon, Jean-sans-Peur, faisoit endurer à la famille royale, et sur-tout à l'héritier de la couronne, désabusés dèslors de l'enthousiasme qu'ils avoient montré pour ce factieux, prirent les armes; et, au nombre de trente mille hommes, marchant sous la conduite du dauphin, ils dispersèrent sans peine les compagnies de bouchers que le duc de Bourgogne entretenoit à sa solde, et l'obligèrent lui-même de sortir de Paris.

La retraite du duc ramena les princes à Paris. Ils y furent reçus sans engouement, mais avec un tendre intérêt. Le duc de Bourbon sur-tout plut singulièrement au peuple : il venoit de délivrer les provinces méridionales du fléau des brigandages, et son retour étoit marqué par l'abondance qui succédoit à la disette, et par une paix momentanée que l'on croyoit devoir durer long-temps. Il n'en fut pas ainsi. Cette même année, le duc de Bourgogne, rappelé par une intrigue de cour, se mit en marche pour revenir à Paris, à l'effet de délivrer le roi et la famille royale, qu'il supposoit en captivité. C'est encore au duc de Bourbon que l'on fut redevable d'en être délivré de nouveau. L'entreprise du Bourguignon se termina par un arrêt de proscription qui le déclaroit traître, parjure, assassin, perturbateur du repos de l'état, et le condamnoit comme tel à être déchu de ses principautés. Il falloit faire exécuter cet arrêt. On leva deux cent mille hommes, et l'on se disposa à ouvrir la campagne de 1414.

Pendant les préparatifs de cette nouvelle guerre civile, Jean qui avoit toujours retenu les principes de cette galanterie chevaleresque qui distinguoit ses nobles aïeux, fit une démarche que l'on regarderoit aujourd'hui comme une folie, mais qui le caractérise parfaitement. Voici la teneur du défi qu'il adressa à tous les chevaliers anglois, le premier janvier 1414 :

« Nous Jehan, duc de Bourbonnois, etc., desi-
« rant échiver (éviter) oisiveté et expecter (te-
« nir en activité) nostre personne, en avançant
« nostre bonneur par le metier des armes, pensant
« y acquérir bonne renommée, et la grace très belle
« de qui nous sommes serviteurs, avons nagueres
« voué et empris (entrepris) que nous, accompagné
« de seize autres chevaliers, escuyers de nom et
« d'armes, sçavoir Jacques de Chaatillon, Jehan de
« Chaalons, le sire de Babasan, Du Chaatel, Raoul
« de Jaucourt, Robert de la Heuse, Guillaume de
« Gamaches, le seigneur de Saint-Remi, le sire de
« Montsurat, Guillaume Bataille, messire Drouet
« d'Asnières, les sires de La Fayette, de Pontarguel,
« de Carnavalet, Louis Cochet, et Jehan Dupont
« escuyers, porterons en la jambe senestre (gauche),
« chacun un fer de prisonnier, pendant à une
« chaisne, qui seront d'or pour les chevaliers et
« d'argent pour les escuyers, tous les dimanches de
« deux ans entiers, commençant le dimanche pro-
« chain, apres la date de ces presentes. Au cas que
« plus tost nous trouverons pareil nombre de cheva-
« liers et escuyers de nom et d'armes, que tous
« ensemblement nous veuillons combattre à pié
« jusqu'à outrance, armés chacun de tel harnois

« qu'il lui plaira, portant lance, espée, et dague,
« ou moins bastons de telle longueur que chacun
« voudra avoir, pour estre prisonniers les uns des
« autres, par telle condition que ceux de nostre part
« qui seront outrés soient quittes en baillant chacun
« un fer et chaisne pareils à ceux que nous portons;
« et ceux de l'autre part qui seront outrés, chacun
« pour un bracelet d'or aux chevaliers, et d'argent
« aux escuyers, pour donner où leur semblera.
« *Item*, serons tenus nous, duc de Bourbonnois,
« quand nous irons en Angleterre ou devant le juge
« qui sera accordé, de le faire sçavoir à tous ceux
« de nostre compagnie qui ne seront par deçà, et
« de bailler à nosdits compagnons telles lettres de
« monseigneur le roi qui leur seront nécessaires pour
« leur licence et congé. Faict à Paris, le premier
« janvier 1414. »

Ce défi, parfaitement conforme aux régles de la chevalerie, eût été accepté avec joie cinquante ans plus tôt, mais les temps étoient changés : le monarque anglois avoit des vues bien différentes, et il n'étoit pas d'humeur à sacrifier, dans des combats particuliers, une portion précieuse de sa noblesse pour l'amour des dames et pour des rivalités chimériques.

Immédiatement après, les ducs d'Orléans et de Bourbon, principaux chefs des Armagnacs, faillirent d'être victimes d'une conspiration ourdie dans l'ombre par Jean-sans-Peur, aidé du premier dauphin Jean, qui ne voyoit qu'avec peine l'ascendant que leur donnoit leur mérite sur le parti. Leur courage et leur sagesse les délivra de ce danger, et ils se mirent en devoir de poursuivre l'ennemi commun, le duc de Bourgogne.

(1414.) La campagne fut ouverte par le siége de Compiégne, suivi de celui de Soissons ; nous avons parlé de l'un et de l'autre à l'article d'Hector de Bourbon. A ce dernier siége, Jean, impatient de signaler sa vengeance, monta le premier à l'assaut, et fut blessé d'une flèche. Cette blessure mit le comble à la fureur du soldat, la place fut emportée en un instant, et traitée avec la dernière rigueur. Quelques jours après, le duc rétabli de sa blessure, atteignit, au passage du Pont-à-Merbe, un corps de troupes bourguignonnes de quinze mille hommes qui se présentoit à lui, et l'enfonça du premier choc. Cinq cents hommes furent faits prisonniers avec le général ennemi, et le reste de ce corps anéanti. C'étoit une véritable victoire, qui fut célébrée à Paris par des feux de joie, des processions, et des réjouissances publiques. Bientôt après, le duc mit le siége devant Bapaume. Le commandant offrit de rendre la place au bout d'un certain nombre de jours, s'il n'étoit point secouru. Pendant que Bourbon attendoit le duc de Bourgogne, qui ne vint pas, il se fit armer chevalier. Pénétré des hautes qualités que demandoit un ordre aussi relevé, il avoit différé jusqu'à ce jour pour se mieux préparer à le recevoir.

De Bapaume, qui se rendit enfin, l'armée royale se porta sur Arras. La prise de cette ville auroit achevé de perdre le duc de Bourgogne, déja fort affoibli. Mais d'une part la division qui se mit parmi les chefs des Armagnacs; d'autre part les offres avantageuses faites par le duc de Bourgogne, déterminèrent le dauphin à accorder la paix à l'ennemi de sa puissance et de sa maison, malgré la résistance des Bourbons et du duc d'Orléans. Après la paix, les princes ramenèrent à Paris le malheureux roi, et entrèrent en triomphe dans la capitale. Le reste de la saison se passa en fêtes dans lesquelles le duc étala sa galanterie et sa magnificence.

Après une querelle de cour, qui n'eut pas de suites fâcheuses, le duc de Bourbon se rendit dans ses gouvernements pour contenir les Anglois et maintenir les provinces méridionales dans la tranquillité dont elles jouissoient.

(1415.) Cependant il se formoit un nouvel orage du côté de l'Angleterre. Henri V, prince ambitieux, jeta des regards avides sur la France affoiblie par tant de divisions intestines, et renouvela les prétentions de ses ancêtres à la couronne de France : il ne demandoit pas moins que la Guienne, la Normandie, et l'alliance de Catherine de France avec une dot de deux millions d'or, pour l'abandon de ses droits. Au lieu de courir aux armes pour défendre l'indépendance de la France, le gouvernement préféra d'entamer une négociation. Le duc de Vendôme, envoyé en ambassade à Londres, ne put rien obtenir : il fallut donc s'apprêter à combattre. Comme rien n'étoit préparé pour la résistance, Henri n'eut pas de peine à opérer une descente vers l'embouchure de la Seine, tout près de la ville de Harfleur, à la tête d'une armée nombreuse. Il s'empara de cette ville, non sans éprouver une perte considérable par suite des maladies épidémiques qui se mirent dans son camp. Le mal augmentoit de jour en jour, et l'ennemi se voyant poursuivi par l'armée françoise qui s'étoit enfin rassemblée, songea à la retraite.

La flotte qui avoit amené ses troupes, dispersée et en partie détruite par une tempête, ne pouvoit point lui servir. C'en étoit fait de Henri et de sa débile armée, si la même témérité, la même indiscipline qui avoient causé la perte des François à Crécy et à Poitiers, n'eussent aussi amené la défaite d'Azincourt. Nous n'entrerons point dans le détail de cette action, qui est trop connue dans notre histoire : il suffira de dire que la perte de la bataille fut due aux mauvaises dispositions prises par le connétable d'Albret, au désordre et à la précipitation avec lesquels on attaqua l'ennemi; et que le résultat fut la perte de dix mille hommes, dont seize cents prisonniers. De neuf princes du sang qui combattoient à Azincourt, quatre restèrent sur le champ de bataille: les ducs d'Alençon et de Brabant, le comte de Nevers, et le prince Louis de Bourbon-Préaux; cinq furent faits prisonniers: le duc d'Orléans, Jean I, duc de Bourbon, qui fait le sujet de cet article; les comtes de Vendôme, d'Eu, et de Richemont. Le connétable et presque tous les chefs des plus illustres familles du royaume périrent dans cette funeste journée.

La captivité du duc Jean dura dix-huit ans. Pendant tout cet intervalle, il ne fit rien de mémorable, sinon un voyage en France, pour traiter de la paix entre les deux couronnes, et, par ce moyen, obtenir sa liberté. Les conditions qu'imposoit le monarque anglois n'étoient point admissibles: en conséquence, nouveau Régulus, Jean retourna à Londres pour y reprendre ses fers, que l'ennemi appesantit encore davantage: il fut gardé très étroitement au château de Pomfret. En vain son fils et ses vassaux firent des efforts prodigieux pour le délivrer: trois cent mille écus furent envoyés en différentes fois pour sa rançon. L'Anglois garda tout et ne rendit point le prisonnier; on redoutoit tant sa valeur, que Henri V, en mourant, recommanda de ne le relâcher qu'à l'époque où la France seroit entièrement soumise à l'Angleterre.

Si l'on en croit les actes de Rymer, Bourbon, afin d'avoir sa liberté, auroit consenti à reconnoître Henri V pour roi de France, et à livrer les principales places du Bourbonnois, de l'Auvergne, et du Forez. Mais il n'y a rien de plus suspect que les écrits des Anglois touchant ce qui concerne la France. Quoi qu'il en soit, le duc Jean, après avoir fait son testament, mourut en Angleterre le 10 janvier 1433, à l'âge de cinquante-trois ans.

Toujours sous les armes, il n'avoit pas eu le temps de s'occuper de l'amélioration de ses terres. Il fonda pourtant le couvent des cordeliers de Montluçon, et acheva l'église collégiale de Moulins. Son corps fut d'abord déposé dans l'église des carmes de Londres, puis transporté, dix-huit ans après, à Souvigny, pour y être placé près de celui de sa femme, Marie de Berri, morte en 1434.

Il eut de cette princesse :

1° Charles I, qui lui succéda ;
2° Louis, mort sans enfants, à Louvres en Parisis, en 1453, et enterré dans l'église des cordeliers de Senlis ;
3° Louis de Bourbon, comte de Montpensier, chef de la branche de Montpensier, dont il sera parlé ci-après.

Il laissa aussi cinq enfants naturels.

1° Jean, abbé régulier de Saint-André-lès-Avignon en 1439, postulé évêque du Puy le 2 décembre 1443, abbé de Cluny en 1456, administrateur de l'église de Lyon pendant la minorité de son neveu, Charles de Bourbon, à qui il avoit résigné son titre à cette prélature; lieutenant-général pour le duc Jean II, aussi son neveu, dans tous les domaines, pays, et seigneuries de sa dépendance; président, au nom du roi, à l'assemblée des états du Languedoc, mort à son prieuré de Saint-Rambert-en-Forez, le 2 décembre 1485, et enterré à Cluny, qu'il avoit enrichi de ses libéralités, aussi bien qu'édifié par ses vertus;

2° ALEXANDRE, bâtard de Bourbon. Celui-ci, destiné d'abord à l'église, la quitta bientôt pour embrasser la profession des armes, dans laquelle il se distingua autant par ses brigandages que par sa bravoure. L'an 1439, en pleine paix, il surprit la ville de Jargeau, avec quatre cents hommes d'armes seulement, et la livra au pillage. Il mit une partie de la Lorraine à feu et à sang. Déja il menaçoit la ville de Saint-Nicolas; mais on l'apaisa en lui payant une forte contribution. L'année suivante, Alexandre, aidé d'Antoine de Chabanes et autres capitaines, eut l'audace d'enlever du château de Loches le Dauphin (depuis Louis XI), et de le mener à Moulins, où les princes ligués contre le roi Charles VII le mirent à la tête de leur parti. Le bâtard de Bourbon porta bientôt la peine de sa témérité, et paya pour les autres. On trouva le moyen de l'arrêter au milieu de ses courses vagabondes; et après qu'on lui eut fait un procès très succinct, il fut condamné à être noyé dans la rivière, à Bar-sur-Aube, ce qui fut exécuté aussitôt en 1440;

3° GUY, bâtard de Bourbon, gouverneur du pays de Rouannois, mort en 1442;

4° MARGUERITE, mariée en 1436 à un gentilhomme aragonnois, nommé Rodriguez de Villandrado, et dans nos vieilles chroniques Ribedieu. Cet étranger jouit pendant un certain temps de quelque faveur à la cour de Charles VII; mais ayant été renvoyé dans son pays, il abandonna son épouse, et se remaria. Il avoit eu de Marguerite une fille nommée Isabelle, dont la maison espagnole *Sylva-Mendoza* se fait honneur de descendre.

5° Édmée de Bourbon, morte jeune, sans alliance.

VI.

CHARLES I,

DUC DE BOURBON ET D'AUVERGNE, COMTE DE CLERMONT, DE FOREZ, ET DE L'ILE-JOURDAIN, PRINCE DE DOMBES, SEIGNEUR DE BEAUJOLOIS, DU PAYS DE COMBRAILLES ET DE CHATEAU-CHINON; GOUVERNEUR DE LANGUEDOC, CAPITAINE-GÉNÉRAL DE BOURBONNOIS, D'AUVERGNE, DE FOREZ ET LYONNOIS, DE CHAMPAGNE, DE BRIE, ET DE L'ILE-DE-FRANCE; PAIR ET CHAMBRIER DE FRANCE, ETC.

ARMOIRIES.

Les mêmes que ci-dessus.

Charles I n'avoit que quinze ans lorsque le duc Jean, son père, fut fait prisonnier à la bataille d'Azincourt; et à cet âge, encore sous la tutelle de sa mère, il devint administrateur des grands fiefs que possédoit sa maison. Le jeune comte de Clermont, recherché également des deux partis qui divisoient la France, resta attaché à celui d'Armagnac, et se dévoua à la défense du trône.

(1418.) Deux ans s'étoient à peine écoulés, qu'une

révolution subite précipita du faîte des grandeurs le comte d'Armagnac. Avec lui, le roi, l'armée, la capitale, les princes, et trois mille personnes des plus marquantes, tombèrent sous la puissance de l'implacable duc de Bourgogne. Le comte de Clermont et son frère, le comte de Montpensier, furent arrêtés et conduits à la tour du Louvre. Les deux Bourbons ne durent leur liberté qu'à la nécessité où se trouva le Bourguignon de ménager les esprits, en épargnant au moins la famille royale et les princes du sang; car tout le reste fut indignement massacré.

Le comte de Clermont se vit contraint d'abandonner l'espoir de devenir l'époux de madame Catherine, fille du roi, la plus belle princesse de l'Europe, à laquelle il étoit fiancé, et de consentir à l'offre que le Bourguignon lui fit d'Agnès, sa fille. Comme cette dernière princesse n'étoit pas encore en âge, le mariage fut célébré, mais non consommé.

(1419.) Seul de toute la famille royale, le dauphin Charles s'étoit échappé avec un petit nombre d'amis fidèles, résolus de périr pour sa cause. Confiné à l'extrémité du royaume avec le titre de régent qu'il retenoit toujours, il attendoit tout du temps, lorsque le roi d'Angleterre, à qui la bataille d'Azincourt n'avoit guère profité, trouvant la circonstance favorable, fit revivre ses prétentions plus ouvertement que jamais. Un rapprochement entre les deux partis devenoit nécessaire pour repousser l'ennemi commun : il en fut autrement.

L'histoire a marqué en traits frappants la fameuse entrevue du pont de Monterant, où le duc de Bourgogne tomba aux pieds du dauphin, sous les coups de Tanneguy du Châtel, et paya de sa vie les crimes dont il s'étoit souillé, principalement sa félonie, et le meurtre du duc d'Orléans. Le comte de Clermont accompagnoit alors Jean-sans-Peur, et il se trouva tout couvert du sang de son beau-père. Arrêté d'abord et désarmé, il fut bientôt relâché; puis, se croyant dégagé des liens qui l'attachoient au Bourguignon, il renvoya au nouveau duc sa sœur Agnès, et se dévoua au dauphin avec un zèle qui ne se démentit plus.

(1420.) L'année suivante, le fameux traité de Troyes, par lequel, au mépris de la loi suprême qui régit la France, une mère dénaturée tenta de dépouiller son propre fils de ses droits au trône pour les transmettre à un étranger, souleva tous les cœurs françois, à l'exception du duc de Bourgogne qui avoit un père à venger. Les princes s'unirent au dauphin pour lui conserver le trône ou pour s'ensevelir sous les débris de la monarchie. Les Bourbons sur-tout, savoir Bourbon-Clermont, le plus puissant de tous, les deux Bourbons-Préaux, les deux bâtards de Bourbon, Alexandre et Jean, et le comte de Vendôme, défendirent la couronne, comme s'ils eussent prévu qu'elle reviendroit un jour à leurs descendants.

La première démarche du dauphin après le traité de Troyes, fut de se porter dans le Languedoc avec douze mille hommes et le comte de Clermont, pour retenir cette province dans l'obéissance qui lui étoit due en qualité d'héritier légitime et de régent; ensuite, rappelé dans l'intérieur par des soins plus pressants, il laissa le comte en Languedoc avec des moyens qui, pour tout autre que lui, eussent été insuffisants. Charles pourvut à tout, repoussa le prince d'Orange, qui tenoit le parti de l'Anglois, forma le siége d'Aiguemortes, au commencement de l'hiver, et en trois mois s'empara de cette ville importante, qu'il traita avec la dernière rigueur.

D'Aiguemortes, le prince Charles prit la route de Béziers, pour y passer le reste de la saison; mais il eut le dépit de voir qu'on lui refusoit l'entrée de la ville. Il se retira d'abord, résolu de revenir ensuite mieux accompagné; en effet, aidé par les états de la province, assemblés sous ses ordres, et persuadé que, dans l'imminent péril où se trouvoit la France, il ne falloit laisser impunie aucune insulte faite à la majesté royale, il mit le siége devant Béziers, et il le poussa si vigoureusement qu'il obligea cette ville de se rendre. La capitulation même étoit un nouvel outrage. On y avoit stipulé que les consuls lui apporteroient les clefs, mais que le prince n'entreroit pas dans la ville, et que l'on recevroit seulement quelques uns de ses officiers pour faire arborer ses bannières sur les murs. Le comte promit tout, mais ne tint rien. Au contraire, il surprit Béziers, fit exécuter militairement un certain nombre d'habitants, priva de ses franchises cette ville rebelle, et la démantela en grande partie.

Cet acte de sévérité, blamé par les historiens modernes, en imposa pourtant, et ne contribua pas peu au salut de la France, en contenant la province, agitée par les attaques du prince d'Orange, et par les instigations secrètes du comte de Foix, à qui l'on avoit ôté précédemment le gouvernement du Languedoc.

(1421.) Pendant que le comte de Clermont rendoit de si éminents services, et qu'il envoyoit au dauphin des recrues et de l'argent, ses provinces de Beaujolois et de Forez étoient en proie à la dévastation. Un sire de Rochebaron avec huit cents hommes d'armes portoit par-tout le fer et la flamme. Les cris de ses vassaux perçoient le cœur du prince; mais il ne pouvoit quitter le Languedoc, et le devoir l'emporta sur l'intérêt. Il envoya le comte de Perdriac avec quelques centaines d'hommes au secours de ses états. Celui-ci, ayant rassemblé la noblesse, eut bientôt délivré la province des insultes du sire de Rochebaron, à qui il en coûta les terres qu'il possédoit dans le Forez.

Cependant la guerre se faisoit dans toutes les provinces avec un acharnement incroyable. Sens, Monterault, Melun, quoique défendus par un Bourbon (Bourbon-Préaux), avoient succombé sous les coups de l'Anglois, réuni aux ducs de Bourgogne et de Bretagne, ennemis personnels du dauphin. Les portes de Paris s'étoient ouvertes devant eux; et le parti du dauphin n'avoit plus en-deçà de la Loire, que quelques places de peu d'importance; mais, au-delà de la Loire, il étoit prépondérant, dans le Berry, la Touraine, l'Anjou, la Guienne; et Bourbon l'assuroit de l'Auvergne, du Bourbonnois, du Nivernois, etc.

Les choses étoient en cet état, lorsqu'en 1422 Henri V, roi d'Angleterre, mourut encore dans la force de l'âge; et le vieux roi de France Charles VI le suivit de près. Le dauphin fut proclamé roi au château d'Espali en Vélai, où il se trouvoit quand il apprit la mort de son père; à Paris le jeune prince de Galles, âgé seulement de cinq ans, fut reconnu roi de France par son parti, et le duc de Betford prit le titre de régent du royaume. Ainsi la France se trouvoit partagée entre deux puissances ennemies l'une de l'autre : tout étoit en armes, et l'on n'avoit plus qu'à s'attendre aux plus grands désastres.

Le comte de Clermont fut un de ceux qui contribuèrent le plus à la restauration. Pour se mettre à portée de mieux servir son prince, il se démit des gouvernements de Languedoc et de Guyenne, et prit le commandement du Nivernois, du Lyonnois, du Maconnois, et de toutes les provinces dont son père étoit le seigneur suzerain. Avec mille hommes d'armes et cinq cents arbalétriers qu'on lui donna, non seulement il maintint la tranquillité dans ses domaines pendant le cours de cette guerre; mais encore il put autoriser ses vassaux à se réunir pour la défense commune, et à offrir au roi Charles VII leurs bras et leur vie.

On dit que le comte de Clermont se faisoit bien payer de ses services, non pas par de l'argent, mais par la hauteur avec laquelle il traitoit Charles VII, son souverain. En effet, ce prince, naturellement indolent et adonné aux plaisirs, avoit besoin de personnes qui prissent pour lui le soin de ses affaires; et, en cela, le comte, ainsi que le connétable de Richemont, ne s'oublioit pas. Aussi les appeloit-on tous deux *les fléaux* des favoris.

(1423.) Des intrigues de cour et la guerre qui se continuoit toujours avec le plus grand acharnement, mettoient peu à peu les affaires du roi Charles VII dans le plus grand délabrement. Déjà toutes les places en deçà de la Loire avoient cédé aux attaques de l'ennemi. Orléans étoit assiégée; Bourges, le centre des opérations, sembloit craindre le même sort, lorsque parut la fameuse Jeanne d'Arc. Son courage, ses victoires, et sa fin tragique sont assez connus, pour que nous soyons dispensés d'en parler ici avec étendue : il suffira de dire que le comte de Clermont accompagna souvent l'héroïne, et se montra digne en tout de ses illustres ancêtres.

En 1429, il rassemble toute la noblesse du Bourbonnois et de l'Auvergne, et amène au roi environ trois mille hommes, pour l'aider à faire lever le siège d'Orléans. Blessé à la journée dite *des Harengs*(¹), il se retira dans la ville pour se remettre de sa blessure; puis, après y avoir laissé cinq cents hommes des troupes qu'il avoit amenées avec lui, il rejoignit le roi, et l'accompagna constamment

---

(¹) Cette action eut lieu à Rouvrai-Saint-Denis, en Beauce. Le comte de Clermont ayant appris que le général anglois Falstof conduisoit une certaine quantité de munitions de guerre et de bouche pour approvisionner l'armée qui assiégeoit Orléans, s'étoit porté en avant pour intercepter le convoi. Arrivés à la hauteur de Rouvrai, la troupe que commandoit le comte, sans attendre l'ordre du général, attaqua précipitamment l'ennemi, qui s'étoit parfaitement retranché. La perte de six cents hommes fut le résultat de cette bataille, qu'on appela *des harengs*, parceque ce poisson faisoit la principale partie des munitions. On étoit alors en carême.

jusqu'à Rheims, où il représenta le duc de Normandie lors de la cérémonie du sacre.

Pendant cette périlleuse campagne, le comte de Clermont avoit rendu à l'état des services si importants, que le roi crut devoir lui confier les conquêtes faites dans les provinces de la Champagne et de l'Ile de France. Ce prince justifia le choix de son souverain : aidé du comte de Vendôme, des Chabanes, La Hire, Xaintrailles, etc., il reprit successivement Corbeil, Saint-Denis, Vincennes, et fut sur le point de s'emparer de Paris, qu'il tenoit comme bloqué. Déja, dans une première attaque, il avoit emporté d'assaut le boulevard de la porte Saint-Honoré; et quelques jours après une intelligence, pratiquée avec les royalistes, devoit le mettre en possession de la capitale, lorsque la découverte du complot vint détruire une si douce espérance.

Cependant il se proposoit de rendre un service bien plus grand encore, en ménageant une réconciliation entre le roi et le duc de Bourgogne. Un double lien l'attachoit à ce prince : le duc de Bourgogne avoit épousé la sœur utérine du comte de Clermont, et ce mariage ne pouvoit manquer de faire renouer celui qui unissoit déja le prince Charles à Agnès de Bourgogne. Le comte ne cessoit de solliciter par lettres son beau-frère à céder aux vœux de la France entière, et à quitter le parti de l'ennemi. Le duc de Betfort, régent pour l'Anglois, rompit pour lors cette mesure en offrant au Bourguignon, dont il avoit épousé la sœur, des avantages plus susceptibles de le séduire.

La rupture de la négociation en amena bientôt une autre plus particulière et plus éclatante entre les deux princes françois. Vers 1413, le comte de Clermont, devenu duc de Bourbon par la mort de son père, déclara formellement la guerre au duc de Bourgogne, sous prétexte de l'inexécution des conventions de son mariage ; mais plutôt dans l'intention d'opérer une utile diversion et de vaincre l'opiniâtreté du duc de Bourgogne, en faisant éprouver à ses sujets les calamités de la guerre. Les premiers succès de Bourbon furent rapides; il pénétra dans la Franche-Comté et s'empara d'une grande partie de cette province. Le duc de Bourgogne, qui ne prenoit pas le change, vint au secours de ses états menacés avec toutes ses forces, et, comme le duc de Bourbon, contre son attente, étoit abandonné du roi Charles VII, il se vit repoussé à son tour, et sur le point de succomber sous la puissance formidable de son beau-frère. Retiré à Villefranche, il voyoit le Beaujolois et la Dombes ravagés sans pouvoir s'y opposer, lorsque les épouses des parties belligérantes firent tant par leurs prières qu'elles ménagèrent une entrevue entre les princes.

Cette entrevue eut lieu à Nevers au mois de janvier 1434. Les deux ducs n'eurent pas de peine à s'entendre et à se pardonner leurs torts respectifs; le mariage de Bourbon avec Agnès, suspendu jusqu'à ce moment, fut ratifié et consommé. C'est au milieu des fêtes brillantes, occasionées par une paix si desirée, que le duc de Bourbon, profitant des bonnes dispositions où il voyoit son beau-frère, reprit ses instances auprès de lui, et l'amena au point qu'il desiroit, c'est-à-dire à une réconciliation avec le roi. On peut dire que ce fut à Nevers, et par les soins du duc de Bourbon, que furent jetés les fondements du traité d'Arras.

(1435.) Après plusieurs conférences entre les ministres du roi et ceux du duc de Bourgogne dans lesquelles le duc de Bourbon fit constamment l'office de médiateur, on convint de la tenue d'un congrès à Arras, où devoient se trouver, non seulement les ambassadeurs du roi d'Angleterre et de toutes les puissances de l'Europe, mais encore les légats du pape et du concile de Bâle, avec les députés de Paris et des principales villes de France et des Pays-Bas. Le duc de Bourbon étoit chef de l'ambassade françoise. On commença par offrir aux Anglois la Guyenne et la Normandie sous la foi de l'hommage lige. Ceux-ci ayant refusé la proposition avec hauteur, on les laissa partir sans peine, et le duc de Bourgogne, irrité de leur dureté, résolut dès ce moment de rompre avec eux. Quinze jours suffirent pour amener la conclusion de ce traité, célèbre par l'humiliation que le duc de Bourgogne fit subir à son roi, et par les concessions énormes qu'il exigea. Dans toute autre circonstance, Charles VII auroit encouru le blâme de la postérité; mais quels éloges ne mérite pas au contraire ce grand prince qui eut le courage de sacrifier sa propre gloire, et même une partie de sa puissance pour sauver la France d'une ruine totale! Ce noble dévouement est sans doute bien supérieur à tout ce que les héros de l'antiquité offrent dans ce genre à notre admiration.

Par le traité, le roi Charles VII s'excusoit envers Philippe-le-Bon, duc de Bourgogne, du meurtre commis, seize ans auparavant, sur la personne de son père au pont de Montereau; il consentoit en outre à toutes les indemnités demandées en or, argent, et domaines; il dispensoit les ducs de Bourgogne de l'hommage lige; enfin il autorisoit les ducs d'Anjou, d'Alençon, et de Bourbon, le connétable de Richemont, et les autres grands du royaume à joindre leurs armes à celles du duc, en cas qu'il commît la moindre infraction au traité.

La cérémonie qui termina ce grand acte n'étoit pas moins humiliante. La voici telle que Monstrelet l'a rapportée : « Aussitôt après la signature du « traicté, et mêmement au propre lieu où icelle « paix se traictoit, fut mis par le cardinal de Sainte-

« Croix, légat du pape et président du congrès, le
« saint-sacrement de l'autel et une croix d'or sur
« un coussin, sur lesquels ledit cardinal fit jurer et
« promettre au dit duc de Bourgogne, que jamais
« ne rementeroit la mort de feu son père, et qu'il
« entretiendroit bonne paix et union avecques le roi
« Charles, son souverain seigneur, et les siens; et
« après, le duc de Bourbon et le connétable, tenant
« la main sur la dicte croix, prièrent mercy au dict
« duc de Bourgogne, de part le roi, pour la mort de
« son dict feu père, lequel leur pardonna pour l'a-
« mour de Dieu. »

(1436.) Le premier fruit de cette paix tant desirée fut la reddition de Paris et de toute l'Ile de France à l'obéissance du roi; et le duc de Bourbon y contribua indirectement par l'attention qu'il avoit eue de conserver les places situées autour de Paris, dont il s'étoit emparé avant le traité d'Arras. Ce même prince procura la liberté à René d'Anjou, beau-frère de Charles VII, appelé au trône de Sicile par la mort de son frère aîné, et retenu prisonnier de guerre à Dijon par le duc de Bourgogne. L'ascendant que Bourbon avoit pris sur l'esprit de son beau-frère le facilita dans cette négociation, qui mit fin à la guerre subsistant depuis long-temps entre les maisons de Bourgogne et d'Anjou. Il délivra aussi le comte d'Eu, son frère utérin, qui languissoit dans la tour de Londres depuis la journée d'Azincourt. Enfin le crédit et la puissance du duc de Bourbon augmentoient de jour en jour.

Il ne manquoit à la France pour être heureuse que la paix avec l'Angleterre et l'union entre les princes ; mais d'un côté les prétentions immodérées de l'Anglois, de l'autre, l'esprit turbulent et inquiet de la noblesse françoise reculoient de plus en plus le terme d'un accord général, et remplissoient d'amertume le cœur sensible du monarque français. C'est dans cet état de choses que s'écoulèrent les années 1437—1439.

(1440.) Jusqu'ici le duc de Bourbon s'étoit couvert de gloire, et il avoit contribué au salut de l'état avec autant de zéle que de fidélité. On n'avoit à lui reprocher qu'un caractère impérieux qui lui faisoit souffrir avec peine les distinctions accordées aux favoris, et tout au plus quelques manques de respect envers son souverain, qui étoit le premier à l'excuser, en considération de ses services et de la licence des temps ; mais ici le duc de Bourbon ne se borna pas à de simples reproches.

Piqué de ce qu'on ne lui donnoit pas assez de part à l'administration, transporté de jalousie contre le comte du Maine et le connétable de Richemont, il entraîna dans un complot dont les suites pouvoient devenir funestes, non seulement le duc d'Alençon proche parent du roi, le comte de Vendôme, le brave Dunois, La Trémoille, Chaumont,

Prie, et les principaux seigneurs de la cour; mais encore le dauphin lui-même (depuis Louis XI), déja dévoré d'ambition et impatient de régner. Les conjurés ne tendoient à rien moins qu'à réduire le roi dans une espéce de tutéle, et à gouverner l'état sous les auspices du dauphin.

Ce fut le duc d'Alençon qui déclara, au nom du fils, une guerre impie et scandaleuse à un père victorieux de ses ennemis, et qui venoit d'être éprouvé par vingt ans de malheurs. Cette guerre est connue dans l'histoire sous le nom de la *Praguerie*, parcequ'elle paroissoit commencer avec autant d'acharnement que la guerre de Bohême, élevée naguère entre les catholiques et les hussites. Le premier exploit des conjurés fut l'enlèvement du dauphin au château de Loches, suivi bientôt d'un manifeste sanglant lancé par les princes, dans lequel on se déchainoit outre mesure contre les déprédations des favoris, et la prétendue foiblesse du roi pour eux. Ce manifeste fit peu d'effet. Les François soupiroient après le repos, et ne voyoient pas sans indignation une nouvelle guerre civile s'allumer, lorsque la guerre étrangère n'étoit pas encore terminée.

Charles VII, étourdi d'abord d'un coup si subit et si peu prévu, balançoit sur ce qu'il devoit faire, lorsque le connétable vint ranimer son courage et ses espérances. Ce prince, déployant alors autant de courage et d'activité qu'il avoit montré de foiblesse et d'indolence dans sa jeunesse, poursuivit le dauphin et son ravisseur, le duc d'Alençon, de ville en ville, de province en province. Déjà les deux fugitifs, n'ayant plus de retraite en France, imploroient le secours du duc de Bourgogne, qui refusa sagement de les aider dans leur révolte, et leur conseilla d'implorer la clémence du roi.

Cependant Bourbon, le principal moteur de cette guerre, s'étoit cantonné dans le Bourbonnois et dans les forts où il avoit armé ses vassaux. Il cherchoit à soulever l'Auvergne qui relevoit presque entièrement de lui ; mais cette province demeura fidèle au roi. Les princes, privés de l'appui du duc de Bourgogne, se réfugièrent à Moulins, livrés à eux-mêmes; car, dans toutes les provinces, le roi n'avoit eu qu'à se montrer avec son armée pour faire tomber les armes des mains des rebelles. L'arrivée du dauphin fut le signal de la ruine et de la dévastation du pays. L'armée royale s'empara successivement de Chambon, d'Evaux, d'Ebreuilles, et d'Aigueperse. Charroux, qui voulut faire résistance, fut emporté d'assaut et livré au pillage. Le seul succès qu'eurent les princes dans cette guerre, fut la prise de l'artillerie royale par Jacques de Chabannes, sénéchal du Bourbonnois; mais ce succès n'empêcha pas les rebelles d'être poursuivis. Varennes, Vichy, Cusset succombèrent, et le roi se porta de sa personne jusque auprès de Moulins, qu'il menaçoit déja. Il fallut donc s'humilier sous la main puissante du monarque irrité. Bourbon, par l'entremise du comte d'Eu, son frère utérin, qui lui étoit redevable de la liberté, obtint un sauf-conduit, d'après la promesse qu'il fit de remettre le dauphin entre les mains de son père : on les attendoit à Cusset.

Arrivés en la présence de Charles, le dauphin et le duc mirent le genou en terre après avoir crié *mercy* trois fois. « Loys, dit le prince, à son fils, « vous soyez le bien venu; vous avez moult longue-« ment demouré. Allez vous en reposer en vostre « hostel pour aujourd'hui, et demain nous parlerons « à vous. » Puis, se tournant vers Bourbon, il lui adressa ces paroles pleines de dignité : « Beau cou-« sin, il me desplaist de la faute que maintenant « et aultrefois avez faicte contre nostre majesté « par cinq fois; » et il cita le temps et les lieux où le duc s'étoit écarté du respect envers lui. « Si ne fust poinct pour l'honneur et amour d'au-« cuns, lesquels nous ne voulons poinct nommer, « nous vous eussions monstré le desplaisir que vous « nous avez faict : si vous gardez dores en avant de « plus y rencheoir. »

Le lendemain la cérémonie du pardon fut renouvelée en plein conseil. Les princes ne l'eurent pas plus tôt obtenu qu'ils sollicitèrent la grace des sires

La Trémoille, Chaumont, et de Prie. Sur le refus du roi de les satisfaire à cet égard, le dauphin s'emporta, et il eut l'insolence de menacer son père de se retirer lui-même; ajoutant qu'il avoit promis à ces seigneurs de les faire comprendre dans le pardon. Charles indigné lui dit : « Loys, les portes sont ouvertes, et « si elles ne vous sont assez grandes, je vous en feray « abattre seize ou vingt toises de murs pour passer « où mieux vous semblera. Vous estes mon fils, et « ne vous pouvez obliger à quelque personne sans « mon congé et consentement; mais, s'il vous plaist « en aler, nous trouverons, au plaisir de Dieu, au- « cun de nostre sang qui nous ayderont mieux à « maintenir nostre honneur et seigneurie, qu'en- « core n'avez faict jusques icy. » Puis il le quitta sans attendre sa réponse, et reçut le nouveau serment de fidélité du duc de Bourbon, à qui pourtant il ôta les places de Corbeil, de Vincennes, de Sancerre et de Loches, que ce prince s'étoit appropriées pendant la guerre.

En 1442, une nouvelle trame fut ourdie contre le roi par les princes; et le duc de Bourbon, encore plein du ressentiment de ses pertes précédentes, et peut-être de la mort funeste de son frère naturel Alexandre (voyez la notice, page 153), se joignit à eux. La ligue étoit puissante; se trouvant composée des ducs d'Orléans, de Bourgogne, de Bretagne, de Bourbon, des comtes de Nevers, de Vendôme, etc.;

et elle menaçoit de courir aux armes ; déja les princes s'étoient assemblés à Nevers sans le consentement du roi. Ce prince préféra la négociation à la stérile gloire de vaincre des sujets encore rebelles, comme il auroit pu le faire, s'il les eût poursuivis sur-le-champ avec toutes ses forces. Il fit demander aux princes un mémoire détaillé des plaintes qu'ils avoient à former contre son gouvernement; et il répondit article par article à tous leurs griefs; il satisfit le duc d'Orléans sur quelques points; ce qui le détacha de la ligue. Les ducs de Bourgogne, de Bretagne, et de Bourbon en firent bientôt autant ; et cette grande tempête se termina par une guerre de plume.

(1445.) Bourbon cette fois se réconcilia sincèrement avec son souverain, dont il étoit obligé d'admirer les vertus et le rare mérite ; mais fatigué de l'agitation dans laquelle il avoit vécu jusqu'alors, il se retira dans ses domaines, où il ne s'occupa plus que du soin d'établir sa famille, de faire le bonheur de ses vassaux, et de réparer les pertes qu'il leur avoit fait supporter par sa démarche imprudente.

Charles VII, de son côté, plus reconnoissant des bons services du duc que sensible aux chagrins qu'il lui avoit causé, lui accorda pour son fils sa propre fille, Jeanne de France, princesse d'un rare mérite. Le duc eut encore la consolation de placer avantageusement ses filles. L'aînée, nommée Marie, fut mariée à Jean d'Anjou, duc de Calabre, héritier des couronnes d'Aragon et de Sicile; la cadette à Charles-le-Téméraire, alors comte de Charolois. Ces princesses eurent chacune cent cinquante mille écus de dot, ce qui montre la puissance et les richesses des ducs de Bourbon. Il avoit consenti précédemment à l'imposition de la taille dans les provinces de sa domination, pour faciliter au roi l'établissement d'une milice toujours subsistante. Il est vrai qu'il retint sur le produit annuel 14,000 livres de rente; mais c'étoit toujours beaucoup de souffrir un droit que les ducs de Bourgogne et de Bretagne ne vouloient pas reconnoître, et qu'il auroit pu refuser en vertu de la loi féodale, qui le rendoit souverain dans ses terres.

Le duc Charles mourut en son château de Moulins, le 4 décembre 1456, âgé d'environ 56 ans.

Il eut d'Agnès de Bourgogne, son épouse, qui lui survécut de vingt ans, onze enfants, savoir :

Enfants légitimes.

1° JEAN II, qui lui succéda ;
2° PHILIPPE de Bourbon, seigneur de Beaujeu, élevé à la cour de Philippe-le-Bon, duc de Bourgogne, au service duquel il se consacra. Ce jeune prince, fiancé seulement à Marie de Chypre, fille de Jean II de Lusignan, roi de Chypre et d'Arménie, mourut jeune sans laisser de postérité;

3° CHARLES II, duc de Bourbon, cardinal, archevêque de Lyon, etc., etc. Il aura sa notice, après celle de son frère aîné;

4° PIERRE II, duc de Bourbon; (Voir aussi plus bas.)

5° Louis de Bourbon, prince, évêque de Liége, fut élevé, comme son frère Philippe, à la cour du duc de Bourgogne, leur oncle maternel. Il étudia d'abord à Louvain, et fut pourvu de la prévôté de Saint-Donat, à Bruges, ensuite d'un second bénéfice à Lille. Il n'avoit que dix-huit ans lorsqu'il parvint à l'évêché de Liége, en vertu de la résignation que lui en fit Jean de Heynsberg, titulaire de cette église. Ce prince, après avoir obtenu les dispenses nécessaires, prit possession de son évêché en 1456, et comme il avoit plus de vocation pour les armes, que pour l'état saint qu'on l'avoit forcé d'embrasser, il sortit bientôt de Liége pour accompagner Louis XI à son expédition de Flandres. Pendant son absence, qui dura quelques années, les Liégeois, peuple naturellement mutin, et semblable en tout aux Flamands leurs voisins, se révoltèrent. Le prince lança interdit et excommunication sur tout le diocèse, par son official. Cette mesure ne fit qu'aigrir les esprits. Il y eut appel à Rome; et Louis, pour apaiser la sédition, fut obligé de lever l'interdit. Les choses durèrent en cet état jusqu'en 1467, que les Liégeois, révoltés de nouveau, massacrèrent un grand nombre de chanoines, et obligèrent le prince de se sauver à Bruxelles. Charles, nouveau duc de Bourgogne, cousin du prince évêque, ne pouvoit laisser un pareil attentat sans vengeance; et il l'exerça dans toute l'étendue du terme. La ville qui, lors de la première révolte, n'avoit été que démantelée, fut cette fois emportée d'assaut, nombre d'habitants furent passés au fil de l'épée, les maisons pillées et brûlées, toutes, à l'exception de celles des ecclésiastiques. Enfin, on peut dire que le prince n'avoit plus à régner que sur des ruines. Louis n'étoit pas né méchant. Jamais il n'avoit apesanti sur ses sujets un joug despotique; mais les habitants des Pays-Bas en général, et les Liégeois en particulier, étant travaillés de la manie des révolutions depuis plus d'un siècle, il falloit que le prince cédât aux fureurs populaires, et qu'il abdiquât; ou bien il devoit, pour sa propre sûreté et pour celle de ses sujets restés fidèles, user d'une rigueur extrême : c'est ce qui arriva.

Le prince évêque, remis en possession de ses états, rétablit la ville en peu de temps : il se relâcha de sa sévérité, et fit tout ce qu'il put pour apprivoiser ce peuple farouche, mais il ne put réussir dans ce louable dessein. Les Liégeois lui avoient voué une haine implacable, qu'ils couvroient d'un voile hypocrite de religion et d'une apparence de réconciliation.

En 1479, un gentilhomme nommé Guillaume de La Marck, nourri et élevé par les soins de l'évêque de Liége, pensionnaire du duc de Bourgogne, et mis en possession des seigneuries de La Marck-Aremberg et de Lumin, paya d'une noire ingratitude ses bienfaiteurs. Ce monstre, célèbre par sa taille gigantesque et sa férocité, et connu sous le nom de *sanglier des Ardennes*, avoit commencé par assassiner le grand-vicaire de l'évêque; et Louis, usant de clémence, lui avoit pardonné son crime. Mais le perfide ne cessoit de conspirer contre la vie de son prince. Voyant ses trames découvertes, et sûr de la coopération des Liégeois, il prend les armes ouvertement, entre dans la ville avec une troupe de bandits, que l'on appeloit comme lui *les san-*

gliers des Ardennes, et s'empare du pouvoir. Le prélat, animé d'une juste indignation, et comptant sur les protestations de ses sujets, se présente aux révoltés avec un courage digne d'un meilleur sort. Lâchement trahi par les siens, et abandonné au détour d'une rue, il est tué de la main de ce Guillaume, qui le jette du haut du pont dans la Meuse. Suivant *Suffridus Petri*, dans son histoire des évêques de Liége, il ne fut pas privé des honneurs de la sépulture, mais inhumé le lendemain sans solennité, devant le grand autel de l'église de Saint-Lambert.

Louis, dans sa jeunesse, avoit été promis en mariage à Marie de Lusignan, qui fut fiancée ensuite à son frère Philippe, comme nous l'avons dit ci-dessus. Ce prince, qui, comme le disent les historiens du temps, *ne vouloit pas chanter messe*, ne laissa pas d'avoir trois enfants naturels : 1° Pierre de Bourbon, dit *le bâtard de Liège*, duquel descendent les comtes de Bourbon-Busset, dont il sera parlé plus loin; 2° Louis de Bourbon, enfant d'honneur (page) du roi Charles VIII, mort sans postérité; 3° Jacques de Bourbon, chevalier de Rhodes, commandeur de Saint-Manduis, d'Oisemont, et de Fontaine, présent au siége de Rhodes en 1522, sous le nom de bailli de Lango. Il a donné de ce fameux siége une relation imprimée après sa mort, arrivée à Paris en 1527. Il avoit sa sépulture au Temple.

6° JACQUES de Bourbon, armé chevalier de la main de Louis XI, lors du sacre, passé ensuite au service du duc de Bourgogne, qui l'associa aux chevaliers de la Toison-d'Or, en 1468, mort sans postérité la même année, à l'âge de vingt-deux ans;

7° Marie de Bourbon, épouse de Jean d'Anjou, duc de Calabre et de Lorraine, morte en couches en 1448;

8° Isabelle de Bourbon, duchesse de Bourgogne, seconde femme de Charles-le-Téméraire, dernier duc de Bourgogne, dont elle eut Marie de Bourgogne, femme de Maximilien, archiduc d'Autriche, et grand'mère de l'empereur Charles V, morte à Anvers le 13 septembre 1465;

9° Catherine de Bourbon, épouse d'Adolphe d'Eymont, duc de Gueldre;

10° Jeanne de Bourbon, épouse de Jean de Châlons, premier du nom, prince d'Orange, décédée sans postérité, avant son mari;

11° Marguerite de Bourbon, mariée à Philippe II, duc de Savoie, en 1472, morte de phthisie pulmonaire au château du Pont-Ains, en 1483. De son alliance avec le duc, naquirent Philibert II, duc de Savoie, mort sans postérité, et Louise de Savoie, duchesse d'Angoulême, mère de François I.

Enfants naturels.

1° Louis de Bourbon, comte de Roussillon, en Dauphiné, seigneur de Ligny et de Valognes, etc., etc., chevalier de l'ordre de Saint-Michel, et amiral de France, né de noble demoiselle Françoise de Bournau, et légitimé par lettres patentes en 1463. Ce prince est connu par de véritables services rendus à l'état. Il avoit été accordé à Marie, fille de Jean, bâtard de Dunois; mais Louis XI, pour le récompenser de sa fidélité et de son dévouement à sa personne pendant la guerre du bien public, lui donna en mariage sa propre fille naturelle, Jeanne, légitimée de France, dont il eut Charles, comte de Roussillon après lui, marié en 1506 avec

Anne de La Tour, de la maison de La Tour-d'Auvergne, et mort sans enfants; Susanne de Bourbon, épouse en premières noces de Jean de Chabannes, comte de Dammartin, et en secondes noces de Charles, seigneur de Boulainvilliers, de Beaumont-sur-Oise; enfin, Anne de Bourbon, dame de Mirebeau, mariée à Jean, baron d'Arpajon, dont elle eut postérité. Louis, comte de Roussillon, mourut le 19 janvier 1486([1]), et fut enterré dans l'église de Valognes, qu'il avoit fondée. Outre les enfants légitimes dont nous venons de parler, il laissa un fils naturel. Jean de Bourbon, protonotaire du pape, abbé commendataire de Seuilly, ordre de Saint-Benoit, au diocèse de Tours.

2° RENAUD de Bourbon, prieur commendataire de Mont-Verdun en Forez, élu archevêque et comte de Narbonne, en 1472, mort le 7 juin 1483, laissant deux enfants naturels, qu'il avoit eus avant d'être promu aux ordres sacrés, savoir: Charles de Bourbon, notaire apostolique, chantre de Narbonne, puis évêque de Clermont, mort à quarante-trois ans, le 22 février 1504; et Susanne de Bourbon, qui, du consentement de son oncle PIERRE II, duc de Bourbon prit le nom et les armes de la maison;

3° PIERRE de Bourbon obtint de Jean, duc de Bourbon, son frère, la terre de Bois-d'Yoin, en Lyonnois, et fut établi capitaine châtelain de Billy et autres lieux. Il prit depuis l'état ecclésiastique, et mourut protonotaire du saint-siège. Il laissa deux filles naturelles: Antoinette de Bourbon, mariée en 1492 à Pierre Drinne, écuyer, capitaine-châtelain de Bois-d'Yoin; et Catherine, aussi mariée à Pierre Holiflant, archer de la

---

([1]) L'inscription que l'on voit sur son tombeau semble porter qu'il mourut en 1489.

garde du duc de Bourbon, et capitaine-châtelain de Charmelet en Bourbonnois;

4° JEANNE, légitimée de Bourbon en 1492, mariée à Jean, seigneur du Fau en Touraine, maître d'hôtel du roi, dont elle eu Jeannette du Fau, femme de Pierre l'Hermite, seigneur de Beauvais, et Louis, seigneur du Fau, duquel descend la famille de ce nom;

5° SIDOINE, mariée à René, écuyer, seigneur du But, etc.;

6° CHARLOTTE, mariée à Odilles-de-Senay, écuyer, seigneur de.....;

7° Enfin CATHERINE, légitimée de Bourbon en 1452, abbesse de Sainte-Claire d'Aigueperse.

VII.

JEAN II,

DUC DE BOURBON ET D'AUVERGNE, COMTE DE CLERMONT, DE FOREZ, DE VILLERS, DE L'ILE-EN-JOURDAIN, PRINCE DE DOMBES, SEIGNEUR DE CHATEAU-CHINON ET DE ROUSSILLON, ETC., ETC., ETC., GOUVERNEUR DE GUIENNE, ET ENSUITE DE LANGUEDOC, PAIR ET CHAMBRIER DE FRANCE, CHEVALIER DE L'ORDRE ROYAL DE SAINT-MICHEL, SURNOMMÉ LE *BON* ET LE *FLÉAU* DES ANGLOIS.

Jean, d'abord comte de Clermont, eut le même courage, le même zèle pour l'intérêt de l'état et les mêmes vertus que son illustre père ; mais, comme lui, il ne fut pas exempt de cette ambition démesurée qui distinguoit les grands de cette époque, ternissoit assez souvent l'éclat de leur gloire, et diminuoit l'importance de leurs services. Encore jeune, le comte de Clermont fut admis dans les armées et dans les conseils de Charles VII, avec la distinction due à sa naissance, et il remplaça avantageusement auprès du monarque le duc de Bourbon, retiré des affaires, comme nous l'avons déjà annoncé.

Sa première campagne fut en Lorraine, où il accompagna le roi au siége de Metz : cette expédition fut aussitôt terminée que commencée, et le jeune comte n'eut aucune occasion de faire briller sa valeur. L'année suivante, il contribua de tout son pouvoir à la sage mesure prise par le roi pour mettre fin aux brigandages des gens de guerre, et à la réduction de l'armée à quinze mille hommes seulement; ce qui suffisoit alors en temps de paix, pour assurer la tranquillité du royaume. Il eut aussi une grande part dans les nouveaux établissements formés par Charles VII, ainsi qu'aux réformes introduites dans les tribunaux et dans l'administration.

(1445.) Le roi, satisfait du zèle que le jeune prince montroit, et d'ailleurs enchanté des belles qualités qu'il annonçoit, résolut de se l'attacher par le lien le plus étroit. Pour cet effet, il lui donna sa propre fille, madame Jeanne de France, princesse dont tous les historiens vantent les graces, les vertus, et la bienfaisance. Ce mariage fut célébré à Tours avec la pompe convenable à la fille d'un grand monarque.

Cependant une longue trêve enchaînoit le courage du comte de Clermont; le roi, qui vouloit laisser reposer ses sujets, et reprendre lui-même de nouvelles forces, avoit ses raisons pour ne pas la rompre. Enfin en 1449, on profita d'une occasion que les Anglois fournirent eux-mêmes pour recommencer la guerre, et opérer leur expulsion totale du royaume de France.

Toutes les forces disponibles sont partagées en cinq ou six corps d'armée, chacun d'environ six mille hommes, et Clermont est mis à la tête de celui qui devoit agir en Normandie. Vingt places tombèrent en trois mois de temps sous les coups redoublés des François, commandés par le roi en personne, et Rouen, capitale de la Normandie, rentra avec joie sous la domination de son légitime souverain. Clermont, sous les yeux et la conduite du sage Dunois, se distingua dans toutes les attaques; c'est à eux qu'on doit la prise d'Harfleur, qui succomba sous leurs coups en dix jours de temps. Le prince Jean, lorsque la campagne fut terminée, au lieu d'aller se délasser à la cour, resta en Normandie pour veiller à la sûreté des conquêtes du roi.

(1450.) Cependant les Anglois, revenant de l'espéce de stupeur où les avoit plongés une attaque si subite des François, envoyèrent en Basse-Normandie un corps de troupes de quelque mille hommes, pour tâcher de conserver au moins ce qui leur restoit de leurs anciennes conquêtes. Conduites par le vieux général Kiriel, ces troupes débarquèrent à Cherbourg. Aussitôt le comte de Clermont rassemble environ six cents hommes d'armes, et se porte en Basse-Normandie, où, avec deux mille hommes au plus, il entreprend d'arrêter l'ennemi dans sa marche sur la ville de Caen, et d'empêcher sa jonction avec le duc de Sommerset, commandant la province pour les Anglois. Honoré du titre de général en chef, et muni de la commission de combattre l'ennemi par-tout où il le rencontreroit, le jeune comte sent enflammer son courage, et par des marches rapides arrive à temps pour atteindre les Anglois au village de Formigny, à trois lieues de Bayeux. Sa manœuvre fut très habile; il sut dérober à l'ennemi la foiblesse de son armée jusqu'à ce que le connétable de Richemont ait eu le temps de le joindre avec douze cents lances. Aidé de ce renfort, il passe un ruisseau qui séparoit les deux armées, tandis que le connétable emportoit le pont. Le général Kiriel, forcé dans son dernier retranchement, prend ses dispositions avec assez de sagesse et de résolution. Mais, se trouvant enveloppé à-la-fois par le comte et par le connétable, il a la douleur de voir son gros bataillon ouvert de tous les côtés, et taillé en piéces.

Jamais victoire ne fut plus compléte. Sur huit mille hommes dont se composoit l'armée angloise, trois mille sept cents furent tués, quatorze cents autres avec le général, les drapeaux, les équipages tombèrent au pouvoir des François. C'est cette action, qu'on remarqueroit à peine aujourd'hui, qui décida du succès de la guerre, et détermina la conquête entière de la Normandie, qui, depuis ce temps, resta toujours unie à la monarchie.

Après la victoire, il s'éleva entre les deux généraux qui y avoient contribué un débat qui nous rappelle les beaux siècles de Rome et d'Athènes. Il s'agissoit de savoir à qui, du connétable de Richemont ou du comte de Clermont, appartenoit la gloire d'une si belle journée; les troupes d'Artus de Bretagne prétendoient, avec apparence de raison, que, le connétable de France représentant le roi à l'armée, tout ce qui se faisoit étoit en son nom et sous sa responsabilité. Les partisans du comte de Clermont soutenoient que, dans la circonstance présente, le roi ayant revêtu son gendre du commandement spécial de la Basse-Normandie, le connétable ne pouvoit être regardé que comme auxiliaire, d'autant plus que le comte seul, par ses manœuvres savantes et hardies, avoit arrêté l'ennemi, et déterminé le succès par la vigueur de son attaque.

Le roi Charles VII, jugeant cette question importante, évoqua l'affaire à son conseil, composé des plus célèbres d'entre ses généraux et de ses chevaliers. Il fut décidé d'une voix unanime *que la spécialité devoit l'emporter sur la généralité.* En conséquence, le comte de Clermont fut proclamé vainqueur; et ce qui fait le plus d'honneur aux deux concurrents, c'est que le connétable, après la décision, fut le premier à féliciter le jeune prince, qui, de son côté, demeura toujours attaché au sage guerrier qu'il regardoit comme son père, et se fit un honneur de servir sous ses ordres pendant tout le temps de la guerre.

Jamais victoire ne fut reçue avec plus d'enthousiasme. Des fêtes religieuses et brillantes signalèrent la reconnoissance des peuples, qui donnèrent au comte le surnom de *Fléau des Anglois*. La prise de Bayeux, de Caen, de Cherbourg, suivit de près la journée de Formigny. Dans toutes ces occasions notre jeune prince se signala, mais principalement à Bayeux, où il fit éclater autant de bravoure que de générosité, en rendant au général ennemi et aux dames angloises renfermés dans la place tous leurs effets et bagages, et leur fournissant des transports pour se retirer en sûreté.

(1451.) La conquête de la Normandie fut bientôt suivie de celle de la Guienne. La prise de Fronsac, regardée comme le rempart de cette province, celle de Blaie, de Mauguyon, déterminèrent les habitants de Bordeaux à se soumettre à l'autorité du roi, et ils ouvrirent les portes de leur ville aux comtes Dunois et de Clermont, qui avoient préparé tous les moyens de succès.

(1452.) Laissé en Guienne avec le titre de gouverneur pour le roi, mais n'ayant point d'armée, Bourbon ne tarda pas à trouver l'occasion de signaler sa valeur et même sa sagesse. Les Gascons préféroient généralement la domination angloise à celle du roi de France, parceque éloignés du centre du gouvernement, ils pouvoient donner l'essor à cet esprit d'indépendance et de frivolité qui les caractérise. Aussi, profitant de la confiance que l'on avoit eue en leurs protestations, de la condescendance du comte de Clermont, et d'une courte absence que ce prince fit à l'occasion de la guerre de Savoie, ils rappelèrent les Anglois, qui eurent bientôt reconquis la ville de Bordeaux, ainsi qu'une grande partie de la Guienne. Clermont n'avoit que six cents hommes d'armes pour lutter contre le génie et l'expérience du célèbre Talbot. Ce petit nombre lui suffit, sinon pour arrêter les conquêtes de l'ennemi, du moins pour l'empêcher de rien entreprendre de considérable.

L'année suivante (1453), le roi eut bientôt envoyé au prince des forces assez considérables pour soutenir la lutte engagée. Assisté des maréchaux Jacques de Chabannes, de Laval-Lohéac, et de Jalogne, il remporta une victoire éclatante devant Castillon sur Talbot, qui, après quatre-vingts ans de travaux et de succès, préféra une mort glorieuse à une honteuse défaite.

Partant de là, le comte pénètre jusque sous les murs de Bordeaux, porte la flamme et le fer dans tout le Médoc, pour punir la ville rebelle, et force les citoyens, après un siége qui dura trois mois, de venir se jeter aux pieds du roi, pour implorer le pardon de leur criminelle résistance. Après une rechute accompagnée de circonstances aussi aggravantes, les Bordelois dévoient s'attendre à tout; mais ils avoient affaire à Charles VII, prince généreux, et ils pouvoient compter d'avoir un Bourbon pour intercesseur.

Ils en furent quittes pour la perte de certains priviléges contraires aux intérêts de la monarchie, et ils rentrèrent en grace, sauf une vingtaine de seigneurs, que l'on se contenta de bannir. Depuis ce temps, la Guienne est restée tranquille, et n'a cessé de rivaliser d'attachement au roi avec les provinces les plus fidèles.

En 1455, Jean V, comte d'Armagnac, brava d'une manière insultante l'autorité ecclésiastique et l'autorité royale. Il eut l'audace d'épouser publiquement sa propre sœur. Poursuivi par le cri des peuples qu'un pareil inceste soulevoit, frappé d'excommunication majeure par le pape, il ajouta à son premier crime celui d'une révolte ouverte contre son souverain, en arrêtant et retenant prisonniers les commissaires chargés d'informer sur ses actes de violence. Il fit plus; il traita ouvertement avec les Anglois pour les remettre en possession de la Guienne.

Le comte de Clermont, chargé de poursuivre le prince rebelle, ne lui laissa pas le temps de respirer. En peu de jours dix-sept places furent enlevées, ainsi que Lectoure, l'une des plus fortes du royaume. Le comte d'Armagnac, dépouillé de ses états, se vit forcé de se réfugier avec sa sœur et le fruit de ses criminelles amours auprès du roi d'Aragon, qui leur donna un asile.

La Guienne fut pendant tout le cours des années 1456-1460 le théâtre des exploits de Jean, qui n'en sortit que pour aller recueillir le brillant héritage de Charles I, son père. Déja couvert de gloire, et à l'âge de trente ans, il prit le titre de duc de Bourbon. Sa maison étoit alors dans toute sa splendeur ; elle se partageoit en quatre branches : la branche ducale, qui comptoit six princes et cinq princesses alliées aux premiers souverains de l'Europe ; la branche de Montpensier, qui commençoit, mais dont l'auteur, distingué par sa bravoure, ne se montroit pourtant jaloux que de mériter le surnom de *Bon*, dont l'honora la voix publique ; la branche de Vendôme, non moins illustre ; enfin la branche de Bourbon-Carency, qui, transplantée en Artois, et devenue vassale des ducs de Bourgogne, se trouva toujours la plus mal partagée des dons de la fortune.

Cette splendeur ne dura pas toujours ; des malheurs, et des malheurs quelquefois mérités, vont éprouver l'illustre maison de Bourbon, et la préparer par une longue infortune à remplir la haute destinée à laquelle elle sera appelée dans la suite par l'ordre de la Providence.

La mort de Charles VII, arrivée en 1461, changea les dispositions du duc de Bourbon. Jusqu'à cette époque, il avoit contribué de tout son pouvoir à la restauration de la monarchie sous Charles VII, qu'il regardoit avec justice comme son protecteur et même comme son ami.

Sa conduite ne fut pas la même à l'égard de Louis XI. Ce monarque, en effet, eut à peine pris les rênes du gouvernement, qu'il résolut d'abattre entièrement la puissance féodale, que ses prédécesseurs avoient déja fort ébranlée, par l'affranchissement des communes, par l'établissement d'une armée toujours subsistante, par l'imposition de la taille, par les justices royales ou parlementaires, etc. Les ducs de Bourgogne, de Bourbon, et de Bretagne, restés seuls de tant de seigneurs suzerains dont se composoit la monarchie françoise, crurent pouvoir s'opposer à ce qu'ils regardoient comme un envahissement et comme un acheminement au despotisme, qu'avoient contenu jusqu'alors les grands feudataires de la couronne; mais il n'étoit plus temps.

Le duc de Bourbon servit d'abord Louis XI avec le même zèle dont il avoit donné tant de preuves au feu roi. Il accompagna le monarque à Reims, où il représenta le duc d'Aquitaine à la cérémonie du sacre, dans ses expéditions en Cerdagne, et dans le Roussillon. Ses services méritoient une récompense, et il attendoit l'épée de connétable, disponible par la mort du comte de Richemont; elle lui fut refusée et donnée au comte de Saint-Pol, protégé du duc de Bourgogne.

Il n'en falloit pas tant pour irriter le duc de Bourbon. Fort de l'alliance qui l'unissoit avec le duc de Bourgogne, ce prince jeta les premiers fondemens de la ligue appelée *du bien public*. Cette ligue se forma entre les ducs de Bretagne, de Bourbon, et le comte de Charolois, à laquelle le vieux duc de Bourgogne accéda avec regret, et seulement par condescendance pour son neveu.

Trois ans se passèrent pendant lesquels Bourbon ne cessoit de nouer plusieurs intrigues dans les provinces avec la noblesse mécontente des entraves que le monarque avoit cru devoir mettre à l'abus que l'on faisoit des droits féodaux sur la chasse, le champart, et autres. Ces intrigues étoient fort secrètes; le duc de Berry, frère de Louis XI, héritier présomptif de la couronne, y figuroit en première ligne.

(1465.) Au moment où le roi, dans l'ignorance du complot, se préparoit à soumettre la Bretagne, dont le duc refusoit de remplir les obligations de l'hommage-lige, et appeloit à son aide ses fidèles alliés, il apprend que le duc de Berry s'est échappé de la cour, et s'est réuni aux Bretons. Se voyant menacé de ce côté, il écrit au duc de Bourbon pour qu'il ait à l'aider de ses conseils et de sa valeur.

C'est alors que Bourbon fait sentir à son souverain tout le poids d'un ressentiment qui, tout juste qu'il pouvoit être, ne portoit pas moins les caractères de l'insolence et de la révolte. Dans sa réponse, il reproche au roi tous les abus vrais ou prétendus de son administration, l'oppression des peuples, et le mépris qu'il avoit fait de ses services, ainsi que des remontrances des seigneurs du sang. « Pourquoi, ajoutoit-il, mon très redouté seigneur, tous ensemble, et d'une voix et commun assentiment, mus de pitié et de compassion du pauvre peuple à eux subjects, la clameur et oppression duquel en tout estat est parvenue souvent à leurs oreilles, après ce qu'ils ont vu et cognu que, par remontrances particulieres, ne requeste que on vous ait sur ce faictes, vous n'y avez voulu donner remede, ordre, ne provision convenable, ont convenu en un conclud, et déliberé par serment, et scellez authentiques, et tels qu'il appartient en tel cas, de eux trouver et mettre ensemble pour vous remonstrer, donner à cognoistre par aucunes voies, telles que Dieu, raison, et équité leur enseignent, les choses susdictes. »

Une pareille lettre excita l'indignation du roi, qui, résolu de tirer vengeance d'un sujet rebelle, accourut du fond de la Bretagne avec toutes ses forces. Le prince n'étoit pas en état de résister. Il fallut donc en venir à un accommodement, qui fut ménagé par madame Jeanne, épouse du duc et sœur du roi.

Ce traité, dit de Moissac, étoit assez favorable : on y avoit stipulé que les ducs de Bourbon et de Nemours, les comtes d'Armagnac, auroient un jour assigné pour déduire leurs griefs; on convenoit aussi que les autres confédérés jouiroient du bénéfice de la trêve; mais l'ambition des princes rendit nuls les effets de ce traité particulier.

Le duc de Bourbon avoit à peine prononcé le serment de fidélité à son souverain, qu'il s'en repentoit déja. Le comte de Charolois, les ducs de Bretagne et de Berry, qui n'avoient pas accédé au traité de Moissac, transportèrent le théâtre de la guerre aux environs de Paris. C'est alors qu'eut lieu la bataille de Montl'hery, moins célèbre par la grandeur du péril que par les fautes des généraux, et par les résultats qu'elle eut. Chacun des deux partis s'attribua la victoire; alors le duc de Bourbon ne rougit pas de reprendre les armes et de voler à la défense de ses amis. Il fit plus; il se rendit au camp de Monsieur, frère du roi, qui tentoit alors de s'emparer de la Normandie; et, au moyen d'une intrigue nouée avec une dame de Brézé, veuve du grand sénéchal, il se présente devant Rouen, dont cette dame lui livre le château; de là il se rend à l'hôtel de ville, harangue les habitants, et reçoit le serment de fidélité au nom de Monsieur.

De Rouen, le duc de Bourbon se porte sur Caen, où il a le même succès. Ainsi cette province, la plus belle et la plus riche de la monarchie, est enlevée à Louis, en moins d'un mois. A une pareille nouvelle, le roi se voit obligé de se soumettre aux lois de la nécessité, et de combler les vœux des confédérés par les traités de Conflans et de Saint-Maur-les-Fossés.

Chacun des princes obtint, pour le moment, des avantages considérables. Monsieur eut la Normandie en apanage; le comte de Charolois, les villes de la Somme et presque toute la Picardie; les ducs de Calabre, d'Alençon, de Nemours, etc., une augmentation de domaines et de l'argent; pour le duc de Bourbon, il fut le plus modéré : il se contenta de la châtellenie d'Usson, d'une partie de l'Auvergne, du commandement de trois cents lances, avec cent mille écus, et le rétablissement de ses pensions. Quant au *bien public*, prétexte de cette guerre civile, il fut mis de côté : seulement on établit une commission de trente-six personnages marquants pour réformer les abus introduits dans le gouvernement; et cette commission s'acquitta de sa charge comme elle put, ou plutôt comme le roi voulut le permettre. Au reste, la nécessité qui avoit contraint Louis XI de souscrire à un traité aussi honteux ne dura pas long-temps, et il sut bien abaisser l'orgueil de ses audacieux vainqueurs. Le traité de Conflans est, en quelque sorte, la justification de la conduite politique de ce prince vers la fin de son règne.

(1465.) Quoique l'épée de connétable manquât encore à l'ambition du duc de Bourbon, il parut depuis s'attacher sincèrement au parti du roi; malgré ses boutades et son esprit naturellement frondeur, il répara ses fautes passées par sa conduite postérieure. Il faut dire aussi que Louis XI, en habile politique, ne ménagea rien pour s'attacher un prince qui pouvoit passer pour le plus habile et en même temps pour le plus dangereux des confédérés. Dans une entrevue qu'il eut avec Bourbon, à la grange de Reuilly, faubourg Saint-Antoine, il lui prodigua les caresses et les faveurs les plus marquées.

Le duc n'avoit point d'enfants de son mariage avec Jeanne de France, et il regardoit son frère, le comte de Beaujeu, comme son fils et son héritier. Louis fiança ce prince avec sa propre fille, Anne de France; il donna au seigneur de Châtillon, frère naturel de Jean, sa fille naturelle, Marguerite de Valois, avec quarante mille écus d'or, six mille livres de rente, et la baronnie de Roussillon, en Dauphiné, érigée en comté-pairie. A ces graces, il en ajouta de plus particulières : le gouvernement général de l'Orléanois, du Blaisois, du Berry, du Quercy, du Limousin, du Périgord, c'est-à-dire que Bourbon gouvernoit la moitié du royaume; car, indépendamment de ses immenses possessions, il avoit encore tout le Languedoc, et une grande partie de la Guienne sous ses ordres.

Le duc avoit l'ame grande et généreuse, il ne put tenir contre tant de bienfaits. Aussitôt que le roi lui eut fait part du projet qu'il avoit formé de reprendre la Normandie, qu'on venoit de lui arracher par la violence, Bourbon s'empressa de se rendre à l'invitation de son souverain, et de se charger de l'exécution. Une attaque subite, soutenue de toutes les forces royales, l'eut bientôt mis en possession de cette province ; et Monsieur, prince sans expérience, n'eut plus d'autre parti à prendre que de se remettre à la discrétion de son frère.

En 1467, le duc de Bourbon accompagna le roi à la guerre de Bretagne, et il se trouva aux états-généraux convoqués à Tours. C'est à cette époque que Louis XI, qui se méfioit de tous les grands du royaume, et qui, dans ses soupçons, souvent injustes, n'épargnoit pas même les femmes, ordonna au duc de chasser de Moulins Agnès de Bourgogne, duchesse douairière de Bourbon. Jean et ses frères plaidèrent la cause de leur mère avec tant de chaleur, que le monarque, qui d'ailleurs avoit besoin d'eux, n'osa pas insister davantage.

L'année suivante (1468), le duc se trouvoit du funeste voyage que Louis XI fit à Péronne, où ce prince faillit être victime de son imprudence, ou, comme le disent les historiens, de sa perfidie. Retenu dans les fers du duc de Bourgogne, Louis voyoit l'orage prêt d'éclater sur sa tête, lorsqu'il vint à bout de le détourner avec de belles paroles, et sur-tout avec l'or que les Bourbons prodiguèrent aux favoris de Charles, pour apaiser leur maître irrité. Les Bourbons firent plus : ils offrirent de rester en qualité d'otages pour garantie de la parole du roi.

A l'attaque de Liége, Louis XI, qui ne manquoit pas de bravoure, étoit entouré du duc de Bourbon, du comte de Beaujeu, de l'archevêque de Lyon, et de l'évêque de Liége, tous frères; et c'est à leur courage qu'il dut son salut. On a vu dans la notice de Louis, prince-évêque de Liége, quelles furent les suites de cette expédition.

(1469.) Cette année, le duc de Bourbon rendit un service encore plus grand à la France : il détermina Monsieur à recevoir la Guienne en échange de la Champagne qui lui avoit été cédée par le traité de Péronne, et il réconcilia ce prince inquiet et turbulent avec le roi son frère. Les applaudissements et la bénédiction des peuples furent la première récompense de ses travaux. Louis en ajouta une autre non moins précieuse en le nommant un des premiers chevaliers de l'ordre de Saint-Michel, qu'il venoit d'instituer, et qui étoit alors dans toute sa splendeur.

(1474.) Déja plusieurs ligues s'étoient formées contre Louis XI, et le duc de Bourbon avoit refusé d'y prendre part. Cette année, une conspiration plus dangereuse encore fut prête d'éclater. Il ne s'agissoit pas moins que de livrer la France au roi d'Angleterre, Édouard IV, à condition de la partager avec lui. Le comte de Saint-Pol, connétable de France, étoit l'ame du complot, et il fit proposer au duc de Bourbon de se joindre à la cause commune. Quoique ce prince n'aimât pas le roi, il frémit à l'idée de subir le joug de l'éternel ennemi du nom françois; et sur les menaces qu'on lui fit de le dépouiller lui-même, s'il prêtoit secours à Louis, il répondit : *J'aimerois mieux être plus pauvre que Job, que de manquer à mon serment.* Menacé dans sa principauté, retenu par la goutte à Moulins, il ne put d'abord venir au secours du roi ; mais il envoya ses troupes sous les ordres du dauphin d'Auvergne, qui porta la guerre en Nivernois, battit les Bourguignons, s'empara de Château-Chinon et d'une partie de la Bourgogne.

(1475.) Aussitôt que le duc eut recouvré la santé, il vint rejoindre le roi à Beauvais avec cinq cents lances; il étoit accompagné de son frère l'archevêque de Lyon, et d'une foule de seigneurs, résolus de périr plutôt que de voir les Anglois ravager de nouveau leur patrie.

Il ne tenoit qu'à Louis XI de profiter de leurs dispositions; mais ce prince, suivant sa coutume, aima mieux négocier et même acheter la paix que de combattre, dans l'incertitude du succès. Une trêve de neuf ans, avec promesse de mariage entre le dauphin et Élisabeth, fille d'Édouard IV, roi d'Angleterre, fut conclue par le traité de Pecquigny. Peu après, le duc de Bourgogne fit aussi sa paix particulière avec le roi. De tous les conjurés, il n'y eut que les comtes de Saint-Pol et de Nemours qui payèrent de leur sang les troubles dont ils avoient été les principaux moteurs dans ces derniers temps. Il est vrai que Louis ajouta à leurs justes supplices des raffinements de vengeance et une sorte de férocité qui ont imprimé à sa mémoire une tache ineffaçable; mais enfin cette ligue féodale si dangereuse étoit abattue.

(1477.) On pourroit peut-être attribuer la retraite du duc de Bourbon à l'horreur qu'il conçut des supplices nombreux dont l'implacable Louis repaissoit les yeux des grands pour les effrayer. Quoi qu'il en soit, le prince laissa à la cour le comte de Beaujeu et l'archevêque de Lyon, ses frères, dont l'esprit souple et délié plaisoit singulièrement au monarque.

Le duc de Bourbon vivoit tranquillement à Moulins, mais il frondoit hautement la conduite du roi. A la mort de Charles-le-Téméraire, arrivée en 1477, il refusa de se joindre à Louis pour dépouiller l'héritière de Bourgogne. Il n'en fallut pas davantage pour attirer les soupçons sur son compte. Des délations obscures vinrent encore augmenter la défiance. Un des vassaux du prince, nommé d'Oyac, dénonça son seigneur comme coupable des plus grands crimes. Il l'accusoit de soudoyer un corps nombreux de troupes, de fortifier ses places, d'arrêter les appels de la justice royale aux tribunaux de sa majesté, etc. Le roi, irrité au dernier point, crut devoir ordonner une information. Le dénonciateur lui-même faisoit partie des commissaires; mais les réponses du duc furent si sages et si modérées, qu'on n'osa point attenter à sa liberté; on se contenta d'arrêter quelques uns de ses principaux officiers qui furent étroitement renfermés à la Bastille, et bientôt après élargis, parceque l'accusation portée contre eux n'avoit aucun fondement.

L'année 1482 fut signalée par trois événements importants pour la maison de Bourbon : par la perte que le duc fit de son épouse, madame Jeanne de France; par la mort de Louis, prince-évêque de Liège, dont nous avons parlé plus haut; et par la confiance signalée que Louis XI témoigna à l'égard de Pierre, comte de Beaujeu, en le nommant, par son testament, tuteur et curateur du dauphin, dont il avoit à faire l'éducation entière ; car le jeune prince étoit arrivé à l'âge de treize ans, sans savoir ni lire ni écrire.

Cependant le vieux roi termina sa carrière, le 30 août 1483, laissant le gouvernement de la France entre les mains de sa fille, Anne de France, âgée seulement de vingt-deux ans, et de Pierre, seigneur de Beaujeu, frère du duc Jean, époux de la princesse, pendant la minorité de son fils, qui prit le nom de Charles VIII. Cette dame justifia complètement le choix du monarque politique qui l'avoit ordonné.

Mais le duc de Bourbon, dont une pareille préférence blessoit les prétentions, revendiqua fortement la régence, sinon pour lui, au moins pour le duc d'Orléans, premier prince du sang.

Les ducs d'Orléans et de Bourbon n'étoient pas les seuls qui eussent des droits à la régence, d'autres princes du sang pouvoient y prétendre aussi. En conséquence, la question fut présentée aux états-généraux, assemblés à Tours, qui reconnurent de la manière la plus solennelle, 1° Que l'autorité suprême réside en la seule personne du roi; 2° Qu'après sa mort elle passe entière, indivisible à son successeur; 3° Que, si son successeur n'a pas l'âge prescrit par les lois pour gouverner, l'exercice de l'autorité souveraine appartient incontestablement aux princes du sang, appelés à la couronne.

selon l'ordre de leur naissance ; 4° Que les princes du sang, pendant le bas âge de sa majesté, ont seuls le droit de former essentiellement ses conseils et de choisir ses ministres; 5° Que, conformément aux anciens usages, les princes du sang, dépositaires des droits augustes du trône, ne sont tenus de consulter les états-généraux *que pour connoître les besoins du peuple, et chercher les moyens de le soulager.*

Cette assemblée auguste, qui n'a pas toujours été imitée par les suivantes, et sur-tout par celle de 1789, statuant sur la question proposée, trouva très sages les dispositions du feu roi à cet égard; débouta les ducs d'Orléans et de Bourbon de leurs prétentions à la régence, et les obligea de reconnoître Madame, fille du roi, et son époux comme seuls chargés de la tutelle et curatelle du prince mineur.

L'épée de connétable, après laquelle Jean soupiroit depuis si long-temps, fut le seul fruit qu'il retira de sa démarche. Mécontent du gouvernement présent, et toujours frondeur comme il l'avoit été sous Louis XI, il résolut de se remarier afin de priver son frère, s'il étoit possible, de sa riche succession. Puis il se jeta dans le parti du duc d'Orléans (depuis Louis XII), et marcha à son secours; mais il n'étoit plus temps : le duc avoit été obligé de se rendre, et subissoit la peine due à sa légèreté. Bourdon obtint pour lui-même des conditions plus honorables que ne sembloit le mériter sa conduite, et s'en retourna à Moulins, toujours déclamant contre madame de Beaujeu et contre son frère, se plaignant de n'être consulté en rien, et de ne pas avoir sur les troupes l'autorité qui lui étoit due en qualité de connétable.

(1486.) Une circonstance favorable à son ambition vint le tirer de sa retraite. L'archiduc Maximilien déclaroit la guerre à la France avec des forces bien supérieures à celles qu'on pouvoit lui opposer. Dans cette circonstance critique, on crut devoir recourir au connétable, dont on connoissoit le mérite et la bravoure. Il refusa d'abord assez brusquement, puis il se rendit à Paris avec une armée considérable, tirée de ses vastes domaines, ne paroissant méditer que la ruine de ceux qu'il appeloit ses ennemis. On étoit effrayé de ses dispositions, de ses reproches, sur-tout de ses menaces dans le conseil, où il assista une seule fois, et plus encore de sa marche rapide vers la frontière. Ses parents et ses amis, Madame elle-même avec le roi, coururent après lui pour tâcher de l'apaiser, ce qui ne fut pas difficile; car il n'avoit voulu qu'effrayer sa belle-sœur et son frère, et les faire repentir d'avoir méprisé un homme tel que lui: dès qu'il vit ses parents humiliés, il s'adoucit et se réconcilia sincèrement avec eux. Il étoit sur le point de continuer sa marche pour défendre l'état contre l'étranger; mais la colère et la vengeance, qui l'avoient soutenu jusqu'alors, lui causèrent une nouvelle attaque de goutte, et l'obligèrent de retourner à Moulins; ce qu'il fit aussitôt après avoir laissé la conduite de ses troupes au maréchaux Desguerdes et de Gié, qui s'acquittèrent parfaitement de l'importante commission dont ils étoient chargés.

(1487.) Arrivé dans ses terres, et déja guéri de son mal, le duc ne perdit point l'espérance d'avoir des enfants légitimes. Sa seconde femme étoit morte : il se remaria en troisièmes noces à Jeanne de Bourbon, fille de Jean, comte de Vendôme, princesse renommée pour sa beauté et ses vertus. Ce mariage ne contribua pas peu à abréger ses jours. Il mourut à Moulins le 1er avril 1488, à l'âge de soixante-deux ans; son corps fut inhumé à Souvigny, et son cœur placé avec pompe dans la collégiale de Moulins.

« Jean II, duc de Bourbon, dit Désormaux, eut
« un grand caractère. La franchise, la probité, la
« bienfaisance et l'amour de la gloire le distinguè-
« rent de tous les princes de son temps; cher au
« peuple par son affabilité et les services qu'il avoit
« rendus à l'état, plus cher encore à la noblesse
« par sa valeur, ses vertus et ses procédés généreux,
« il fut sur-tout l'amour et les délices de ses nom-
« breux vassaux, au milieu desquels il vécut comme
« un père dans le sein de sa famille; ils couvrirent

« son tombeau de fleurs et de larmes, et le surnom-
« mèrent *le Bon*, titre bien supérieur à celui de
« *Fléau des Anglois*, que l'enthousiasme lui avoit
« donné......

« Mais plusieurs défauts ternirent l'éclat de ses
« vertus. Le connétable fut opiniâtre, fier, ambi-
« tieux, et non moins jaloux que les autres grands
« vassaux de la couronne des progrès rapides de
« l'autorité royale.

« L'élévation, la gloire, et les succès de monsieur
« et de madame de Beaujeu, qu'il ne voyoit qu'à
« regret à la tête des affaires, répandirent l'amer-
« tume sur les dernières années de sa vie. Enfin,
« malgré l'attachement qu'il témoignoit à Jeanne
« de France, sa première femme, il eut des enfants
« naturels de plusieurs maîtresses. » Nous en parlerons ci-après.

Jean II fit plusieurs fondations religieuses; il commença, en 1483, la Sainte-Chapelle de Bourbon-l'Archambaut, l'une des plus belles de la France. Cet édifice fut terminé en 1508, par les soins de Pierre II et d'Anne de France, ses successeurs. On y voyoit, avant la révolution, un magnifique reliquaire d'or, du poids de quatorze marcs, enrichi de pierres précieuses, et renfermant un morceau de la vraie croix.

Le duc Jean II avoit été marié trois fois : La première, par contrat passé à Montils-les-Tours, le

23 décembre 1446, à Jeanne de France, fille puînée de Charles VII, roi de France, laquelle mourut de fièvre à Moulins, le 4 mai 1482, et fut enterrée dans l'église de Notre-Dame de ladite ville, il n'eut point d'enfants de cette princesse; la seconde, à Catherine d'Armagnac, par acte daté de Saint-Cloud, près Paris, le 28 avril 1484; cette dame mourut en travail d'enfant, au mois de mars 1486, laissant un fils nommé Jean, décédé seize jours après; la troisième fois, au mois de juin 1487, à Jeanne de Bourbon, fille aînée de Jean II, comte de Vendôme, etc., dont il n'eut qu'un fils, Louis de Bourbon, mort au berceau.

Enfants naturels.

1° Matthieu de Bourbon, surnommé *le grand Bâtard*, seigneur de Bothéon en Forez, de la Roche-en-Renier, chevalier de l'ordre de Saint-Michel, capitaine de cent hommes d'armes, l'un des neuf preux de Charles VIII à la bataille de Fornoüe, fut un des plus sages et des plus vaillants généraux de son temps. Il servit avec gloire les rois Louis XI et Charles VIII dans les guerres qu'ils eurent à soutenir contre l'archiduc Maximilien, et se signala à la bataille livrée près de Béthune, en 1487, où le duc de Clèves et le comte de Nassau furent vaincus. A la journée de Fornoüe, il étoit près du roi, qu'il défendit vaillamment au prix de sa liberté. Sorti de prison, il trouva la récompense de ses travaux dans la munificence de son roi, qui le fit amiral et gouverneur de Guienne. En 1499, il avoit, outre son apanage, 2,500 liv. d'apointements, et cinq cents lances sous ses ordres. Ce seigneur vivoit encore, le 29 novembre 1503, époque à laquelle il est nommé parmi les *exécuteurs du testament de Pierre II, duc de Bourbon*. On pense qu'il est mort vers 1505, sans laisser de postérité;

2° CHARLES de Bourbon, seigneur de Lavedan et de Malause. Il sera parlé de sa branche ci-après ;

3° HECTOR de Bourbon, d'abord évêque de Lavaur, puis archevêque de Toulouse en 1492. Pierre II, duc de Bourbon, son oncle, le nomma chancelier du Bourbonnois, et président de son conseil, par lettres datées du 9 août 1500. Ce prélat mourut sur la fin de 1502, et fut enterré dans l'église de Saint-Étienne de Toulouse;

4° MARIE de Bourbon, mariée à Jacques de Sainte-Colombe, seigneur de Thil, morte avant le 22 juillet 1482, sans postérité;

5° MARGUERITE de Bourbon, légitimée par actes du 4 décembre 1462 et de janvier 1463, mariée à Jean de Ferrières, écuyer, seigneur de Presle, châtelain de Belle-Perche, Poilly-le-château, Chalamont, etc., avec 175 l. de pension sur la prairie de Beaujolois, et un office de 200 liv. de traitement par an.

VII.

CHARLES II,

DUC DE BOURBON ET D'AUVERGNE, COMTE DE FOREZ, PRINCE SOUVERAIN DE DOMBES, SEIGNEUR DE BEAUJOLOIS, CARDINAL DU TITRE DE SAINT-MARTIN-DES-MONTS, ARCHEVÊQUE DE LYON ET DE BORDEAUX, ÉVÊQUE DE CLERMONT, LÉGAT D'AVIGNON, ABBÉ DE SAINT-VAST D'ARRAS ET DE GRAND-MONT, PRIEUR DE LA CHARITÉ-SUR-LOIRE, GOUVERNEUR DE PARIS ET DE L'ILE-DE-FRANCE, CHEF DES CONSEILS DE LOUIS XI, ETC.

ARMOIRIES.

De Bourbon, c'est-à-dire d'azur à trois fleurs de lis d'or, à la cottice de gueules. Couronne de prince du sang surmontée d'une croix et du chapeau de cardinal.

(1443.) Jean de Bourbon, évêque du Puy, abbé de Cluny, son oncle naturel, se démit en sa faveur de l'archevêché de Lyon, auxquel il avoit été nommé, se réservant toujours l'administration de cet important diocèse, parceque le jeune prince n'avoit que neuf ans à cette époque. Charles prit possession de son siége en 1446, mais il ne fut sacré qu'en 1470, époque à laquelle Louis XI le choisit pour être parrain du dauphin, son fils, depuis Charles VIII.

Ce prince n'étoit pas né pour les fonctions paisibles du sacerdoce : semblable à son jeune frère, l'évêque de Liége, il n'avoit de goût que pour le tumulte des armes, l'agitation de la cour, et l'éclat de la représentation. Aussi fut-il un des premiers qui prit parti avec le duc Jean dans la guerre du bien public. Il portoit cette devise peu épiscopale : *N'espoir ne peur*. Il manioit un cheval et combattoit d'estoc et de taille aussi bien qu'aucun cavalier de son temps.

Désabusé bientôt de l'idée de réussir contre son roi, il se rendit à lui ; et, comme il étoit d'un caractère souple et insinuant, il n'eut pas de peine à gagner les bonnes graces du terrible monarque, à qui l'on ne pouvoit plaire que par un dévouement et une soumission sans bornes. Aussi eut-il part à toutes les faveurs de Louis XI. Nous le voyons, en 1468, négociateur principal du traité de paix entre la France et le duc de Bourgogne.

Deux ans après, il travaille à réconcilier, du moins pour un temps, Louis avec François II, duc de Bretagne. Le roi, afin de l'honorer davantage, demanda pour lui le chapeau de cardinal, qu'il n'obtint pourtant que vers 1476. Nommé gouverneur de Paris, Charles sut se faire aimer des habitants de la capitale, par sa douceur et son affabilité : ce fut lui qui leur inspira tout le zèle et l'affection qu'il portoit au roi.

En 1475, il travailla au traité de Pecquigny, et il assista à la célèbre entrevue qui eut lieu entre Louis XI et Édouard IV.

A la cérémonie imposante et majestueuse de l'entrevue, succéda un entretien libre et familier entre les deux monarques, dans lequel Louis s'égaya aux dépens de l'archevêque de Lyon. Comme il connoissoit Édouard pour le plus bel homme et le plus galant de son siècle, il le pressa de venir à Paris pour voir de jolies femmes, ajoutant que, s'il succomboit à la tentation, il lui donneroit l'archevêque pour confesseur. Édouard répondit en riant qu'il savoit bien que l'archevêque *étoit un bon compagnon*.

Après la mort de Charles-le-Téméraire et la réunion de l'Artois à la monarchie, Charles fut envoyé pour prendre possession de la province au nom de sa majesté ; et il s'acquitta de cette commission avec autant de modération que d'exactitude ; ce qui contribua à effacer les funestes impressions que les Artésiens et les Flamands avoient dans l'esprit contre les François. En général l'archevêque de Lyon étoit un bon François, aimant son prince et sa patrie, d'ailleurs rempli de talents et de dextérité pour le maniement des affaires, et sur-tout pour la diplomatie. A la mort de Louis XI, il continua de jouir de la même faveur sous Charles VIII, son filleul; mais il n'avoit plus ni la santé, ni la vigueur convenables au genre de vie qu'il avoit mené jusqu'alors. Aussi se retira-t-il de la cour pour s'occuper des soins de son diocèse.

Il y résidoit, lorsque la mort de son frère aîné, Jean II, décédé sans enfants légitimes, lui ouvrit une riche et immense succession, qu'il voulut d'abord recueillir, prenant le titre et la qualité de duc du Bourbonnois. Mais madame de Beaujeu, épouse de Pierre II, frère puîné du cardinal, le prévint, et s'empara de Moulins, ainsi que des places fortes du duché. Le prince, accablé d'infirmités et menacé d'une mort prochaine, aima mieux transiger que de lutter contre une belle-sœur qui disposoit des forces de la France. Il abandonna au comte de Beaujeu les duchés de Bourbonnois et d'Auvergne; et toutes les seigneuries dépendantes de la succession, se réserva seulement le Beaujolois avec vingt mille livres de pension.

Il ne jouit de cette rente que cinq mois, étant mort à Lyon, le 13 septembre 1488. Il fut enterré dans l'église de Saint-Jean de Lyon, où l'on voyoit autrefois sa sépulture en marbre blanc. Les célestins de Paris prétendoient aussi que le corps du prince avoit été rapporté à Paris, et placé dans la chapelle de Saint-Louis qu'il avoit fait bâtir en leur église.

Le père Louis Beurier, qui élève cette prétention

(Histoire des célestins de Paris, page 384), ne l'appuie que sur deux preuves très peu concluantes. Dans la chapelle de Saint-Louis étoient les armes du cardinal, accompagnées de deux épées flamboyantes; et dans la chapelle des dix mille martyrs, située au côté méridional de l'église, on lisoit l'inscription suivante :

Reverend pere en Dieu Monsieur, Charles de Bourbon, cardinal, archevesque de Lyon, mit la premiere pierre de l'eglise de ceans, en l'honneur et reverence des dix mille martyrs, la feste est celebrée la surveille de St. Jehan Baptiste.

Ce qui prouve seulement que le cardinal fut un des bienfaiteurs des célestins de Paris, et le fondateur ou le restaurateur des deux chapelles en question.

Charles laissa d'une demoiselle, nommée Gabrielle Bartine, une fille naturelle :

Isabelle de Bourbon, légitimée par lettres du roi, en date du mois de juillet 1491, et mariée à Gilbert de Chantelot, écuyer, seigneur de la Chaise, maître d'hôtel du cardinal de Bourbon, morte à Paris sans enfants, avant le 4 septembre 1497, époque à laquelle le duc de Bourbon confirma par acte authentique le don fait au mari en faveur de ce mariage.

IX.

PIERRE II,

DUC DE BOURBON ET D'AUVERGNE; COMTE DE CLERMONT, DE FOREZ, DE LA MARCHE, ET DE GIEN ; PRINCE SOUVERAIN DE DOMBES; VICOMTE DE CHATELLERAULT, DE CARLAT ET DE MURAT; SEIGNEUR DE BEAUJOLOIS, DE CHATEAUCHINON, DE BOURBON-LANCI, D'ANNONAI, ET AUTRES LIEUX ; PAIR ET CHAMBRIER DE FRANCE, CHEVALIER DE L'ORDRE ROYAL DE SAINT-MICHEL, GOUVERNEUR DE GUIENNE ET ENSUITE DE LANGUEDOC, CHEF DES CONSEILS DE LOUIS XI, TUTEUR DE CHARLES VIII; ENFIN ADMINISTRATEUR ET LIEUTENANT-GÉNÉRAL DU ROYAUME SOUS LE RÈGNE DE CE PRINCE.

Les mêmes que celles de ses prédécesseurs.

Quatrième fils légitime de Charles I, né au mois de novembre 1439, Pierre n'eut d'abord pour apanage que la seigneurie de Beaujeu, à laquelle, vers 1475 seulement, le duc, son frère, joignit pour supplément, le Clermontois et le Beaujolois. Mais si Pierre n'eut pas d'abord les faveurs de la fortune, en récompense il obtint celles du roi Louis XI, qui l'éleva à un degré de gloire et d'opulence où nul prince de la maison de Bourbon n'étoit encore parvenu. Le comte de Beaujeu, de son côté, ne cessa de donner au roi les preuves les moins équivoques de respect, de soumission, et de fidélité. Il le suivoit par-tout; partageoit ses peines, ses fatigues, et ses dangers.

En 1461, le comte de Beaujeu assiste au sacre de Louis XI; et, à la suite de cette cérémonie, il est fiancé, le 22 mars, avec Marie d'Orléans, fille de Charles, duc d'Orléans. Le mariage devoit se conclure en novembre 1465; cependant Louis XI le fit rompre, pour donner au jeune comte Anne de France, sa fille aînée, par contrat passé à Jargeau, près d'Orléans, le 3 novembre 1473. Ce prince prudent et politique voyoit que le duc Jean de Bourbon, marié depuis dix-neuf ou vingt ans, n'avoit point d'enfants; il considéroit d'ailleurs que Pierre étoit pauvre, et par conséquent susceptible de se prêter aux volontés du pouvoir; qu'il avoit en outre un caractère doux et maniable, ce qui donnoit l'espoir de faire rentrer un jour dans le domaine de l'état les immenses possessions de la famille des Bourbons. Aussi le contrat fut-il dirigé dans ce sens.

Le roi, en considération d'une si grande alliance,

exigea la réunion de tous les domaines de la maison de Bourbon à la couronne, s'il venoit à les posséder et à mourir sans enfants mâles de Madame. Le comte consentit à cette clause qui dépouilloit la branche de Montpensier de ses droits, mais il ajouta : *En tant qu'il peut toucher audit futur époux, pour le présent et pour l'avenir.* Les suites de sa soumission aux volontés du prince furent des graces sans nombre.

Le comte de Beaujeu avoit déja mérité la faveur de Louis XI dans son expédition contre le comte d'Armagnac, ce même prince si fameux par son inceste, son arrogance, et ses malheurs. Vaincu précédemment par le duc Jean de Bourbon, proscrit et réduit à chercher un asile dans les pays étrangers, il avoit été rétabli depuis dans ses états par Louis XI; mais il n'avoit pas cessé pour cela d'intriguer et d'affecter l'indépendance la plus absolue dans ses montagnes. Le roi résolut de mettre un terme à son audace. En 1472, le comte de Beaujeu, nommé gouverneur de la Guienne, après la mort de Monsieur, fut chargé de le réduire à l'obéissance.

A la tête d'une armée florissante, composée de la noblesse de Guienne, Beaujeu met le siége devant Lectoure, chef-lieu de la principauté d'Armagnac, et le pousse avec tant d'activité que le rebelle est obligé de céder à la nécessité; on lui permet de sortir de la ville avec ses troupes, et on lui assigne une pension de 12,000 livres avec les villes d'Eause, de Barrau, etc., pour sa résidence.

A peine le traité étoit conclu, qu'Armagnac se flatta de pouvoir se révolter encore une fois impunément. Il prit des mesures si justes avec les traîtres qui accompagnoient le comte de Beaujeu, que ce prince et la ville lui furent livrés en même temps.

A la nouvelle d'une trahison aussi odieuse, Louis éprouva le même ressentiment que si on lui eût appris l'enlévement du dauphin. Le cardinal d'Albi, ennemi personnel d'Armagnac, est envoyé avec quarante mille hommes et des généraux expérimentés, pour tirer vengeance du perfide. Celui-ci, las d'éprouver l'exil et la misère, se défend en désespéré dans Lectoure, menaçant à chaque instant son prisonnier de le faire mourir avant lui.

La circonstance étoit critique : le cardinal et les généraux avoient ordre de terminer la guerre à tout prix. Au défaut de la force, ils emploient la ruse : on offre la paix à Armagnac aux conditions qu'il dicte lui-même. Mais au moment où il se préparoit à les remplir, les François, profitant de sa sécurité, escaladent les murs, forcent le palais, et se saisissent de sa personne, de sa famille, et de ses partisans, pendant que la ville étoit livrée au pillage, les hommes égorgés, les femmes violées, les églises et les maisons incendiées.

Dans le tumulte, un homme, aposté par les généraux, se jette sur Armagnac et le poignarde. Jeanne de Foix, teinte du sang de son époux, n'est pas épargnée. Après avoir tenté en vain de lui ravir l'honneur, on l'oblige d'avaler un breuvage empoisonné qui la fait avorter sur-le-champ, et termine ses jours en l'espace de vingt-quatre heures, et c'est à ce prix que Beaujeu vengé sort de prison.

(1473.) A son arrivée à la cour, le comte fut reçu du roi avec les plus vives démonstrations de joie et de tendresse, et c'est à cet époque que Louis XI l'adopta pour son fils en l'unissant, comme nous venons de le dire, à Madame Anne de France.

(1475.) Le duc de Nemours, cousin-germain du duc d'Armagnac, ne tarda pas de succomber sous la puissance de Louis. Ce seigneur, qui, sans être prince du sang, jouissoit de tous les honneurs attachés à la pairie, avoit ce caractère d'inquiétude, d'ambition, et de perfidie particulier à sa maison. Il n'y avoit pas de complot ou de révolte où il ne fût entré précédemment. Louis, dont le plan étoit de tout abaisser sous le poids de la majesté royale, résolut de faire un exemple; et ce fut encore le comte de Beaujeu qu'il choisit pour être l'exécuteur de ses desseins. Nemours vivoit en souverain dans son château de Carlat, situé au milieu des plus hautes montagnes d'Auvergne. C'est dans cette forteresse que le comte de Beaujeu eut ordre de l'arrêter. A l'approche du prince avec une forte armée, sa femme mourut de frayeur, et le duc, cédant à sa douleur, se rendit sans résistance. Il demanda pourtant la vie: on la lui promit solennellement; mais Louis XI désavoua hautement la parole donnée par le comte de Beaujeu, et l'obligea même de présider au jugement du prisonnier.

On connoît la funeste catastrophe du duc de Nemours. Pierre se récusa lui-même comme juge, mais il ne put être exempté de recueillir les voix comme représentant, avec l'appareil de la majesté suprême, le roi, qui ne pouvoit assister au jugement; et les voix condamnèrent le duc de Nemours à la peine capitale, ce qui fut exécuté de la manière que l'histoire rapporte.

(1477.) Louis XI distribua les biens du duc de Nemours entre les généraux qui l'avoient pris et les juges qui l'avoient condamné. Le comte de Beaujeu eut pour sa part le comté de la Marche et les seigneuries de Montaigu en Combrailles qu'Éléonore de Bourbon avoit jadis portées dans la maison d'Armagnac. On lui fait un très vif reproche d'avoir accepté un pareil don; mais si l'on considère d'abord qu'il étoit fort difficile de refuser même un bienfait venu de la part de Louis, et ensuite que les biens dont il est question, ayant appartenu à la maison de Bourbon, pouvoient, par un refus hors de saison, tomber en des mains étrangères, on trouvera qu'il étoit plus sage de les reprendre, sauf à indemniser plus tard les héritiers du duc; et c'est ce que fit, du moins en partie, le comte de Beaujeu quelques années après.

Depuis, et par lettres-patentes datées de décembre 1481, le roi fit don à sa fille, madame de Beaujeu, du comté de Thouars et de la vicomté de Chatelleraut, retournés à la couronne par la mort de Charles d'Anjou, roi de Sicile.

En 1482, lors de la mort de Louis de Bourbon, son frère, l'évêque de Liége, qui avoit laissé trois enfants naturels, le comte de Beaujeu touché du sort de ses neveux, les éleva avec tous les soins convenables à l'éclat de leur naissance. Ces princes furent connus à la cour sous le nom de Bâtards de Liége.

Il falloit que Louis XI eût une grande idée des vertus et des talents du comte, puisque, dans le temps même qu'il poursuivoit les Bourbons avec une sorte d'acharnement, il lui confia la garde et l'éducation du dauphin. Le jeune prince avoit besoin d'un tel instituteur, pour réparer le mal qu'avoit causé dans son caractère le défaut d'instruction et l'espèce d'abandon où on l'avoit laissé jusqu'alors. Malgré ses soins, Beaujeu ne put jamais donner au dauphin des connoissances bien étendues; mais pour remédier à cet inconvénient, il cultiva avec soin les précieuses semences de bonté, de justice, de courage, et de grandeur d'ame qu'il avoit remarquées dans son élève. Si Charles VIII n'eut pas l'énergie d'un grand homme, au moins fut-il un bon et vaillant roi.

(1483.) On venoit de fiancer le dauphin avec la princesse Marguerite, héritière des vastes états de Charles-le-Téméraire, duc de Bourgogne; comme elle n'avoit encore que deux ans, Louis ordonna que Madame, c'est ainsi que l'on appeloit la comtesse de Beaujeu, lui tînt lieu de mère. Enfin, le vieux monarque, accablé d'infirmités, sur le bord de la tombe, mais voulant toujours régner, Louis, si soupçonneux, si ennemi de tout ce qui l'entouroit, n'avoit que Beaujeu en recommandation. Il disoit souvent, « qu'il haïssoit ceux de Bourgogne, « pour leur humeur trop altière, qu'il aimoit Char- « les d'Artois, pour ne tenir rien de l'arrogance de « ses prédécesseurs; mais qu'il portoit une singulière « affection à ceux de Bourbon, pour leur douceur « et leur humilité. » C'est à cette considération, qu'au soin d'élever l'héritier de la couronne, il ajouta le titre et les hautes fonctions de chef du conseil étroit; c'étoit en quelque sorte indiquer le comte de Beaujeu pour tuteur du roi futur, et pour régent du royaume : ce qui eut lieu en effet la même année. Louis XI, quelques jours avant sa mort, arrivée en son château d'Amboise, le 30 août 1483, fit appeler monsieur et madame de Beaujeu avec ses ministres : il ordonna qu'on lût son testament, par lequel il confioit à Madame les rênes du gouvernement, en lui associant son époux. Puis, les ayant pris en particulier, il leur fit part des secrets de l'état, et du vaste plan qu'il avoit conçu d'abattre entièrement la puissance féodale, et les engagea, par les raisons les plus puissantes, à le suivre avec activité, mais avec prudence ; il recommanda particulièrement au comte son fils et le royaume : puis, ayant fait rentrer le chancelier, les ministres, les officiers de sa garde, de la venerie et de la fauconnerie, il leur commanda de se rendre auprès *du roi* (c'est-à-dire du dauphin), et de se consacrer uniquement à son service.

La mort de Louis XI mit le comte de Beaujeu et son auguste épouse en possession du gouvernement de l'état. Nous n'entrerons pas dans les détails de leur administration, quoiqu'elle fasse encore aujourd'hui l'admiration de tout ce qu'il y a de politiques éclairés et d'historiens judicieux. Les faits appartiennent à l'histoire de France, et nous nous sommes proposés seulement d'écrire l'histoire de la maison de Bourbon. D'ailleurs le comte de Beaujeu ne joua dans cette grande représentation qu'un rôle secondaire ; car, entre autres conditions que le défunt roi lui avoit imposées en l'unissant à sa fille, il lui étoit enjoint *de rester toujours serviteur de Madame:* et le comte remplit cette condition avec exactitude. On peut dire pourtant qu'il ne resta pas oisif : il sut par la sagesse de ses conseils tempérer ce que l'humeur de la princesse son épouse avoit de trop dur et de trop offensant. Sa valeur éprouvée et ses rares talents contribuèrent aux exploits qui signalèrent le règne de Charles VIII, dont les plus remarquables furent l'affermissement de la puissance royale, la soumission du duc d'Orléans (depuis Louis XII), la réunion de la Bretagne à la France, par le mariage de l'héritière de cette importante province avec le jeune roi, et l'état d'impuissance où fut réduit l'archiduc Maximilien de troubler pour long-temps le repos de la France.

En 1488, le comte de Beaujeu se vit possesseur des immenses domaines de la maison de Bourbon, par la mort de son frère aîné Jean II, et surtout par l'habileté de son épouse, qui s'empara de la succession, comme nous l'avons dit, avant que le cardinal de Bourbon ait pu faire valoir ses prétentions ; mais cet avantage si grand étoit compensé par le chagrin que les deux époux éprouvoient de n'avoir point d'enfants, après quinze ans de mariage. Madame pouvoit en espérer encore, mais son époux avoit vingt ans plus qu'elle ; et si elle venoit à le perdre, toute la fortune des Bourbons passeroit à la couronne, suivant les conditions du contrat, ou à la branche collatérale de Montpensier, si l'on s'en tenoit au droit commun. Pour prévenir ce double inconvénient, la duchesse se fit donner par Charles VIII des lettres-patentes dérogatoires de son contrat de mariage, et qui permettoient à son mari de disposer de ses biens de telle manière qu'il jugeroit à propos.

Gilbert de Montpensier, chef de la branche collatérale, réclama auprès du parlement contre cet acte; et Pierre II, par attachement pour sa famille, convint par un traité signé à Chinon, le 19 mars 1488, que, s'il mouroit sans enfants mâles, tous ses biens substitués passeroient à la branche de Bourbon-Montpensier.

En 1491, la réduction de la Bretagne termina la brillante administration de Madame, qui remit au roi les rênes de l'état, que, de concert avec son époux, elle avoit sauvé et agrandi; et Charles VIII gouverna par lui-même une monarchie que le fameux Laurent de Médicis désignoit par cette exclamation très expressive: *Quelle puissance! si jamais elle vient à connoître ses forces, que deviendra l'Italie?*

(1493.) En reconnoissance des services importants qu'ils avoient rendus à l'état, le duc et la duchesse continuèrent de jouir à la cour d'une grande considération, et lorsque Charles partit pour son expédition d'Italie, malgré les représentations de tout ce qu'il y avoit de personnes sages et expérimentées, le duc de Bourbon fut nommé lieutenant-général du royaume, avec un pouvoir presque absolu pour gouverner pendant l'absence du monarque. Le prince résidoit alors à Moulins, où il s'occupoit du bonheur de ses vassaux; la reine elle-même se rendit dans cette ville, qui devint, pendant quelque temps, le centre du gouvernement; et le roi, après son retour en 1494, établit Pierre gouverneur-général des pays de Languedoc et autres environnants.

A la mort de Charles VIII, décédé à Amboise le 7 avril 1498, le duc et la duchesse avoient tout à redouter de la vengeance du duc d'Orléans qui leur avoit causé tant de peines, et que Madame avoit tant persécuté. Il n'en fut pas ainsi: ce même duc, devenu Louis XII, déclara *qu'il ne vengeoit pas les injures du duc d'Orléans;* et aux faveurs que les princes avoient reçues de ses prédécesseurs, il en ajouta une pour le moins aussi précieuse.

Depuis le traité fait à Chinon, en 1488, avec le comte de Montpensier, Pierre et Anne avoient eu une fille qui couroit le danger de se voir dépouiller des principaux domaines de la maison de Bourbon. Ils eurent recours de nouveau à l'autorité royale; et Louis XII, dérogeant à tout ce qui s'étoit fait jusqu'alors, déclara leur fille habile à succéder aux biens de ses père et mère, de quelque nature qu'ils pussent être.

(1499 et 1500.) Cependant le duc et la duchesse, libres de tous autres soins, s'occupoient du soin d'embellir et d'enrichir le Bourbonnois. C'est alors qu'ils ordonnèrent la rédaction des Coutumes du Bourbonnois. Déja Charles VII, qui cherchoit à mettre de l'ordre par-tout, avoit ordonné de former dans toutes les provinces de semblables recueils, à l'effet de fixer les incertitudes sur le texte et sur l'application des lois, et en même temps de mettre un terme à l'avidité des gens d'affaires. Le Bourbonnois n'auroit peut-être pas joui de long-temps d'un aussi grand bienfait, sans les soins du duc et de la duchesse, qui ne perdirent pas de vue cette importante affaire. Nous faisons cette observation parceque, de toutes les anciennes coutumes de France, celle du Bourbonnois, dont la rédaction ne fut terminée entièrement qu'en 1520 sous le connétable de Bourbon, est reconnue comme une des plus sages et des plus savantes qui existassent en France avant la révolution.

C'est par cet acte important que Pierre II, duc de Bourbon, termina sa carrière. Étant allé visiter le roi à Mâcon, la fièvre le prit à Cluni. Il revint à Moulins, où, après avoir langui deux mois, il mourut à l'âge de soixante ans passés, et fut enterré au prieuré de Souvigny ; son cœur fut placé honorablement dans une chapelle de Notre-Dame de Moulins, qu'il avoit mise dans l'état où elle est restée.

« Ce prince, dit Désormeaux, doit être mis dans la classe des bienfaiteurs de la France, puisqu'il la gouverna avec autant d'intégrité que de sagesse. Il possédoit, dans un degré éminent, l'esprit d'ordre, de justice, de modération, et de bonté..... Chéri de toutes les classes de l'état, respecté des grands, qui le prenoient pour arbitre de leurs querelles, honoré des souverains étrangers, qui avoient la plus haute confiance en sa vertu, le duc de Bourbon emporta dans le tombeau le surnom touchant de *Prince de la paix et de la concorde*. Il donna toujours des marques de la piété sincère et éclairée qui est l'apanage de son illustre maison. Les fondations religieuses, les legs pieux, et les sommes considérables qu'il laissa aux pauvres en mourant, les pleurs et les gémissements dont retentit le château de Moulins, l'ordre même observé à ses funérailles, attestent sa charité inépuisable et sa bienfaisance sans bornes. »

Nous allons donner, d'après Désormeaux, la description des funérailles de ce bon prince.

« Cinq cents pauvres ouvroient la marche, dont cent vêtus de robes de deuil ; ils portoient tous des torches de cire, du poids de quatre livres ; venoit ensuite le clergé séculier et régulier de Moulins et des villes voisines, il étoit suivi de la maison militaire, civile et domestique du feu duc, composée de seize cent cinquante officiers, couverts de longs habits de deuil, aux dépens des princesses : on distinguoit parmi eux les huissiers de la salle, les hérauts d'armes, les trésoriers généraux, les maîtres de la chambre aux deniers, les secrétaires des commandements, les maîtres des requêtes, le chancelier, et une quantité étonnante de pages, de pannetiers, d'échansons, d'écuyers tranchants, d'écuyers ordinaires ou cavalcadours, de chevaliers pensionnaires, de maîtres d'hôtel et de chambellans ; plusieurs barons portoient les marques des dignités dont le duc étoit revêtu, telles que le guidon et l'enseigne de sa compagnie d'hommes d'armes, son écu, sa cotte d'armes et son épée de bataille ; d'autres entouroient le cercueil porté par vingt-quatre archers de la garde du corps, et son effigie en cire, décorée d'un chapeau ducal garni de rubis et de diamants, estimés quatre-vingt mille écus d'or ; sur le cercueil, couvert de drap d'or, étoit suspendu un dais de même étoffe.

« On voyoit ensuite le duc d'Alençon, le comte de Montpensier, François, Monsieur de Bourbon, son frère, le comte de Vendôme et le prince de Carency ; après eux marchoient les seigneurs feudataires de la maison de Bourbon, la chambre des comptes, les officiers de justice, et les principaux bourgeois de la ville.

« Ce convoi si nombreux se rendit à l'église du prieuré de Souvigny, sépulture des ducs de Bourbon, qui étoit éclairée par deux mille trois cents cierges de trois à quatre pieds de longueur; l'oraison funèbre fut prononcée par un religieux carme, docteur en théologie: à l'inhumation, un héraut d'armes appela les seigneurs qui portoient les honneurs qui furent jetés dans le caveau; il répéta ensuite trois fois, d'un ton lugubre: Notre bon duc Pierre est mort, Dieu veuille avoir son ame; et après quelques moments de silence, il cria à haute voix: Vivent mesdames et damoiselle duchesses de Bourbon et d'Auvergne, comtesses de Clermont, etc!

« Le cœur du prince fut inhumé avec la même pompe et les mêmes cérémonies, dans l'église collégiale de Moulins. »

Anne de France, sa veuve, lui survécut de vingt ans, et mourut le 14 novembre 1552 et fut enterrée à Souvigny. Nous aurons occasion de parler de cette princesse à l'article du connétable.

Pierre II eut d'Anne de France:

1° CHARLES de Bourbon, comte de Clermont, mort en bas âge;
2° SUZANNE, duchesse de Bourbon, épouse du connétable de Bourbon.

HISTOIRE

GÉNÉALOGIQUE

DE LA MAISON ROYALE

DE BOURBON.

DEUXIÈME BRANCHE,

DITE BOURBON-MONTPENSIER.

Nota. La branche de Montpensier forme deux divisions, dont la première se termine au connétable de Bourbon. Nous parlerons de la seconde, après avoir décrit les branches de Bourbon-la-Marche et de Bourbon-Vendôme, que nous avons réunies en une seule.

I.

LOUIS I DE BOURBON,

COMTE DE MONTPENSIER, DE CLERMONT (EN AUVERGNE), DE SANCERRE, DAUPHIN D'AUVERGNE, SEIGNEUR DE MERCOEUR ET DE COMBRAILLES, SURNOMMÉ *LE BON*.

De Bourbon, la bande de gueules, brisée en chef d'un quartier d'or, au dauphin d'azur.

Ce prince étoit le troisième fils de Jean I, duc de Bourbon (Voyez page 152), et de Marie de Berry, son épouse. Il épousa en premières noces, le 8 décembre 1486, Jeanne, dauphine, fille unique de Beraud III, dit le jeune, comte et dauphin d'Auvergne, de Clermont, et de Sancerre; pour la validité duquel mariage, le duc Jean, alors prisonnier en Angleterre, envoya sa procuration, à l'effet d'autoriser Marie de Berry, son épouse, à doter le futur époux du comté de Montpensier, qui provenoit de son chef, et confirmer les autres clauses du contrat.

Au bout de dix ans, la dauphine Jeanne mourut sans enfants, et elle laissa par testament au comte de Montpensier la jouissance des biens qu'elle lui avoit apportés en mariage.

En 1442, le 15 février, fut passé le second contrat de mariage, entre Louis de Bourbon, comte de Montpensier, et Gabrielle de La Tour, avec dispense du pape Eugène IV, attendu la parenté qui existoit entre les deux conjoints.

Deux jours avant que le comte se remariât, le duc Charles de Bourbon lui avoit donné en partage, par acte daté d'Issoire, le comté de Montpensier et la seigneurie de Combrailles, avec tous les droits et actions qui lui appartenoient sur les comtés de Clermont en Auvergne et de Sancerre, ainsi qu'aux baronnies de Mercœur, de Charenton et autres, tout cela à charge de réversion tant à la famille de La Tour, pour les biens provenant de la femme, qu'à la famille de Bourbon, pour ceux du mari, à défaut d'hoirs mâles, issus d'eux ou de leur postérité. Nous n'avons rapporté ces faits que pour jeter plus de clarté sur le procès intenté plus tard au connétable et à sa sœur, sur la succession. Du reste les historiens donnent peu de détails sur les actions de ce chef de la branche de Montpensier. En 1483, Louis assista au sacre de Charles VIII, où il représentoit le comte de Flandre, et mourut trois ans après (1486). Il fut inhumé dans la chapelle Saint-Louis de l'église d'Aigueperse en Auvergne, qu'il avoit fondée et dotée de vingt-six chanoines.

Louis n'eut point d'enfants de sa première femme Jeanne, dauphine et comtesse de Clermont.

De la seconde, Gabrielle de La Tour, il laissa :

1° GILBERT, comte de Montpensier, qui suit;
2° JEAN de Bourbon, dont il est fait mention au contrat de mariage de sa sœur. Il mourut immédiatement après, sans postérité.
3° GABRIELLE de Bourbon, mariée à Mont-Ferrand le 9 juillet 1485, à Louis de La Trémouille, comte de Guines et de Benon, vicomte de Thouars, prince de Talmont, baron de Craon, seigneur de Sully, de l'île Bouchard et autres lieux, premier chambellan du roi, amiral de Guienne, etc., etc. Ce prince est un des héros dont peut se glorifier la nation françoise, comme Gabrielle fut l'ornement de son siècle et de l'église par ses vertus, sa rare piété et son amour maternel. Voici le fait. Louis de La Trémouille eut un fils de la plus haute espérance, tenu sur les fonts de baptême par Charles VIII, qui lui donna son nom. Ce jeune prince, à qui son père avoit conféré le titre de prince de Talmont, fut tué au côté du roi, à la bataille de Marignan, livrée en 1515. Gabrielle, pénétrée de douleur, mourut peu de temps après au château de Thouars, le 30 no-

vembre 1516. Cette princesse, comme nous l'avons dit, étoit un modèle de vertu, de sagesse, et même de savoir. Elle composa plusieurs ouvrages de piété, entre autres le Voyage du Pénitent, le Temple du Saint-Esprit, les Contemplations de l'Ame dévote sur les mystère de l'incarnation et de la passion de Jésus-Christ. Quant au seigneur de La Trémouille, après avoir servi successivement sous les rois Louis XI, Charles VIII, Louis XII, et François I, s'être trouvé en plus de cent combats, toujours honoré des plus hautes fonctions, il termina sa glorieuse carrière à la bataille de Pavie, le 24 février 1524, en tombant percé de coups aux pieds de son roi, qu'il défendoit avec le courage du lion. Il a laissé une postérité qui n'a pas dégénéré de ses ancêtres.

4° CHARLOTTE de Bourbon, mariée à Wolfart de Borselle, seigneur de La Vère, en Hollande, et comte de Boucan en Écosse. Il n'y eut que deux filles de ce mariage, dont l'une, nommée Anne, est la tige des seigneurs de Recours, dits de Lens et de Licques.

II.

GILBERT DE BOURBON,

COMTE DE MONTPENSIER, ARCHIDUC DE SESSE DANS LE ROYAUME DE NAPLES, DAUPHIN D'AUVERGNE, SEIGNEUR DE MERCOEUR ET DE COMBRAILLES, ETC.; GOUVERNEUR DE PARIS ET DE L'ILE-DE-FRANCE, ENSUITE VICAIRE ET LIEUTENANT-GÉNÉRAL POUR LE ROI DE FRANCE AU ROYAUME DE NAPLES ET DE SICILE.

ARMOIRIES.

Comme son prédécesseur.

Du vivant de son père, il étoit qualifié Comte-Dauphin; c'est à ce titre qu'étant encore jeune il siégea parmi les princes du sang aux états-généraux de Tours en 1467. Il n'avoit que vingt-deux ans lorsque Louis XI, qui l'avoit déja distingué parmi les jeunes guerriers de son âge, le nomma lieutenant-général de ses armées en Bourgogne. Il gagna une bataille à Bussi, sur les communes et la noblesse réunies; et, bientôt après, la défaite des Bourguignons à Cluni, où cinq mille hommes des leurs restèrent sur le champ de bataille, vint ajouter aux succès du jeune comte, qui continua de servir Louis XI avec le même zéle, et concourut aux succès des guerres de Flandre, d'Artois et de Picardie contre les Bourguignons.

Charles VIII n'eut pas moins à se louer de Gilbert, qui étoit devenu comte de Montpensier après la mort de son père, arrivée en 1486. Pendant les troubles suscités par les ducs d'Orléans et de Bretagne, il fut établi lieutenant-général pour le roi en Bretagne et en Poitou. On lui dut la prise importante de Parthenay, du château de Saint-Aubin du Cormier, et de la ville de Dol; et lorsqu'à l'époque de 1489, le roi de Castille, partisan des princes rebelles, menaçoit la France d'une invasion, ce fut encore le comte de Montpensier, envoyé pour lui tenir tête, qui l'empêcha de pénétrer dans le Roussillon, et qui fit échouer les tentatives de ce nouvel ennemi.

(1494.) Pour récompense de ses services, le roi l'établit gouverneur et lieutenant-général de la ville de Paris, et des provinces de l'Ile-de-France et de Brie: mais il n'eut pas le temps de remplir cette charge, ayant été désigné pour accompagner Charles VIII à l'expédition de Naples, avec le commandement de l'avant-garde, fonction si importante, qu'elle n'étoit ordinairement confiée qu'au connétable. Il est certain que les succès éclatants qui signalèrent le commencement de cette campagne, et la conquête du royaume de Naples, furent dus principalement à la valeur du comte de Montpensier; car le roi, se trouvant obligé, par la trahison de ses alliés, de revenir en France, l'établit vice-roi, et lieutenant-général pour gouverner en son absence: il l'avoit peu auparavant créé archiduc de Sesse; et cette dignité étoit une des premières du royaume conquis.

Si le courage seul eût suffi pour surmonter les obstacles, le comte de Montpensier auroit conservé le royaume de Naples; la réputation des chefs qui commandoient sous ses ordres, la valeur de ses soldats, bien supérieure à celle des troupes italiennes, tout auroit répondu du succès; mais Charles VIII, ou plutôt son conseil, laissèrent périr cette brave armée, faute de recrues, de solde, et de subsistances.

Le comte de Montpensier s'étoit établi dans la capitale, d'où il veilloit au salut de toutes les provinces du royaume. Tout ce qu'on peut attendre d'un chef expérimenté fut mis en usage pour conserver la conquête; mais que pouvoit faire Montpensier, contre la haine et la vengeance des Italiens, contre la mutinerie et l'indiscipline de ses propres troupes, et contre les pièges dont il étoit environné de toutes parts? Obligé d'évacuer Naples et de se retirer au Château-Neuf, il lutta pendant quatre mois contre la disette et les maladies contagieuses, attendant les secours sans cesse promis et qui n'arrivoient jamais. Il ne pouvoit pas tenir plus long-temps sans voir ses compagnons mourir de faim et de misère, ni rassembler ses troupes éparses dans les différentes places du royaume, faute de moyens suffisants pour les payer et les nourrir: il demanda donc à capituler, promettant de remettre les châteaux, et de se retirer avec les siens en Provence, s'il n'étoit secouru dans l'espace de trente jours.

Ce terme expiré, au lieu de rendre la place, il profita de la négligence de l'ennemi, et s'embarqua de nuit avec deux mille cinq cents hommes, ne laissant que trois cents hommes pour garder la place, et se réfugia à Salerne, où il rétablit ses troupes exténuées de faim et de fatigue. De là, il fut rejoindre un corps d'armée que commandoit un des généraux sous ses ordres, et se vit bientôt à la tête de cinq à six mille hommes, avec lesquels il osa tenir la campagne contre Ferdinand, roi dépossédé, et les troupes du pape. Un secours que lui amenèrent les Ursins, qui tenoient le parti de la France en Italie, le rendoit prépondérant. Il obligea même Ferdinand à reculer devant lui. Quelques succès obtenus en Calabre, dans les Abruzzes, et dans la capitale ajoutoient à l'espoir de conserver la conquête; mais le manque d'argent et de subsistances étoit toujours le même; les brillants exploits des François, qui disputoient le terrain pied à pied, et se procuroient des vivres au péril de leur vie, n'aboutissoient qu'à retarder le dénouement. C'est dans cet état de choses que se termina l'année 1494.

(1495.) Au commencement de l'année suivante, Montpensier envoya en France Étienne de Vesec, pour solliciter un prompt secours, faute duquel la conquête étoit perdue sans retour. Charles VIII eut honte d'abandonner ainsi un prince du sang et une brave armée à la discrétion d'un ennemi furieux et vindicatif. Le sage duc de Bourbon, Pierre II, qui s'étoit d'abord opposé à l'expédition de Naples comme injuste et ruineuse, fut d'avis dans le conseil de soutenir la gloire du nom françois: tout étoit préparé pour secourir efficacement le comte de Montpensier; mais l'intrigue d'une part, et d'un autre côté la crainte de perdre le monarque, dont la santé étoit chancelante, firent échouer ce noble projet.

Montpensier, à la nouvelle qu'il reçut de ce triste événement, prit la ferme résolution de terminer ses malheurs par une victoire décisive ou par une mort glorieuse. Rassemblant toutes ses forces, il chercha son ennemi; plus il marquoit d'empressement pour le joindre, plus Ferdinand évitoit le combat. Tout jeune qu'il étoit, ce prince avoit pris Fabius pour modéle: il ne campoit que sur des hauteurs, harceloit sans cesse le vice-roi, sûr de triompher bientôt d'une armée valeureuse, mais réduite à la plus fâcheuse extrémité.

Malgré la tactique habile de Ferdinand, Montpensier se vit sur le point de réparer ses malheurs : il avoit surpris les ennemis à l'instant où ils s'attachoient au pillage de la petite ville de Frangète-di-Monte-Forte. La victoire étoit à lui, lorsqu'un de ses généraux nommé Persy, qui avoit pris sur les troupes un ascendant funeste, osa détourner publiquement les Suisses et les Allemands d'obéir au vice-roi. Ils ne cédèrent que trop aux conseils du traître, et Montpensier, furieux et désespéré, se vit obligé de rétrograder. Après plusieurs marches savantes au moyen desquelles, quoique sans cesse harcelé par l'ennemi, il avoit toujours su se tirer d'affaire avec bonheur, il arrive à Atella avec l'espoir de gagner Venouse, ville forte, située dans un pays fertile et abondant, où il auroit pu rafraîchir ses troupes et attendre du secours. En cet endroit, l'armée des confédérés se présente à lui plus tôt qu'il ne s'y attendoit. Il falloit combattre : l'intrépide Bourbon et le brave Virgile-des-Ursins, commandant les troupes italiennes, vouloient fondre sur l'ennemi, dont ils auroient eu bon marché avec des troupes aguerries et poussées par le désespoir, lorsque le perfide Persy vint encore s'opposer à ce dernier effort. Ainsi le général et la gloire de la nation françoise furent sacrifiés en cette occasion à la jalousie et à la vengeance d'un subalterne.

Enfin Montpensier, attaqué à-la-fois par Ferdinand et les Italiens conjurés pour sa perte, enfermé dans les montagnes, abandonné des Allemands, réduit à un petit nombre de François découragés, luttant depuis deux mois contre la faim et la soif, car l'ennemi lui avoit coupé jusqu'aux eaux, fut obligé de capituler, et de signer le traité d'Atella, que l'historien Comines compare à tort à celui des fourches caudines, conclu dans le même lieu et dans de pareilles circonstances. Le traité d'Atella étoit plus honorable sans doute : on y stipuloit une trêve de trente jours, pendant laquelle Ferdinand seroit tenu de fournir jour par jour à la subsistance des troupes. Au bout de ce terme, le vice-roi devoit évacuer le royaume par terre et par mer, avec armes et bagages, l'artillerie seule exceptée ; il devoit aussi donner ordre à tous les commandants françois de remettre aux Napolitains les places qu'ils gardoient, sauf Tarente, Venouse et Gaëte, qui resteroient aux François pour sûreté des conditions ; et il s'engageoit à livrer des otages ; mais il fut dit que les otages ne répondroient point de l'exécution de l'article relatif à la remise des places.

Si les conditions du traité eussent été bien remplies, Montpensier se seroit véritablement retiré avec les honneurs de la guerre. Mais, d'un côté, les commandants françois refusèrent d'y souscrire pour ce qui les regardoit; d'un autre côté, Ferdinand, en possession de son ennemi, exigea la remise des trois places que le vice-roi s'étoit réservées par le traité; et ce prince criant à la trahison, se vengea cruellement: sous prétexte que les vaisseaux qu'il avoit promis n'étoient pas prêts à partir, il dispersa les troupes vaincues entre Baies et Pouzzoles, dans des quartiers malsains; les maladies, suites de la disette, se répandirent parmi elles et en emportèrent les deux tiers. Les François et les Suisses seuls tenoient encore : il ne dépendoit qu'à ces derniers de se dérober au fléau destructeur, en s'attachant, comme les Allemands, au service de Ferdinand; mais ils préférèrent de rester attachés aux François : de treize cents qu'ils étoient, à peine en resta-t-il trois cents. Montpensier fit tout ce qu'il put pour sauver les débris de son armée. Désespérant d'y parvenir, il résolut de périr avec ses braves compagnons d'infortune; et malgré les sollicitations du marquis de Mantoue, son parent, qui lui offroit un asile dans ses états, il ne quitta pas son armée. La mort le surprit à Pouzzoles, le 5 octobre 1495. Il mourut non pas de poison, comme nos historiens l'ont avancé, mais de la contagion, et fut enterré sans pompe sur le bord de la mer.

Montpensier est une victime de la mauvaise fortune : il avoit tout le courage des Bourbons, et des talents militaires supérieurs ; mais il fut abandonné de son roi et lâchement trahi par les siens. Sa mémoire, que les Italiens jaloux ont cherché à flétrir, à l'occasion de la capitulation des châteaux de Naples, ne sauroit en souffrir. Il avoit affaire à un ennemi cauteleux et perfide, et il dut agir en conséquence pour sauver la conquête dont la garde lui étoit confiée.

Avant de mourir, il fit son testament par lequel il institue ses héritiers, Louis, comte-dauphin, son fils aîné, et ses autres enfants, héritiers universels, sous la garde et la tutelle de son épouse, à la charge de payer ses dettes et d'avoir soin de César Bussato, chevalier napolitain, qui lui étoit toujours demeuré fidèle.

Gilbert avoit épousé, en 1481, Claire de Gonzague, fille de Frédéric de Gonzague, marquis de Mantoue. Cette princesse lui survécut de sept ans, et fut inhumée à ses côtés dans la chapelle de Saint-Louis d'Aigueperse en Bourbonnois.

Il eut de son épouse :

1° Louis II de Bourbon, dont il va être parlé ;
2° Charles III de Bourbon, comte de Montpensier, depuis duc de Bourbon, et connétable de France, qui aura aussi sa notice ;
3° François de Bourbon, duc de Chatellerault, pair de France, qui se distingua sous les ordres de son frère

Charles (le connétable), dans la guerre de Guienne, pour le recouvrement du royaume de Navarre. En récompense de ses services, le roi François I érigea, par lettres-patentes du mois de février 1514, la vicomté de Chatellerault en Poitou, en duché-pairie. La vérification de cet acte éprouva quelques difficultés. On voulut savoir si la vicomté de Chatellerault et les châtellenies dépendantes étoient d'une valeur suffisante pour soutenir l'éclat de la pairie, *afin*, dit Dutillet, *que la dignité ducale ne fût vilipendée.* Les revenus se trouvèrent conformes au titre.

Peu de temps après cette érection, le nouveau duc François fit le voyage d'Italie, et il combattit au côté de son roi, à la fameuse bataille de Marignan, contre les Suisses, où il mourut en héros le 13 septembre 1515. Ce jeune prince n'a jamais été marié. Messieurs de Sainte-Marthe parlent seulement d'une fille naturelle, ISABELLE de Bourbon, fiancée à Laurent Suarez, Espagnol, comte de Corunna, et frère du duc de l'Infantado. Ce fait n'est pas bien prouvé;

4° LOUISE de Bourbon, mariée en premières noces à André, seigneur de Chauvigny, dont elle n'eut point d'enfants; et en secondes noces, à Louis de Bourbon, prince de la Roche-sur-Yon, dont elle eut postérité qui forma la seconde branche de Montpensier, dont nous parlerons ci-après. Cette dame mourut fort âgée, le 15 juillet 1561, et fut enterrée à Champigny en Bourbonnois;

5° RÉNÉE de Bourbon, duchesse de Lorraine et de Bar, mariée à Amboise en présence de François I, le 26 juin 1515, à ANTOINE, duc de Lorraine et de Bar. Après la confiscation des biens du connétable de Bourbon son frère, elle obtint du roi la baronnie de Mercœur, et quelques autres seigneuries en Auvergne. Cette princesse mourut à l'âge de quarante-cinq ans, le 26 mai 1539, et fut enterrée dans l'église de Saint-Georges, à Nancy ;

6° ANNE de Bourbon, jeune et jolie princesse, mourut sans avoir été mariée, en Espagne, où elle avoit accompagné Germaine de Foix, reine d'Aragon, seconde femme de Ferdinand V, roi de Castille et d'Aragon.

III.

LOUIS II DE BOURBON,

COMTE DE MONTPENSIER, DAUPHIN D'AUVERGNE, ET SEIGNEUR DE COM-
BRAILLES, ETC.

ARMOIRIES.

Comme ci-devant.

Ce prince étoit à Lyon en 1496, et à la cour de Charles VIII, lorsqu'il apprit la mort de Gilbert de Montpensier, son père. Il prit aussitôt le nom et les armes de Bourbon-Montpensier. Ayant eu connoissance des lettres-patentes obtenues du roi par le duc de Bourbon, et Anne de France, en faveur de la princesse Suzanne, leur fille, duquel acte il résultoit que les biens de la maison de Bourbon, première branche, étoient réservés aux seuls en-enfants qui naîtroient du mariage de Pierre II avec Anne de France, à l'exclusion de tous autres; il forma opposition à l'entérinement de ces lettres, dans l'intérêt de la conservation des droits de sa branche.

Cette opposition, sur laquelle il ne fut pas statué

dans le temps, indisposa si fort contre lui le duc et la duchesse de Bourbon, qui lui avoient tenu lieu de père jusqu'alors, qu'ils résolurent de ne pas lui donner leur fille comme ils se l'étoient proposé d'abord. Ils la destinèrent au duc d'Alençon ; mais ce mariage n'eut pas lieu, par les raisons que nous rapporterons ci-après.

(1501.) Le roi Louis XII aimoit beaucoup le jeune Louis de Montpensier, en qui il apercevoit le germe des plus grands talents ; et, pour lui donner l'occasion de les développer davantage, il l'envoya en Italie, sous la conduite de Stuard d'Aubigny, guerrier d'une valeur et d'une sagesse reconnues, pour reprendre le royaume de Naples sur Frédéric successeur de Ferdinand d'Aragon. Les succès du jeune comte furent rapides. Dirigé par le sage d'Aubigny, il s'empara bientôt des principales places du royaume, et vint mettre le siége devant Capoue. C'est dans cette ville que, vû l'importance du poste, Frédéric avoit placé l'élite de ses troupes, sous les ordres de Fabrice Colonne. Voici sous quels traits l'ancien historien de Louis XII nous représente le jeune prince qui fait le sujet de cet article.

« Le seigneur de Montpensier, lequel estoit jeune,
« hardy, et bien adroit : là se trouvoit à tous heurts,
« tantost à cheval, et tantost à pied, et fit dure
« guerre aux Néapolitains, comme à ceux sur les-

« quels il vouloit par armes venger la mort de son
« père, que par poison (¹) avoient traistreusement
« faict mourir, dont plusieurs d'iceux, sous le bransle
« de sa main passèrent par la pointe du glaive. » Et il
ajoute : « qu'à un assault de la place il monta si har-
« diment, qu'avec les mains il s'attacha à un en-
« droit du rempart, et, l'espée au poing, combattit
« main à main avec ses ennemis, et reçut plusieurs
« coups de picque et de halebarde, sans jamais las-
« cher sa prise, et tant que des premiers fust au-de-
« dans du boulevart. »

Montpensier, demeuré en possession de l'ouvrage
qu'il avoit emporté, décida la victoire. Fabrice Colonne étoit amené à battre la chamade, lorsque les
soldats françois, profitant de la sécurité des assiégés,
continuèrent l'escalade, et la ville fut emportée
d'assaut en un instant. Les Italiens (entre autres
Guichardin, liv. V) font un tableau affreux des
désordres commis dans cette occasion ; et on peut
bien se les figurer. Montpensier, toujours généreux,
sauva autant de victimes qu'il put, et mit un terme
au carnage ; mais son expédition si brusque et si

(¹) L'opinion des historiens françois est que l'infortuné
comte Gilbert de Montpensier, dont nous avons donné ci-
dessus la notice (voyez page 237), fut victime de la perfidie
des Italiens, et périt par le poison. Comme ce fait n'est pas
prouvé, nous n'avons pas insisté. Cependant il paroit que
le comte Louis partageoit cette opinion.

digne de *la furia francese*, comme disoient alors les étrangers, eut un tel succès que tout fléchit à son approche, et qu'en moins de quinze jours, il entra en vainqueur dans cette ville de Naples, qui avoit été tour-à-tour le théâtre de la gloire et des humiliations de son auguste père. Ainsi le jeune comte de Montpensier remettoit, *en peu de temps*, la France en possession d'un royaume dont son illustre père avoit défendu la conquête au péril de sa vie; et Louis n'avoit que dix-huit ans.

En apprenant les détails de cette expédition, Louis XII déclara en présence de toute la cour qu'il devoit la conquête de Naples à la valeur de Montpensier; et pour l'encourager davantage, il avoit intention de lui faire épouser Germaine de Foix, sa niéce, et de lui mettre la couronne de Naples sur la tête; mais, comme l'observe Désormeaux, la destinée des princes de la première branche de Montpensier étoit de mériter les faveurs de la fortune et de ne les obtenir jamais.

Le jeune comte, à peine arrivé à Naples, s'arracha aux plaisirs que lui offroit cette ville voluptueuse, pour remplir un devoir sacré envers son père, enterré modestement sur le rivage de Pouzzoles. Il se rend en cet endroit, et ordonne un service solennel dans l'église du lieu. Cédant au desir de voir les tristes et précieux restes de l'auteur de ses jours, il fait ouvrir le cercueil en sa présence. A l'aspect que présente le corps livide et sanglant de son malheureux père, un saisissement subit s'empare de lui et le fait tomber sans connoissance. Arraché de ce funeste lieu par des serviteurs fidèles, une fièvre violente succéde à l'évanouissement, et il meurt au bout de quelques minutes victime de la piété filiale : exemple unique dans l'histoire, et donné par la seule famille des Bourbons! Les cendres de Louis, mêlées à celles de Gilbert, furent transportées en France et déposées dans le même tombeau à Aigueperse en Bourbonnois.

Louis, comte de Montpensier, est mort à l'âge de dix-huit ans, sans laisser de postérité, et il a eu pour successeur le célébre connétable de Bourbon, dont nous allons nous entretenir.

IV.

CHARLES III,

DUC DE BOURBON, D'AUVERGNE ET DE CHATELLERAULT, COMTE DE CLERMONT EN BEAUVOISIS ET DE CLERMONT EN AUVERGNE, DE FOREZ, DE MONTPENSIER, DE LA MARCHE ET DE GIEN; DAUPHIN D'AUVERGNE, PRINCE SOUVERAIN DE DOMBES, VICOMTE DE CARLAT ET DE MURAT, SEIGNEUR DE BEAUJOLOIS, DE MERCOEUR, DE BOURBON-LANCY, DE COMBRAILLES, D'ANNONAY, DE LA ROCHE-EN-RENIER, DE THIERS, ETC.; CHEVALIER DE L'ORDRE ROYAL DE SAINT-MICHEL, GOUVERNEUR DE LANGUEDOC ET DE MILANOIS, PREMIER PRINCE DU SANG, PAIR, CHAMBRIER ET CONNÉTABLE DE FRANCE.

Les armes sont de Bourbon-Montpensier.

Charles de Bourbon, d'abord comte de Montpensier, puis duc de Bourbon, naquit le 17 février 1489; il étoit second fils de Gilbert, comte de Montpensier, et de Claire de Gonzague de Mantoue, et arrière-petit-fils de Jean I, duc de Bourbon, et de Marie de Berry. Orphelin à l'âge de douze ans, son éducation fut perfectionnée à Moulins, dans le palais de ses ancêtres, par les soins de Pierre II, duc de Bourbon, son parent, et de Madame, fille de Louis XI, qui l'avoit pris en amitié, et qui lui tint constamment lieu de mère. Le sieur de Marillac, son secrétaire, dans le fragment qu'il nous a laissé de la vie de ce prince, nous peint en ces termes les premiers exercices de son enfance : « Elle (Madame) bien faisoit nourrir et entretenir « ledit comte Charles, lui faisant apprendre le latin à « certaines heures du jour, et quelquefois à courir la « lance, picquer les chevaux, tirer de l'arc où il étoit « fort enclin, autrefois aller à la chasse ou à la vo- « lerie, et aussi en tous autres déduits et passe-temps « où l'on a accoutumé d'induire les grands seigneurs. « A tout ledit comte Charles s'adonnoit très bien de « faire tout ce où il se vouloit employer, comme à « jeune seigneur de bonne nature et de bonne incli- « nation, et qui dès sa naissance a apporté cette « grace qui est don spécial de notre Seigneur : au « point qu'il a été affable à tous les gens, et n'est « aucun qui le regarde qui ne l'aime volontiers. » On lui donna aussi des leçons de tactique militaire ; et il s'attacha plus particulièrement à cette étude.

Le jeune Montpensier dont la santé étoit vigoureuse, la figure noble et gracieuse, l'esprit vif et perçant, et les sentiments généreux, devint en peu de temps le cavalier le plus accompli du royaume. Les peuples du Bourbonnois et de l'Auvergne, qui le voyoient croître sous leurs yeux, se félicitoient de l'avoir un jour pour maître; car alors il se trouvoit le chef de la branche royale de Bourbon, Pierre II, déja fort âgé, n'ayant de son épouse qu'une fille unique, Suzanne de Bourbon. C'est à procurer ce bonheur à la famille de Montpensier, et principalement aux habitants de l'intéressante province du Bourbonnois, qui ne souhaitoient rien tant que de rester sous la domination de leurs princes chéris, que tendoient les efforts de la duchesse ainsi que du prince de la Roche-sur-Yon, cousin et tuteur du jeune comte. Mais Pierre II vivoit encore, et les prétentions du comte Louis de Montpensier, frère de Charles, dont la mort étoit récente, l'indisposoient tellement, qu'il s'étoit engagé sur sa parole de donner sa fille en mariage au duc d'Alençon, et de lui substituer tous ses biens. Heureusement le duc de Bourbon vint à mourir, ce qui aplanissoit une partie des difficultés; car, il faut le dire, la branche cadette de Montpensier avoit toujours été la moins avantagée dans tous les partages. Des actes authentiques, notamment celui de Louis XI, avoient porté de grandes atteintes à ses droits : la branche aînée allant s'éteindre faute d'hoirs mâles, il étoit à craindre que la couronne ne revendiquât la possession du Bourbonnois. Le mariage de Charles de Montpensier avec Suzanne, unique héritière du dernier duc, pouvoit parer à tout inconvénient, et c'est à ce point que l'on se fixa. Les talents du prince de la Roche-sur-Yon et les graces touchantes du jeune comte, qui prodiguoit à sa tante les marques de la plus vive reconnoissance et du respect le plus mérité, joints à l'amitié que la duchesse avoit pour un neveu si parfait, aplanirent toutes les difficultés. Il faut observer que Madame, duchesse de Bourbon, n'étoit pas elle-même sans avoir des prétentions contraires à celles de la branche de Montpensier; mais les raisons convaincantes produites par le tuteur du jeune comte, et plus encore l'intérêt qu'elle portoit à son noble élève, firent tant d'impression sur son esprit, que, non seulement elle abandonna ses prétentions, mais qu'encore elle lui procura tous les moyens de faire valoir les siennes. Pour cet effet, aussitôt après la mort du duc Pierre, elle lui fournit tout ce qui lui étoit nécessaire pour paroître à la cour avec honneur, lorsque avant de prendre possession de son duché, il lui fallut, suivant l'usage, faire la prestation de serment avec foi et hommage. Le roi, de son côté, sans lequel on ne pouvoit rien conclure dans une affaire aussi importante, donna son consentement au mariage proposé. Il fit plus; il dicta lui-même les conventions matrimoniales qui furent telles: 1° que les deux époux se feroient une donation mutuelle et générale de tous les biens en faveur du survivant; 2° que les enfants qui naîtroient du mariage hériteroient de tous les domaines de la maison de Bourbon; 3° qu'au défaut d'enfants la succession entière seroit dévolue à François, Monsieur de Bourbon, frère unique de Montpensier; 4° le comte de Montpensier assignoit un douaire de dix mille livres de rente à son épouse sur le Bourbonnois, etc.; enfin le roi détruisoit la clause de reversion à la couronne, insérée frauduleusement dans le contrat de mariage de Pierre II et d'Anne de France, en renonçant pour lui et pour ses successeurs à tous droits sur les biens de la maison de Bourbon. La duchesse douairière, de son côté, voulant cimenter de plus en plus la grandeur de ses enfants, leur fit présent du comté de Gien, de la vicomté de Chatellerault, et de la basse Marche, ainsi que des autres biens qu'elle tenoit de la libéralité de Louis XI et de Charles VIII. « Après tant de précautions, dit Désormeaux, qui eût pu prévoir que les droits de la branche de Montpensier dussent être attaqués un jour? Mais les mesures de la sagesse n'ont jamais été qu'une foible barrière contre la cupidité, armée du crédit et de la force. »

Cet acte combloit les vœux de cinq provinces entières; aussi fut-il célébré au château du Parc, près Moulins, le 10 mai 1505, en présence de toute la cour, avec la même pompe que celui des têtes couronnées. La duchesse douairière et le prince de la Roche-sur-Yon eurent lieu de s'applaudir de leur ouvrage; car jamais union ne fut plus belle que celle-là, et pourtant les graces n'habitoient pas dans la nouvelle épouse, que l'historien nous dit avoir été *laide et contrefaite*; mais elle étoit si douce, si modeste, si dévouée à son époux, que celui-ci, fidèle à l'honneur et au devoir, la traita toujours avec considération, et même avec une extrême complaisance.

Le premier soin du jeune prince, à peine âgé de seize ans, fut de parcourir les vastes domaines dont son mariage le mettoit en possession. Il fit le voyage accompagné de son auguste belle-mère et de son épouse ; et ce voyage fut un véritable triomphe. Reçu par-tout au milieu des acclamations des peuples, enchantés d'avoir un Bourbon pour maître, il sut mériter les sentiments de zèle et d'amour qu'il ne devoit alors qu'à son nom et à ses ancêtres. Juste, généreux, sensible, accueillant avec la même bonté le pauvre et le riche, lisant les requêtes, redressant les torts, corrigeant les abus, il laissa par-tout les traces de son esprit de justice et de sa bienfaisance.

(1506.) Louis XII, cédant aux vœux de la France, venoit d'accorder madame Claude, sa fille aînée, héritière du duché de Bretagne et du Milanez, au comte d'Angoulème (depuis François Ier), héritier présomptif de la couronne, et la célébration du mariage fut indiquée à Tours et se fit avec la plus grande pompe. Le duc de Bourbon se rendit des premiers à cette imposante cérémonie. Aussi magnifique dans les représentations, que libéral envers ses sujets, il parut avec un cortége brillant et nombreux environné des chefs de la noblesse de ses domaines et de ses principaux officiers, qui lui composoient une cour peu inférieure à celle d'un monarque. Des tournois et des fêtes terminèrent ce grand acte, et Bourbon en donna lui-même aux nouveaux époux, dans lesquelles il fit paroître son adresse et son courage.

Cependant le duc ne soupiroit qu'après des combats réels. Il avoit pris pour devise un cerf-volant, avec le mot *penetrabit*. Les événements répondirent bientôt à son attente.

(1507.) La ville de Génes, par l'effet des intrigues, venoit d'échapper à la France : Louis XII partit à la tête d'une nombreuse armée, pour remettre cette ville sous sa dépendance, et il emmena avec lui le jeune Bourbon. C'est dans cette première expédition, où les Génois, après avoir soutenu deux combats très meurtriers furent obligés de se soumettre au vainqueur, que Bourbon jeta les fondements de sa réputation. Il avoit pour maîtres les La Trémoille, les Bayard, les Louis d'Ars, et les d'Alégre. Jamais on ne vit de prince plus appliqué, plus avide de connoissances, plus passionné pour la gloire; rien n'échappoit à sa vue: projets de campagne, marches, campements, détails sur les subsistances et la discipline, il saisissoit tout d'un coup d'œil; et le soir, retiré dans sa tente, il écrivoit le résultat des conférences qu'il avoit eues avec les officiers supérieurs, comme avec les officiers inférieurs. Cet excès de travail faillit lui être fatal. Il tomba dangereusement malade à Gênes. Il étoit à peine rétabli, qu'il recommença ses exercices: il fallut l'obliger de retourner en France pour prendre du relâche et refaire sa santé. C'est alors que le 17 novembre 1508, il prêta serment au parlement, comme pair de France, accompagné de FRANÇOIS, MONSIEUR, son frère.

De Paris, il se rendit à Lyon, pour présenter ses hommages au roi, et de là à Chantelle en Bourbonnois, où les deux duchesses de Bourbon l'attendoient. Il visita de nouveau ses terres, toujours accompagné de sa belle-mère, qui l'assistoit de ses conseils et lui inspiroit cet esprit noble et relevé dont elle avoit elle-même donné tant de preuves lorsqu'elle gouvernoit l'état. C'est alors que, tenant les états de ses provinces, il prononça ces belles paroles: « Qu'il entendoit préserver ses subjets de tout « trouble et exaction, mesmement de ces juges et « officiers, dont les méfaicts tombent sur la con- « science du seigneur qui les y souffre. » Et il obtint des états un don de cent mille livres pour l'indemniser de ses dépenses à l'armée, car jusqu'alors le roi ne lui avoit encore rien donné.

(1509.) Cependant la fameuse ligue de Cambrai s'étoit formée entre le pape Jules II, l'empereur, la France, et le roi d'Espagne, pour accabler la république de Venise qu'il eût peut-être été plus avantageux de s'attacher. Louis XII retourna en Italie avec une armée de quarante mille hommes, accompagné du duc d'Alençon, du duc de Bourbon, du comte de Vendôme,, du prince de la Roche-sur-Yon, du duc de Lorraine, de Gaston de Foix, La Trémoille, Trivulce, Chaumont, La Palisse, et Bayard, qui tous commandoient sous ses ordres. Bourbon, avoit amené avec lui cent hommes d'armes et autant d'archers bien équipés; il fut mis à la tête de deux cents gentilshommes pensionnaires du roi, troupe formidable qui, avec les servants, formoit un corps de deux mille hommes. C'est avec cette division, au moment où la bataille d'Aignadel étoit le plus engagée, et la victoire encore incertaine, que le duc, ainsi que La Trémoille, reçoit l'ordre de déborder l'avant-garde et de charger la cavalerie de l'Alviane, général ennemi, qui contenoit l'armée françoise. Percer les haies et les vignes, traverser un ravin profond malgré le feu le plus terrible, fut l'ouvrage d'un instant. La cavalerie de l'Alviane, enfoncée de toutes parts, est obligée de se replier sur l'infanterie, qui, troublée de ce mouvement, et enveloppée par les renforts arrivés successivement aux François, se voit livrée sans défense à un horrible carnage.

Après le roi, qui avoit fait preuve de la plus grande valeur, nul chevalier n'eut plus de part à la victoire que le duc de Bourbon. Ce prince fut armé chevalier des mains du monarque, sur le champ de bataille; mais ce fut toute la récompense qu'il eut alors. Son secrétaire Marillac nous dit que, malgré le zéle qu'il avoit montré et quatre-vingt mille livres qu'il avoit dépensées dans cette expédition, « néan- « moins le dict roy oncques luy donna un escu d'avan- « tage, ni en croissance de pension, ni en bienfaict, « ni autrement, et si ne luy dict un seul grand mercy « du service qu'il luy avoit rendu ce jour de bataille. » Plusieurs historiens attribuent cette parcimonie d'é- loge et d'argent de la part de Louis XII à la pré- vention, et même à un noir pressentiment des maux que le jeune duc devoit causer un jour à la France. Il échappa même au roi de dire : « Qu'il aimoit « Bourbon, mais qu'il auroit desiré luy voir une « ame plus franche, plus gaie, plus ouverte; *rien* « *n'est pire*, ajoutoit-il, *que l'eau qui dort.* »

(1512.) Cependant les prétendus alliés de Louis, le pape, l'empereur, le roi d'Espagne, qui s'étoient servis de lui pour abattre la puissance des Vénitiens, réunis aux Anglois, ne tardèrent pas à tourner leurs armes contre la France pour lui arracher le fruit de ses conquêtes : force fut alors au roi d'employer le duc de Bourbon, qui jouissoit déja d'une grande réputation parmi les gens de guerre. On l'envoya donc en Guienne pour s'opposer à Ferdinand V, et sur-tout aux Anglois qui menaçoient d'une descente. Cette expédition ne fut pas heureuse pour notre jeune duc. D'abord la désunion se mit entre lui et le duc de Longueville, gouverneur de la province, et favori de Louis XII. (C'étoit le jeune comte de Dunois, descendant du fameux bâtard d'Orléans sous Charles VII). Il commandoit en chef : et alors pour la première fois Bourbon commença à faire paroître toute la fierté de son caractère. Il déclara que, en qualité de prince du sang, il ne devoit obéir qu'au roi. Le duc de Longueville résista ; en conséquence, l'autorité se trouva partagée et affoiblie, et Ferdinand, roi d'Arragon, profita des circonstances pour s'emparer de la Navarre. Louis XII, instruit de la division survenue parmi les chefs, envoya à l'armée le comte d'Angoulême, devenu duc de Valois, héritier de la couronne, pour commander en son nom à tous les deux; mais il étoit trop tard : le plan de campagne qu'avoit conçu le duc de Bourbon ne fut point mis à exécution, et la Navarre resta au pouvoir des Espagnols, sans qu'on pût en imputer la faute à d'autres qu'au duc de Longueville. Louis XII étoit si persuadé que le duc de Bourbon avoit fait son devoir, qu'il disposa en sa faveur du gouvernement de Languedoc, et lui destina la conduite de l'armée qu'il préparoit pour conquérir de nouveau le Milanois, dont les ennemis s'étoient emparés.

(1613.) Cependant le duc de Bourbon, aussi sage que vaillant, après avoir comparé les ressources qu'on lui donnoit pour vaincre avec les obstacles probables, ne jugea pas à propos d'accepter un emploi qui ne lui offroit aucune chance de réussite. La Trémoille, plus confiant, et à qui l'on avoit promis le double des troupes proposées au duc, s'en chargea; et, malgré son expérience et ses grands talents, perdit l'armée qu'on lui avoit confiée, à Novarre d'abord, puis à la déroute de Guinégaste. Cette défaite, qui ouvroit la France aux Suisses par la Bourgogne, et à l'empereur Maximilien du côté de la Picardie, répandit l'alarme par-tout. Bourbon fut rappelé à la défense de l'état. Vers le nord, il aida à contenir les ennemis, qui, au moyen de ses mouvements calculés avec la plus grande justesse, bornèrent leurs succès à la prise de Terouenne et de Tournai, quoiqu'ils n'eussent pas moins de cinquante mille hommes de ce côté.

Pendant que la Picardie étoit attaquée, la Bourgogne se trouvoit en proie aux Suisses et aux Allemands. La Trémoille résistoit encore, assiégé dans Dijon, et réduit à faire un traité honteux pour sauver le reste de la province; traité qui fut bientôt désavoué par le roi. Dans cette extrémité, on jette les yeux sur l'intrépide Bourbon, et il est envoyé en Bourgogne avec un pouvoir illimité. Ici on ne peut trop admirer la sagesse et la modération de La Trémoille, gouverneur de cette province, qui, après avoir gagné lui-même des batailles dès sa plus tendre jeunesse, ne fit pas difficulté de se soumettre dans sa province à un jeune homme de vingt-quatre ans; et ce fut le salut de la France.

(1513.) Bourbon, de son côté, aidé d'un si grand homme, se livra à des travaux infatigables pour garantir du danger de l'invasion une province dénuée de places fortes, et n'ayant que de foibles ressources. Tout est mis en usage pour animer le zèle des habitants; tout est fourni en un instant, hommes, armes, artillerie, munitions, et la Bourgogne devient impénétrable aux Suisses. Il y a plus; La Trémoille n'avoit aucuns fonds pour payer les troupes, et il étoit forcé de fermer les yeux sur leurs déprédations. L'habitude de piller n'étoit pas aisée à détruire; Bourbon, aidé de La Trémoille, en vint à bout; et, au moyen de sages règlements et de la fermeté qu'il déploya en cette occasion, tout rentra bientôt dans l'ordre.

Une pareille conduite, qui valoit des batailles gagnées, ouvrit les yeux de Louis sur le mérite du duc de Bourbon; déja il lui destinoit l'épée de connétable, avec le commandement suprême de l'armée d'Italie, lorsque la mort vint arrêter au milieu de ses projets un monarque qui, pour avoir acquis le titre de *Père du peuple*, n'ambitionnoit pas moins la gloire de conquérir des nations.

(1515.) Le duc de Bourbon étoit à Moulins, où il venoit de célébrer les fêtes de Noël, lorsqu'il apprit la maladie et bientôt la mort du roi. Il s'empressa d'aller présenter ses hommages au nouveau roi (François I), qui n'avoit pas attendu son arrivée pour lui donner une marque signalée de son estime et de sa confiance, en le déclarant CONNÉTABLE de France [1], ce que le duc apprit en route par Marillac son secrétaire.

Pénétré de reconnoissance pour son souverain, Bourbon se rendit en hâte auprès de lui. La première entrevue ne pouvoit être que très agréable à l'un et à l'autre. François avoit su depuis long-temps apprécier le mérite du nouveau connétable, et celui-ci reconnoissoit dans son prince le modèle de l'honneur et de la chevalerie; aussi Bourbon fut-il de suite confirmé dans ses dignités et dans ses gouvernements. Heureux tous les deux, si la suite eût répondu à d'aussi beaux commencements!

Le nouveau connétable parut au sacre, où il représenta le duc de Guienne, avec une suite de

[1] Il étoit le troisième prince de la maison de Bourbon, honoré de cette importante et première dignité de l'état.

deux cents gentilhommes, tous richement habillés. Nul prince ne fixa plus que lui les regards de la multitude. Son air noble et majestueux, la magnificence de son costume, estimé plus de 100,000 fr., et plus encore l'éclat de sa réputation, le distinguoit des autres princes, et le rendoit presque l'égal du monarque.

Le premier acte du duc de Bourbon, en qualité de connétable, est une ordonnance concernant les gens de guerre. Aidé dans ce travail par les lumières et l'expérience des maréchaux de La Trémoille et de Chabannes, de Louis d'Ars et du chevalier Bayard, il la rédigea et la fit agréer au roi, pour être exécutée dans tout le royaume. Cette pièce, qui porte l'empreinte de la sagesse et de la vigilance, et dont la plupart des dispositions ont été adoptées depuis par nos rois, est trop longue pour être citée ici textuellement. Nous en donnerons seulement une idée d'après l'original, rapporté dans un recueil d'ordonnances des rois de France par Fontanon, Paris 1611, in-folio, t. III, p. 82 et suivantes. Elle est au nom du roi, mais signée seulement du connétable et de son secrétaire Pétide, et porte la date du 20 janvier 1514, à la Ferté-sous-Jouarre.

L'ordonnance se compose de quarante articles.

1° Le premier exige que les compagnies d'ordonnance soient toujours au complet.

2° Le second défend à aucun homme d'armes de changer de compagnie sans l'agrément et l'acceptation des capitaines, sous peine d'être banni à jamais des ordonnances.

3° Le troisième fixe à huit chevaux chaque lance fournie, savoir, quatre hommes d'armes, deux ou quatre archers. Cet article veut en outre que les compagnies en temps de paix tiennent garnison dans les villes closes.

4° En route, les fourgons sont permis aux capitaines seulement et aux lieutenants porteurs d'enseignes.

5° Cet article, très important, fixe la quotité, la qualité, et la valeur des rations qui seront données par étape aux troupes, la manière de faire les fournitures en route ou même en campagne; la police à exercer pour empêcher le pillage sur le *bon homme* (c'est ainsi que l'ordonnance appelle les paysans). Pour cet effet, les compagnies sont toujours sous la surveillance d'un commissaire des guerres, qui est chargé du paiement et des fournitures de vivres; d'un prévôt pour suivre les détachements et les faire vivre en *bon ordre* et *police*.

6° Les articles suivants, 6 et 7, ont rapport à la sûreté des pays où séjournent les troupes.

7° Les articles 8 et 9 veulent qu'avant de déloger, le capitaine fasse sonner à son de trompe pour avertir les habitants du lieu de présenter le mémoire de ce qui peut leur être dû, particulièrement par les gens d'armes, pour qu'ils soient payés, et que les ustensiles ou meubles prêtés soient rendus sur-le-champ.

8° L'article 10 défend à tout homme d'armes d'avoir aucun valet ou page au-dessous de l'âge de dix-sept ans.

9° L'article suivant ordonne que les hommes d'armes ou archers reconnus pour être *noisifs, renieurs de Dieu, de mauvaise vie, paillards, ou batteurs de gens*, soient cassés sur-le-champ, et punis suivant l'exigeance des cas.

10° Les articles suivants de douze à vingt ont rapport aux enrôlements, aux congés de semestre, à la paie et autres objets de détail. Suivant l'article 19, les capitaines, lieutenants, ou enseignes ne sont tenus à résidence que quatre mois de l'année; et, par l'article 20, qui revient sur les précédentes dispositions, les commissaires chargés de la police, feront payer sur-le-champ aux gens d'armes, aux archers les denrées qu'ils auront reçues, et dont le prix est ainsi fixé. Pour un mouton, 5 sous tournois, en rendant les peaux, les pieds, et le suif; pour une poule, 4 deniers tournois; pour un chapon, 10 deniers; pour le pain, le vin, l'avoine, suivant le prix commun du marché. Les séjours en route sont d'une seule journée, et les étapes de quatre lieues.

11° L'article 21 accorde à chaque lance fournie de huit hommes un mouton par chaque maison, et le reste en proportion.

12° Par l'article 22, la peine de mort est prononcée contre les pillards et contre les capitaines, les commissaires, et même les habitants qui auroient favorisé le pillage.

13° Les articles suivants ont rapport aux abus que les gens de guerre se permettent pendant la route.

14° L'article 28 ordonne que chaque archer, coustellier, ou page, porte la livrée de son capitaine. (C'est peut-être là l'origine de l'uniforme dans les troupes.)

15° L'article 30 fixe le temps des congés et semestres à accorder en temps de paix; car en guerre il est dit que tout homme d'armes qui le demandera, excepté dans le cas de maladie, pourra l'obtenir; mais il sera sur-le-champ rayé des ordonnances.

16° Les articles 32 et 33 autorisent les capitaines à priver d'une partie de sa paie ou même à casser l'homme d'armes qui, après avoir été averti deux fois, se trouvera mal monté ou mal habillé. Le capitaine pourra aussi casser un homme d'armes mal vivant, pourvu que ce ne soit pas sous de faux rapports; et en tous cas l'appel du jugement devant le connétable ou les maréchaux est réservé au militaire déchu.

17° Le roi défend, par l'article 35, à aucun homme de mener filles avec lui, pas même sa femme; celles qui seront jugées nécessaires (les vivandières) ne pourront avoir chevaux, ânes, ou mulets, mais elles iront à pied. En cas de contravention, le premier passant est autorisé à les mettre à terre, et à s'emparer de leur monture.

18° Les articles 38, 39, et 40 sont relatifs à la promulgation et à l'observation de la présente loi.

Nous nous sommes un peu étendus sur cet article, parceque le connétable attachoit beaucoup d'importance à cette pièce, qu'il regardoit avec justice comme son ouvrage. Aussi un des plus grands reproches qu'il faisoit au gouvernement, lors de sa défection, étoit d'avoir négligé l'exécution de son ordonnance.

(1515.) Cependant François I venoit d'hériter des projets comme du trône de Louis XII. Il devoit recouvrer le Milanois et venger la honte des journées de Novarre et de Guinegaste. Il comptoit pour ennemis le pape, l'empereur, roi d'Espagne, et ces terribles Suisses, jadis alliés des François, et qui défendoient alors l'Italie. Gênes aussi avoit échappé à la France. Bourbon, sans sortir de son palais, gagna le magistrat suprême de cette république versatile (Octavien Frégose), et la bannière de France fut rétablie sur les murs de Gênes avec autant de facilité qu'elle en avoit été abattue deux ans auparavant.

A cette heureuse nouvelle, François I marcha vers les Alpes avec toutes les forces de son royaume. L'armée ne comptoit pas moins de soixante mille combattants, mais les alliés en avoient davantage. Plein du noble desir de vaincre, Bourbon commandoit l'avant-garde en sa qualité de connétable de France ; le roi venoit ensuite avec le corps de bataille, et le duc d'Alençon, premier prince du sang, dirigeoit l'arrière-garde. Trois souverains, huit princes du sang, dont sept de la maison de Bourbon, faisoient partie de cette brillante armée. Le connétable, chargé de préparer l'entrée des Alpes, étoit fort embarrassé. Deux routes conduisoient en Italie, mais elles étoient gardées par les Suisses, auxquels il falloit passer sur le ventre, ou périr au milieu des rochers et des fondrières dont ce pays est hérissé. Un hasard heureux, procuré par un simple paysan, facilita l'entreprise, et Bourbon en profita en homme habile.

Il s'enfonça sous la conduite de son guide au milieu des montagnes, dans la vallée de Barcelonette, à travers les rochers de Roque-Sparviore, de Saint-Pol, et de l'Argentière ; et, avec des fatigues inouies, des dangers effrayants, environné d'horribles précipices, il parvint à dompter les Alpes, comme autrefois Annibal, et en déployant la même opiniâtreté de courage. La première division de l'avant-garde arriva à Ville-Franche, où se trouvoit Prosper Colonne, un des plus habiles d'entre les généraux ennemis, qui se trouva surpris dans son camp, en plein jour, sans que personne pût soupçonner la marche de l'armée françoise.

Étonnés et confondus à la nouvelle incroyable de ce premier succès, les Suisses et les Impériaux abandonnèrent le Pas-de-Suze, Coni, ainsi que le Piémont, et se replièrent sur Milan. On eût peut-être écrasé l'armée ennemie dans sa retraite, si l'on avoit suivi le conseil du connétable.

Déja on avoit pris Novarre, Vigevano, Pavie. Aymar de Prie, commandant une division dirigée sur le Milanois par Gênes, s'étoit rendu maître d'Alexandrie et de Tortone; mais le roi, cédant à des raisons de prudence et d'humanité, préféra la voie de la négociation. Il fit des offres si généreuses aux Suisses, que ceux-ci, éblouis par l'appât de l'or, consentirent à se détacher de l'alliance, et à se retirer dans leur pays, laissant les François en possession du duché de Milan; mais tout ceci n'étoit qu'une feinte. Tandis que François I se reposoit sur la foi du traité, presque conclu, avec les Suisses, ceux-ci, par une ruse qui sembloit éloignée de leur caractère, ne songeoient qu'à surprendre les François; mais le connétable avoit tout prévu et tout disposé pour les bien recevoir.

Averti à temps par le capitaine Combault, gentilhomme bourbonnois, placé aux avant-postes, que les Suisses débouchoient de Milan et s'avançoient à pas lents vers la plaine de Marignan, dans l'intention de combattre, il eut bientôt mis sa division en mouvement. Le roi, surpris d'une attaque si subite et si peu attendue, se porta de sa personne à l'avant-garde, où, voyant les sages dispositions qu'avoit prises le connétable, il les approuva, et retourna au corps de bataille, pour soutenir l'effort des ennemis.

Nous n'entrerons pas dans les détails de la bataille de Marignan, une des plus célèbres qui se soient jamais livrées, et que le général Trivulce appeloit avec tant de raison *un combat de géants*. Elle commença le 13 septembre 1515, et ne se termina que fort avant dans la journée du 14. Les Suisses vaincus perdirent vingt mille hommes; le reste ne se retira qu'avec peine du champ de bataille, et en jetant sur les François des regards furieux. Dans cette mémorable action, François Ier mérita la palme de la valeur, et Bourbon celle du génie militaire. C'est à l'intrépidité du premier que l'on dut la gloire d'enfoncer cette terrible infanterie suisse jusqu'alors invincible; c'est le plan de défense sagement imaginé par Bourbon et exécuté avec autant d'art que de sang froid, qui détermina le succès et fixa la victoire. A l'avant-garde, le connétable soutint le premier l'effort de toute l'armée ennemie :

il revint plus de vingt fois à la charge contre l'infanterie suisse qui se tenoit aussi immobile qu'un rocher. Son frère, le duc de Chatellerault, le prince de Carency, le brave Imbecourt, le comte de Sancerre, la plupart des capitaines du corps d'armée de Bourbon périrent les armes à la main; lui-même, repoussé, démonté, et enveloppé, il alloit éprouver le même sort, lorsque dix à douze cavaliers du Bourbonnois et de la Marche le dégagèrent et lui sauvèrent la vie aux dépens de la leur.

François Ier, au centre, se battit en chevalier intrépide; son bras fut fatal à un grand nombre d'ennemis. Si les Suisses étoient inébranlables, le roi de France ne le fut pas moins : il ne perdit pas un pouce de terrain pendant plus de huit heures que dura la première action. Grace à la bonté de ses armes et à la valeur des braves dont il étoit entouré, il échappa à la mort. Mais on sait, qu'épuisé d'un combat si terrible, ayant ses armes faussées de coups de pique et de hallebarde, succombant sous le besoin du repos et de la soif, il eut pour lit un affût de canon; et qu'un peu d'eau bourbeuse lui servit de boisson. Le lendemain 14, le combat ayant recommencé se termina, comme nous l'avons dit, par la déroute des Suisses, qui se retirèrent dans leur pays et laissèrent l'armée royale en possession du Milanois. Dans cette circonstance, les Bourbons s'illustrèrent par des exploits vraiment dignes d'éloges.

Le duc de Vendôme eut plusieurs chevaux tués sous lui ; et le comte de Saint-Paul ne fut pas plus ménagé. François I, dans l'enthousiasme que lui inspiroit sa victoire, d'autant plus glorieuse qu'elle avoit été plus chèrement achetée, écrivoit à la régente, sa mère : « Et vous veux encore assurer que mon frère « *le connétable* et M. de Saint-Paul ont aussi bien « rompu bois que gentilshommes de la compagnie, « quels qu'ils soient ; et de ce, j'en parle comme ce-« lui qui l'a vu, car ils ne s'épargnoient non plus que « sangliers échauffés. » Le fruit de cette victoire fut la conquête du Milanois et la capitulation du château de Milan, que le duc Maximilien Sforce rendit au roi, après vingt jours d'un siége que la valeur de Bourbon, aidé du génie de Pierre de Navarre, rendit mémorable. On auroit tiré un meilleur parti de cette brillante expédition, si le roi de France ne se fût pas laissé prendre aux artifices du pape, avec qui il eut une entrevue à Boulogne. Cette entrevue triompha de la bravoure françoise et prépara les revers qui alloient bientôt suivre les succès. Bourbon fit tout ce qu'il put pour engager le roi à poursuivre sa conquête ; mais il fut traversé dans ses vues par le chancelier Duprat, qui, bientôt après, devint son persécuteur.

(1516.) Après avoir passé trois mois dans le Milanois, François Ier revint en France, laissant le connétable à Milan avec le titre de lieutenant-général, mais avec les pouvoirs de vice-roi. Dans cette nouvelle position, n'ayant qu'un corps de sept cents lances et de six mille lansquenets pour contenir l'Italie, ce prince eut besoin de tout son génie pour résister pendant une année entière aux efforts de l'empereur Maximilien, et à l'esprit inquiet des Italiens, qui ne voyoient dans les François que des vainqueurs orgueilleux et avides de leurs richesses. Charles, par sa sagesse, son application, et surtout par sa bravoure, vint à bout de triompher des obstacles, de détruire les préventions des Italiens, en rendant une exacte justice, et redressant tous les torts, d'intéresser les Suisses à la cause de la France, de déjouer les intrigues de Léon X, de repousser l'empereur Maximilien, et de conserver au roi le Milanois. Déja il méditoit la conquête de Naples, et se proposoit de venger la mort de son père et de son aïeul, arrivée dans ces fatales contrées, lorsqu'une intrigue de cour vint l'arracher à des triomphes que toute apparence de probabilité rendoit certains, pour le plonger, lui et sa patrie, dans un abyme de malheurs.

Ici commence une espèce de roman que la plupart des historiens semblent avoir adopté, et dont on n'est pas encore désabusé; c'est au moyen de ce roman qu'on croit trouver le nœud de l'intrigue dont nous parlons. On suppose que Madame, mère du roi (Louise de Savoie), duchesse d'Angoulême, conservant encore, à l'âge de quarante ans, sa beauté, sa taille svelte et élégante, n'avoit pas vu impunément le duc de Bourbon, lorsque, paré de sa jeunesse, de ses graces fières et martiales qui éclipsèrent tous les chevaliers du royaume, il brilloit aux tournois donnés pendant la tenue des états de Tours, sous Louis XII; et que, pour s'attacher un prince qu'elle adoroit, elle avoit d'abord mis tout en usage pour l'avancer, et pour aplanir les obstacles qui s'opposoient à ce que son favori fût revêtu de la première dignité de l'état, dans un âge où on fait encore l'apprentissage de la guerre. On ajoute que le caractère haut et fier du prince ne lui permit pas de répondre aux avances qui lui furent faites de la part d'une personne dont il railloit les penchants et méprisoit les mœurs, d'où l'on conclut que Louise de Savoie agit en amante outragée, et résolut de perdre un ingrat qui dédaignoit ses faveurs. Il y avoit en outre à la cour deux hommes parvenus à la plus haute fortune, l'amiral Bonnivet, d'une famille noble du Bourbonnois, dont les ancêtres avoient été domestiques des ducs de Bourbon, et qui lui-même étoit vassal du connétable pour les terres qu'il possédoit en fief; l'autre, natif de Gannat, aussi en Bourbonnois, d'une naissance obscure, mais arrivé par l'intrigue au poste éminent de chancelier du royaume. Les deux courtisans, assistés du maréchal de Châtillon, se prêtèrent à la vengeance de Louise de Savoie, dans l'espérance de succéder au crédit du connétable. Le roi lui-même, non content de négliger Bourbon à qui il devoit une partie de sa gloire, se rendit coupable d'une noire ingratitude, et prit part à la querelle de sa mère, sans connoître le motif qui la faisoit agir. Tout ceci, comme je l'ai dit, a bien l'air d'un roman, d'autant plus que Marillac, secrétaire du prince, ne parle nullement de ces amours prétendus. J'attribuerois la disgrace du connétable et les maux qui en résultèrent à d'autres causes, qui se développeront plus naturellement par la suite du récit. Quoi qu'il en soit, le duc fut rappelé, et le gouvernement du Milanois donné au comte de Lautrec, frère de madame de Châteaubriant, alors en faveur auprès de François I; et sans doute la mère du roi, prépondérante à la cour, contribua beaucoup à cette nomination. Le connétable revint en France sans se faire prier; et, à son retour, il fut reçu par le roi comme un prince qui lui avoit rendu de grands services. Ils se rencontrèrent à Vienne en Dauphiné; de là, ils vinrent ensemble à Lyon, puis à Moulins, où le prince reçut toute la cour pendant quatre à cinq jours avec une magnificence extraordinaire. Après le départ du roi, il se retira pendant quelque temps à Chantelle, dans le sein de sa famille, pour se délasser des fatigues de la guerre; puis il alla tenir les états d'Auvergne, afin de pourvoir, par de sages règlements, aux besoins de ses vassaux.

(1516.) Vers cette époque, le roi, qui ne pouvoit le porter à une plus haute dignité que celle de connétable, lui accorda la noble prérogative de créer des métiers par toutes les villes du royaume : c'étoit en quelque sorte l'égaler à l'héritier présomptif de la couronne. Il étoit déclaré dans l'édit : *Que c'étoit en considération de la vertu extraordinaire de Bourbon, jointe à la qualité de prince du sang, et non à cause de sa charge de connétable.*

Revenu à Paris, il accompagna le roi dans son voyage de Normandie et à Amboise. C'est en cet endroit qu'il aperçut les marques d'un refroidissement sensible à son égard. Il avoit à répéter le paiement des sommes avancées par lui pour le service de l'état pendant son commandement dans le Milanois ; plus, l'arrérage des appointements et pensions dont il jouissoit comme prince du sang, connétable, chambrier de France, et gouverneur du Languedoc. Il n'obtint que des réponses évasives ; et peu après, les traitements qu'il devoit avoir pour 1516 lui furent retirés. Bourbon ne daigna pas se plaindre, au contraire, il affecta plus de magnificence que jamais ; et pour faire voir que sa fortune étoit indépendante des graces de la cour, il recevoit tous les jours à sa table cette généreuse noblesse qui l'avoit aidé à vaincre, et dont il s'étoit concilié toute l'affection.

Anne de France, sa belle-mère, ne fut pas si complaisante. La fille de Louis XI, à qui, par politique, on conservoit encore quelque prépondérance dans le conseil, se plaignit hautement et voulut faire rendre justice à son fils, l'objet de sa tendresse : on promit tout, mais on ne tint point parole. L'aigreur et l'animosité augmentèrent de part et d'autre.

Une circonstance, qui sembloit devoir être heureuse, vint calmer pour un temps les chagrins du duc de Bourbon. Son épouse, Suzanne de Bourbon, devint enceinte et accoucha d'un prince qui apporta la joie dans la maison du connétable et parmi ses vassaux. Il se hâta d'envoyer au roi un de ses principaux officiers, pour lui porter cette heureuse nouvelle, et le prier de tenir son fils sur les fonds de baptême avec la duchesse douairière, sa belle-mère. François y consentit et se rendit avec sa mère et toute sa cour, alors la plus brillante de l'Europe. Le connétable alla au-devant du roi, escorté de cinq cents gentilshommes, les uns habillés à l'albanoise, les autres à l'espagnole, la plupart armés de toutes pièces, et donnèrent au roi, sur la route, les spectacles et les jeux auxquels il se plaisoit le plus. Le jour du baptême, qui eut lieu le 15 octobre 1517, Bourbon parut, suivi de ses gentilshommes, tous vêtus de velours et parés d'une chaîne d'or qui faisoit trois tours sur leur poitrine. Les fêtes qui suivirent le baptême durèrent quinze jours, pendant lesquels il y eut des tournois, des joûtes, des courses de bague, des illuminations, des bals et des festins somptueux. Le concours de la noblesse étoit si grand, que le château de Moulins et la ville ne purent contenir tout le monde : on fut obligé de dresser des tentes dans la place publique, dans les rues, et dans les jardins; et pourtant rien ne manqua : les ordres étoient si bien donnés, que les vivres et même les objets de luxe arrivoient de toutes parts en abondance.

Tant de magnificence étonna François I, il parut flatté de la générosité du connétable; cependant un sentiment jaloux se glissa dans son cœur, et il ne put s'empêcher de dire *qu'un roi de France auroit eu de la peine à en faire autant.* Cette parole ne fut pas perdue : Louise de Savoie et Bonnivet surent bien s'en servir ensuite. Celui-ci, sur-tout, récemment élevé à la dignité d'amiral par la faveur, affectoit de marcher l'égal des princes, et faisoit construire à Chatellerault un magnifique château qui dominoit sur celui que les ducs de Bourbon possédoient au même endroit, ce qui fit dire au connétable en présence de François I : *La cage est trop grande et trop belle pour un tel oiseau.* — *Vous n'en parlez que par envie,* reprit le monarque, piqué de cette attaque contre son favori. *Moi,* reprend le prince indigné, *j'envierois un gentilhomme, dont les ancêtres se sont trouvés trop heureux d'être les écuyers des miens!* Et cependant Bonnivet étoit de l'illustre maison de Gouffier.

Il faut avouer aussi que Bourbon, par son caractère hautain, ne contribua pas peu à sa perte. Il repoussoit avec humeur les saillies d'enjouement et de plaisanteries qui échappoient au roi. Un jour, François le raillant sur un attachement qu'on le soupçonnoit d'avoir eu pour une dame de la cour, le connétable répondit avec aigreur : MONSIEUR (c'est ainsi que les princes du sang appeloient le roi), *ce que vous dites là ne doit point me faire de dépit, mais bien à ceux qui n'ont pas été si avant que moi dans les bonnes graces de la dame.* Il faisoit allusion au roi lui-même, qui avoit aussi courtisé la personne. *Ah! mon cousin,* reprit François, *vous vous fâchez de tout, et vous êtes bien mal endurant.* Le sur-nom de *mal endurant* resta depuis au connétable. Dans le même temps, le chancelier Duprat qui desiroit d'acheter les terres de Thiers et de Thoury, appartenantes au connétable, fit des propositions que l'on rejeta avec le dernier mépris ; il n'en fallut pas davantage pour unir le chancelier Duprat à l'amiral Bonnivet et à Louise de Savoie.

Profitant de l'espèce d'antipathie que la différence de caractère avoit fait naître entre le roi et le duc, son premier sujet, ils représentèrent celui-ci comme dangereux. Maître et seigneur d'un vaste domaine, gouvernant cinq provinces de la monarchie, resté seul de tant de princes suzerains dont plusieurs avoient imposé des lois au monarque jusque sur son trône, joignant à ces imposantes dignités une fortune qui rivalisoit avec celle de la France entière et contrastoit singulièrement avec les répétitions d'argent dont il accabloit la couronne, enfin jouissant, comme guerrier, dans toute l'Europe, d'une réputation dont l'éclat offusquoit pour ainsi dire celle du monarque; qu'y avoit-il à attendre de lui, sinon qu'il remplaçât bientôt, vu son caractère superbe, les ducs de Bourgogne, dont le descendant immédiat (Charles V), tout jeune qu'il étoit, menaçoit d'envahir l'Europe; enfin on disoit que Bourbon, à l'exemple de ses prédécesseurs Charles I et Jean II, affectoit de se rendre agréable au peuple par une grande popularité, et aux gens de guerre par mille prévenances et par l'esprit frondeur dont il faisoit parade à l'occasion des prétendues déprédations de la cour et de la faveur accordée à ce qu'il appeloit des gens sans nom.

Il n'en falloit pas tant pour enflammer l'esprit d'un monarque puissant, alors dans la fleur de l'âge, le plus vaillant guerrier de son siècle, et qui, s'il ne possédoit pas au même degré que le duc la science militaire, ne lui cédoit en rien du côté de la bravoure et de la magnanimité. On concluoit de là qu'il falloit couper les ailes *à cet aiglon, afin de rabattre son vol;* et, par l'abaissement de sa puissance, completter l'ouvrage des prédécesseurs de sa majesté, en rompant le dernier anneau de la chaîne féodale qui luttoit corps à corps avec la monarchie depuis tant de siècles. Je crois que cet exposé suffit pour expliquer les préventions auxquelles le connétable se vit en proie dans la suite, sans mettre en jeu l'amour romanesque de la duchesse d'Angoulême, qui ne nous paroît rien moins que prouvé.

Le duc de Bourbon, de son côté, s'étoit retiré du conseil et vivoit dans ses domaines, s'occupant du bonheur de ses vassaux qui le chérissoient, comme ils avoient chéri les princes auxquels il succédoit; car il est prouvé que tous les ducs de Bourbon successivement se sont montrés *bons pères et bons maîtres.* C'est alors qu'il mit la dernière main à la rédaction de la Coutume du Bourbonnois commencée par Pierre II, et promulguée le 18 mars 1520.

(1520.) Malgré le refroidissement survenu entre le roi et le connétable, on ne put s'empêcher de lui donner, en échange de l'argent légitimement dû qu'on lui refusoit, quelques marques d'estime et de considération. La duchesse douairière de Bourbon fut choisie pour être la marraine du dauphin, avec le pape Léon X, représenté par le duc d'Urbin, son neveu; et Bourbon, invité à cette cérémonie, fut reçu avec la plus grande distinction. Il en fut de même à la fameuse entrevue de François I et de Henri VIII, au camp d'Ardres, si connu dans l'histoire sous le nom de *Camp du drap d'or*, à cause de la magnificence déployée en cette occasion par les deux monarques; mais on affecta de le choisir avec l'amiral Bonnivet pour accompagner le roi. Quelque honorable que fût la commission, une pareille accolade ne devoit pas lui faire plaisir.

(1521.) Toutes ces tracasseries de cour n'auroient peut-être rien produit sans le funeste événement qui vint changer l'existence du duc, et donner à ses ennemis les moyens de l'attaquer. Cet enfant, filleul de François I, et dont la naissance avoit été célébrée par des fêtes si brillantes, étoit décédé deux ans après sa naissance. La duchesse, depuis devenue enceinte, s'étoit blessée et avoit accouché de deux fils jumeaux, morts en naissant. Cet accident, joint au chagrin causé par les désagréments qu'éprouvoit son époux, acheva de ruiner sa santé délicate. Elle succomba à ses peines le 28 avril 1521, à l'âge de trente ans, et fut enterrée au prieuré de Souvigny. Son dernier soupir fut pour le connétable son mari, qu'elle avoit précédemment déclaré son héritier universel par testament daté de Montluçon, 1519.

Ces malheurs, qui devoient avoir des suites plus

funestes, n'empêchèrent pas le duc de marcher vers la frontière de Champagne pour défendre cette province attaquée par Charles V. C'est alors qu'il reçut un affront, que jamais il ne pardonna depuis. De temps immémorial, le commandement de l'avant-garde de l'armée françoise appartenoit au connétable, lors même que le roi étoit présent. On eut l'imprudence de confier ce poste important au duc d'Alençon, prince sans mérite, mais époux de Marguerite, fille de la duchesse d'Angoulême et sœur de François I. Charles de Bourbon se montra extrêmement sensible à une pareille injure ; mais il ne servit pas moins avec distinction pendant toute la campagne. On lui dut entre autres la prise de Hesdin, qui rendit nuls tous les efforts de Charles V. C'est dans cette ville, sauvée du pillage par ses soins, qu'il fit connoissance de la comtesse de Reux, dame en crédit à la cour de l'empereur, et qui contribua à sa défection, comme nous le verrons ci-après.

(1522.) A la fin de cette campagne, il se retira à Moulins, avec la douleur de voir ses avis méprisés et l'armée livrée à des conseils imprudents. Abreuvé de dégoûts, on alloit bientôt mettre le comble à l'injustice, en cherchant à l'attaquer dans la plus grande partie de ses biens.

La duchesse d'Angoulême étoit plus proche parente que lui de Suzanne de Bourbon ; et elle prétendoit en cette qualité à tous les domaines qu'avoit possédés Pierre II. A force d'examiner les titres de la maison de Bourbon, le chancelier Duprat, ennemi mortel du connétable, et très versé dans l'art de la chicane, crut apercevoir que, en abusant de quelques mots insérés dans les transactions, il viendroit à bout d'enlever au prince la brillante fortune dont il jouissoit, et de la transporter à la duchesse d'Angoulême ou au roi. Fier de sa découverte, il en fit part à la princesse, qui donna de grands éloges à son zèle, et entra dans toutes ses vues. Cependant elle crut devoir garder quelques mesures, et prévenir le connétable de l'intention où elle étoit de poursuivre ses droits en justice, lui laissant le choix du tribunal qui lui conviendroit. Un mariage pouvoit terminer le différend ; ce moyen fut proposé, et même approuvé par les amis du duc ; mais l'austère Bourbon rejeta ces avances avec un mépris très prononcé, disant qu'il préféroit l'honneur au bien, et qu'on ne lui reprocheroit jamais de s'être avili jusqu'au point de s'unir avec une *femme sans mœurs*. Il fit plus ; il rechercha l'alliance de madame Renée de France, seconde fille de Louis XII. Il étoit appuyé dans sa demande par la vertueuse reine Claude. Le roi lui-même paroissoit approuver cette alliance ; mais tout-à-coup les espérances du prince sont renversées et Madame lui est durement refusée.

La duchesse d'Angoulême de qui partoit le coup, furieuse de se voir dédaignée, arrache pour ainsi dire au roi la permission d'intenter action au parlement contre le connétable.

Nous n'entrerons pas dans les détails de cette cause, peut-être la plus célèbre qui ait jamais été plaidée devant aucun tribunal; nous nous contenterons d'en donner une idée juste. Il ne s'agissoit rien moins que de prononcer à qui appartiendroit la propriété du Bourbonnois, de l'Auvergne, de la Marche, du Forez, du Beaujolois, de la souveraineté de Dombes, du comté de Clermont en Beauvoisis, du duché de Chatellerault, etc., etc. Les parties étoient: le connétable, en possession non contestée jusqu'alors de ces immenses domaines, et propriétaire, par substitution, de tous les biens appartenant à la maison de Bourbon advenus en ligne collatérale; Louise de Savoie, duchesse d'Angoulême, mère du roi, la plus proche parente de la duchesse Suzanne de Bourbon, dont elle étoit cousine germaine, décédée sans héritiers; le roi lui-même, en vertu de la reversion à la couronne des fiefs concédés à cette charge. Le comté de la Marche, la seigneurie de Montaigu en Combrailles, les vicomtés de Carlat et de Murat paroissoient être dans ce cas; le duché d'Auvergne aussi, parcequ'il avoit été donné en apanage à Jean, duc de Berry, oncle de Charles VI, à charge de reversion, et que, suivant l'avocat du roi, c'étoit par subterfuge que Marie de Berry, fille de Jean, et duchesse de Bourbon, se l'étoit approprié. Quant au Bourbonnois et aux autres terres propres à la maison de Bourbon, on fondoit le droit de la couronne sur la fraude qu'avoit conçue Louis XI, au mariage de sa fille Anne, avec le sire de Beaujeu (Pierre II), lequel avoit consenti à la reversion en cas qu'il n'eût point d'hoirs mâles.

L'avocat Poyet, devenu depuis chancelier, parla pour Louise de Savoie; Lizet, avocat du roi, qui fut récompensé de son zèle par la place de premier président du parlement, soutint la cause du roi; enfin, Montbelon, que sa vertu porta bientôt à l'éminente fonction de garde-des-sceaux, fut le défenseur du connétable.

Le jugement d'un pareil procès seroit très difficile actuellement, à plus forte raison le devoit-il être dans un temps où les principes du droit n'étoient pas encore bien fixés. Aux prétentions de Louise de Savoie, Montbelon opposoit, outre la possession, 1° l'arrêt rendu en 1211 par Philippe-Auguste, qui déclare la seigneurie du Bourbonnois indivisible, et l'adjuge à Archambaut VIII, à l'exclusion de sa sœur utérine; 2° celui de 1282, en faveur de Béatrix, femme de Robert, comte de Clermont, qui consacre encore l'indivisibilité du Bourbonnois; 3° Le contrat de mariage de Jean I, duc de Bourbon, avec Marie de Berry, dans lequel l'exclusion des filles à la succession est exprimée en termes formels ; 4° enfin, le contrat de mariage même du connétable, et les donations mutuelles pleines et entières stipulées par les deux époux et qui détruisoient toutes les prétentions qu'on pouvoit élever à raison des renonciations précédentes faites à différentes époques. Aux moyens relatifs à la réversion à la couronne, présentés par l'avocat Lizet, plaidant pour le roi, Monthelon répondit : 1° que le duché d'Auvergne n'étoit entré dans la maison de Bourbon que de l'aveu de Charles VI et de son conseil, sans préjudice des droits de la couronne, lesquels ne pouvoient s'exercer que par le défaut total d'hoirs mâles. 2° Parcequ'on lui opposoit le contrat de mariage de Pierre II avec Anne de France, il prouva qu'il n'avoit jamais été au pouvoir du sire de Beaujeu de priver la branche de Montpensier, issue comme lui de Jean I et de Marie de Berry, de l'expectative des biens auxquels elle avoit été substituée ; qu'il avoit même mis à couvert les droits de cette branche, par la clause *en tant que cela le touchoit ou pouvoit le toucher*, ce qui laissoit aux branches collatérales la faculté de revenir sur cet acte ; qu'enfin le même Pierre II, par la transaction de Chinon, avoit reconnu la substitution de la manière la plus solennelle ; 3° Et encore, parceque Lizet interprétoit une clause de l'acte par lequel Louis II, duc de Bourbon, appelle les rois de France à la substitution de ses grands biens, à défaut de postérité masculine, comme ne pouvant s'entendre que de la branche aînée seulement, et non des branches collatérales (la pièce latine porte ces mots: *primogenitum, et sic primogenito in progenitum*); l'avocat du connétable fit voir l'insigne mauvaise foi qui avoit dicté cette interprétation: d'abord parcequ'il n'étoit pas à supposer qu'un père, jaloux de la grandeur de son nom, consentît à déshériter ses hoirs mâles; ensuite, parceque la branche de Montpensier sortoit directement de Louis II et n'étoit collatérale qu'à l'égard des ducs de Bourbon. Si l'assertion de Lizet eût été fondée, la réversion se seroit faite à la mort de Jean II, décédé sans enfants légitimes, et même à celle de Pierre II qui ne laissoit qu'une fille. Mais Charles VIII et Louis XII avoient trop d'honneur pour faire usage d'une clause semblable, qui auroit pu tout au plus préjudicier aux droits des Bourbon-la-Marche. Enfin madame Anne de France intervint partie au procès, pour la répétition de ses droits matrimoniaux hypothéqués sur le Bourbonnois, et pour les sommes immenses qu'elle avoit avancées pour la liquidation des dettes dudit duché.

Les débats durèrent depuis le 26 février 1522, jusqu'au 6 août 1523 : ce jour-là, le parlement accorda un délai jusqu'à la Saint-Martin suivante; mais la haine active des ennemis du connétable ne s'accommodant pas de ces délais parvint à obtenir que le séquestre fût mis sur tous les biens en litige. Alors le connétable se trouvoit réduit à rien.

Pendant la durée de cette procédure, madame Anne de France, âgée de soixante ans, termina à Chantelle, le 14 novembre 1522, une carrière qu'elle avoit commencée d'une manière si brillante, mais dont la fin fut troublée par la perte de sa fille et par la situation pénible où elle laissoit son gendre, l'objet de sa prédilection. Aussi voulut-elle lui prouver sa tendresse jusqu'au dernier moment: elle laissa, par testament, à ce fils chéri tous ses biens, ses droits, et ses reprises à exercer, sans exception. Si Bourbon avoit voulu attendre, il pouvoit, en vertu de cet acte, exercer de telles reprises, qu'elles auroient absorbé le valeur de tout le Bourbonnois; mais il étoit poussé à bout: au lieu de se répandre en plaintes, il forma le projet de faire repentir son souverain de sa partialité, et de se noyer dans le sang de ses ennemis, dût-il périr lui-même.

(1323.) Avant de frapper le coup terrible qu'il méditoit, il voulut éclairer le roi sur le caractère odieux de sa mère. Le maréchal de Lautrec, frère de la favorite du roi, et son ami particulier, avoit perdu le Milanois moins par défaut de courage et de talents que par manque d'argent. On lui avoit promis quatre cent mille écus, et Madame, qui le détestoit, avoit détourné à son profit la somme en question. Bourbon eut avec François I, à Moulins même, une entrevue dans laquelle il lui présenta Lautrec, qui dévoila tout le mystère. Content d'avoir montré au roi l'abus qu'on faisoit de sa puissance, il en resta là pour le moment, et bientôt il reprit ses projets de vengeance.

Depuis la prise de Hesdin, il avoit continué d'entretenir une correspondance secrète avec la comtesse de Rieux qu'il avoit protégée alors contre la fureur du soldat. Cette dame étoit en faveur à la cour de Charles V; le connétable versa dans le sein de cette amie ses peines et son désespoir. Par ce moyen l'empereur ne manqua pas d'être instruit de tout. Attirer à sa cour et dans son parti un héros outragé, étoit un point trop avantageux pour être négligé. Adrien de Croï, seigneur de Beaurain, fils de la comtesse, fut chargé d'entamer une négociation avec le duc. Pour donner moins d'ombrage, il traversa le royaume déguisé en paysan, pénétra jusqu'à Chantelle, et apporta au connétable un traité qui portoit en substance: « Que l'empereur Char-
« les V donneroit à Charles de Bourbon sa sœur
« Éléonore, veuve du roi de Portugal, ou en cas de
« refus de la part de la princesse, son autre sœur,
« nommée Catherine. La future épouse devoit avoir
« en dot 200,000 écus, sans aucune restitution ; et
« le connétable lui assignoit pour douaire les reve-

« nus du Beaujolois. Il étoit dit que dans le cas où
« l'empereur et son frère mourroient sans enfants,
« tous leurs royaumes et seigneuries reviendroient
« à l'épouse du connétable. » A ce traité en étoit
joint un autre entre l'empereur et le roi d'Angleterre, où l'on avoit stipulé que l'Anglois pénétreroit par la Picardie, tandis que les Impériaux entreroient dans le Languedoc, et que le connétable feroit soulever en même temps les provinces du centre, qui étoient sous son commandement.

La récompense de Bourbon devoit être un royaume indépendant qu'on lui formeroit en France, tant de ses états particuliers, que de la Provence, sur laquelle il avoit d'anciens droits à faire valoir.

François I étoit bien éloigné de soupçonner un pareil accord. Il avoit résolu de passer les Alpes et de reprendre sur les Impériaux les provinces conquises au-delà des monts. D'après cette résolution, il devoit laisser le connétable en France, avec le titre de lieutenant-général du royaume, tandis que la duchesse d'Angoulême seroit déclarée régente, pendant l'absence du roi.

C'étoit livrer l'état aux vengeances du connétable, dans le plan duquel il entroit de se déclarer aussitôt que le roi auroit passé les Alpes. Heureusement François conçut quelques soupçons, ce qui lui fit changer ses dispositions. Par précaution, il ordonna au duc de se préparer à l'accompagner dans son expédition d'Italie.

Cet ordre imprévu fit sur l'esprit de Bourbon l'effet d'un coup de foudre. La violence des passions et le trouble dont il étoit agité, lui avoient aigri le sang; il tomba malade, et il demanda d'être dispensé de la campagne. Ces variations confirmèrent les soupçons du monarque qui résolut de s'éclaircir lui-même. Pour cet effet, il se rendit à Moulins accompagné d'une partie des troupes qu'il emmenoit avec lui.

Arrivé dans cette ville, qui présentoit l'apparence du calme, il monte au château, et trouve le connétable dans son lit. Ce prince, touché de l'état où il voyoit son ancien ami, écarte les témoins, lui parle avec bonté; et, ne lui laissant pas ignorer qu'il est instruit de ses liaisons secrètes avec l'empereur, il lui promet de lui faire rendre ses biens, déjà séquestrés, ou de l'en indemniser d'une manière dont il auroit lieu d'être satisfait.

Bourbon se seroit bien fié à la parole du roi, mais il avoit de justes raisons de craindre tout de la foiblesse d'un monarque circonvenu et livré à des conseillers trop artificieux, pour qu'il pût compter sur une semblable promesse. En conséquence, il dissimula, et promit à son tour de rejoindre l'armée du roi aussitôt que sa santé le lui permettroit.

François, satisfait de cette promesse, que pourtant il fit signer, se rendit à Lyon, laissant à Moulins un gentilhomme, nommé Warty, pour lui rendre compte de la santé du duc, mais en effet pour épier ses démarches. Celui-ci ne fut pas dupe de l'intention. Pour écarter un surveillant aussi incommode, il feignit de se mieux porter, et chargea Warty d'aller avertir le roi qu'il étoit résolu de le suivre. Il espéroit que le roi ne l'attendroit pas: mais François, impatient de tous ces délais, renvoya le même gentilhomme avec ordre de faire partir le duc de gré ou de force.

Cependant Bourbon étoit en route; il rencontra Warty à Saint-Gérand-le-Puy. Il affectoit toujours d'être malade, et se faisoit porter en litière. Enfin, arrivé à la Palisse, le mal redoubla en apparence, et Bourbon, d'une voix éteinte, dit à Warty : « Vous « voyez l'extrémité où je suis réduit; allez, informez « le roi du regret que j'ai de ne pouvoir lui rendre « de nouveaux services. » L'émissaire n'eut d'autre parti à prendre que d'aller de suite informer son maître qu'il étoit joué et trahi.

Cependant le prétendu malade ne perd pas de temps; il monte à cheval, gagne Chantelle, place très forte alors, et se dispose à une vigoureuse résistance. Mais l'infatigable Warty reparoît bientôt, au moment où on ne l'attendoit pas, annonçant qu'il étoit porteur d'une lettre du roi. *Vous me chaus-*

sez les éperons de bien près, lui dit le connétable. *Monseigneur*, répond Warty, *vous en avez de meilleurs que je ne croyois; vous ne veniez pas, il y a quelques jours avec cette diligence. Il est vrai*, répond le duc; *mais ayant appris qu'on vouloit attenter à ma liberté, j'ai fait un effort qui me coûtera peut-être la vie. Je veux ici confondre la calomnie; et je ne sortirai pas que le roi ne m'ait rendu justice.* D'après l'observation que fit Warty que les passages étoient interceptés, et que l'ordre donné ne pouvoit souffrir aucun délai. *Allez*, dit le duc, *portez ces lettres au roi, au Bâtard de Savoie, et au maréchal de Chabannes.* Sur le refus de l'envoyé, Bourbon lui dit d'un ton fier : *Faites ce que je vous ordonne.* Le gentilhomme, qui couroit risque d'être pendu aux crénaux de la forteresse, comme espion, ne se le fit pas dire deux fois, et se rendit à Lyon.

A la nouvelle de l'audace du duc, le roi s'écria : *Ah le perfide! ma bonté auroit dû lui crever le cœur; mais puisqu'il veut périr qu'il périsse!* Ce qui ajoutoit encore à l'indignation du roi, c'étoit la révélation entière des complots du duc, faite par deux des gentilhommes normands qui possédoient sa confiance. Une pareille découverte obligeoit le roi à prendre une mesure ferme et décisive. L'arrestation du connétable et de ses complices fut résolue; et le Bâtard de Savoie eut ordre de se porter sur Chantelle à la tête de quatre compagnies d'hommes d'armes (environ quatre mille hommes), et d'amener Bourbon mort ou vif. En deux ou trois jours tout le pays du Bourbonnois est inondé des troupes destinées pour l'Italie, et il ne reste à celui-ci, enveloppé de toutes parts, que la mort, en s'ensevelissant sous les ruines de Chantelle, ou la fuite à travers un espace de cent lieues, coupé, comme nous venons de le dire, par l'armée royale. Plusieurs des serviteurs du duc penchoient pour la résistance en attendant les secours des alliés; mais le connetable étoit trop instruit dans l'art militaire pour tenter une résistance impossible dans la circonstance.

Voici le parti auquel il s'arrêta : il écrivit d'abord au roi une lettre qui respiroit une franchise, on peut dire audacieuse. « Il sommoit, plutôt qu'il ne « prioit, le roi de lui faire rendre ses biens, auquel « cas seul il promettoit de le servir *bien* et *loyau-* « *ment*, et de le suivre par-tout où on voudroit le « mener. » Puis il remit son ultimatum à l'évêque d'Autun, Thuraut de Chiverny, qui osa se charger de cette négociation périlleuse. Arrivé à la Pacaudière, l'évêque fut arrêté, et paya par une longue prison son zèle téméraire; les papiers saisis et portés au roi augmentèrent son indignation. Voyant son projet manqué, le duc n'eut plus que le parti de la fuite; mais elle devenoit très difficile, pour ne pas dire impossible; cependant il lui falloit fuir ou devenir victime de sa démarche insensée.

La nuit du 7 au 8 septembre 1523 (Laval dit du 9 au 10), Bourbon sortit de Chantelle suivi de toute sa maison, et se rendit à Herment, petite ville d'Auvergne, où commandoit le seigneur de Lallières, dont l'attachement lui étoit connu. Il n'y resta qu'un jour, et se mit en route le lendemain, accompagné alors de toute sa maison et des serviteurs fidèles qui s'étoient offerts pour partager son sort; sur le soir, il eut avis qu'on étoit à sa poursuite : il crut donc plus prudent de se séparer de ses amis; mais, pour ne pas jeter l'alarme mal-à-propos, et pour donner le change à l'ennemi, il fit prendre ses habits et son cheval de bataille à Montagnac de Tensannes, et lui ordonna de conduire sa troupe à un lieu qu'il désigna, et de la congédier aussitôt : ce qui fut exécuté ponctuellement. Lui-même, accompagné du seul Pomperant [1], et sous les habits de domestique, ayant l'un et l'autre des chevaux ferrés à rebours, il s'enfonça dans les montagnes, pour gagner ensuite le Dauphiné, la Savoie, et la

---

[1] Pomperant étoit un gentilhomme plein d'esprit et de bravoure, qui, ayant eu le malheur de tuer en duel un favori de François I, étoit contraint à se cacher, et avoit trouvé un asile assuré après du duc. Nous aurons encore occasion d'en parler.

Franche-Comté, après avoir traversé le Rhône, au-dessous de Lyon.

Le voyage du connétable, à travers des contrées hérissées de troupes et de difficultés, ressemble fort à un roman. Dubellay dans son style naïf, nous en donne une description très détaillée, mais que sa longueur ne nous permet pas d'insérer ici. Il suffira de dire qu'après avoir passé deux fois le Rhône, et s'être soustraits à tous les dangers imaginables, le connétable et son fidèle compagnon arrivèrent à Saint-Claude en Franche-Comté, alors terre de l'Empire; là ils furent reçus par le cardinal de la Beaume, qui leur donna une escorte pour les conduire à Besançon, où ils trouvèrent les seigneurs de Lurcy, Lallières, Montbardon, Le Peloux, d'Espinasse, Le Péchin, Tensannes, et beaucoup d'autres, qui, à travers mille obstacles, étoient venus rejoindre leur *bon seigneur;* c'est ainsi qu'ils l'appeloient en lui faisant part de l'état douloureux où ils avoient laissé en partant les peuples de l'Auvergne et du Bourbonnois,

Ces bons serviteurs lui apportoient 100,000 fr., cousus dans leurs jacques (habillement de guerre en usage alors), et ils ne demandoient pas mieux que de le suivre au bout du monde.

Cependant François I.', vaincu par les prières et les larmes de la duchesse de Lorraine, sœur du connétable, et peut-être intimidé des suites de la défection d'un si grand capitaine, envoya deux fois en Franche-Comté un gentilhomme de sa maison, nommé Imbaut, pour offrir au connétable, 1° la restitution actuelle et entière de tous ses biens ; 2° le remboursement de sa créance sur le trésor royal ; 3° le rétablissement de ses pensions ; 4° une amnistie pleine et entière pour ses partisans, à condition qu'il reviendroit sur-le-champ servir l'état, auquel ses premiers serments le tenoient attaché.

Il étoit trop tard, et l'on finissoit par où il auroit fallu commencer. Aussi le fier Bourbon rejeta-t-il ces offres, à la sincérité desquelles il lui étoit presque impossible d'ajouter foi, tant que ses ennemis seroient tout-puissants à la cour. D'après son refus, Imbaut lui demanda de la part du roi l'épée de connétable et le collier de l'ordre de Saint-Michel.
« L'épée ! répondit Bourbon furieux, ne me l'a-t-il
« pas ôtée au voyage de Valenciennes, lorsqu'il a
« disposé du commandement de l'avant-garde en
« faveur de monsieur d'Alençon ? Pour le collier,
« on le trouvera à Chantelle, sous le chevet de mon
« lit. »

Dégagé des liens qui l'attachoient à la France, Charles ne songea plus qu'à mériter, par des services éclatants, l'accomplissement des promesses de l'empereur. Dans cette espérance, il part de Besançon suivi de quatre-vingts cavaliers, tous gentilhommes de l'Auvergne et du Bourbonnois, traverse une partie de l'Allemagne, et arrive en Italie, où il est d'abord reçu chez le marquis de Mantoue, son cousin germain, avec le même éclat que s'il eût tenu en main les destinées de l'Italie. Ce généreux parent lui fit présent d'équipages superbes, et le mit en état de soutenir son rang à l'armée.

De Mantoue, le prince se rendit à Plaisance. C'est dans cette ville que vinrent le trouver Lannoi, vice-roi de Naples, Pescaire, le duc d'Urbin, généraux de l'empereur, pour conférer avec lui sur les opérations de la campagne qui devoit bientôt s'ouvrir. Après que Bourbon leur eut fait part de ses plans, et les eut éclairés sur le fort et le foible des troupes françoises, il partit pour Gênes, où il attendit pendant plus de six semaines la réponse de Charles V, à qui il avoit dépêché Lurcy, pour l'avertir de sa situation, et prendre des ordres relatifs à sa conduite.

Charles V ne dut pas sans doute être très satisfait d'apprendre que le duc de Bourbon, ayant échoué dans tous ses grands projets, s'étoit vu contraint de prendre la fuite, et qu'au lieu d'un gendre puissant et redouté qu'il attendoit, il ne trouvoit plus en Bourbon qu'un homme proscrit et abandonné de ses concitoyens. Certes, il ne fut pas question de l'alliance du connétable avec Éléonore; ce n'étoit pas le moment de parler de mariage. Cependant Charles V acquéroit le premier capitaine de l'Europe, celui qui seul pouvoit remplacer le fameux Prosper Colonne : aussi n'hésita-t-il pas à le nommer son lieutenant-général en Italie, mais sans les pouvoirs de vice-roi ; et il lui donna pour adjoints (d'autres disent pour surveillants), Lannoi, Pescaire, et le duc d'Urbin, que nous avons déja nommés.

Quant à François I, qui avoit fait les plus grands préparatifs de campagne, effrayé de la découverte d'une conspiration tramée par un prince du sang, chéri de la noblesse et des gens de guerre, il n'osa pas sortir de ses états. Il garda même une partie de ses forces, pour être plus à portée de se défendre contre les partisans de Bourbon, que les Bonnivet et les Duprat supposoient plus dangereux et plus mal intentionnés qu'ils n'étoient. Avec les troupes disponibles, on se saisit sans peine du Bourbonnois, de l'Auvergne, du Forez, du Beaujolois, de la Marche, et de la principauté de Dombes ; et par tous ces pays, nombre de serviteurs et d'amis du duc furent arrêtés et confinés dans d'obscures prisons, jusqu'à ce que le parlement de Paris, saisi de l'affaire, en eût fait justice.

Les Bourbons parents du connétable, entre autres Vendôme, Saint-Pol, les comtes de Guise et de Lorraine, ne furent pas à l'abri du soupçon ; on ne les employa qu'avec une sorte de réserve. Mais leur conduite loyale et ferme éclaircit bientôt les nuages élevés contre leur fidélité. Enfin les richesses accumulées depuis plusieurs siècles dans les châteaux de Chantelle, de Moulins, de Montbrison, et autres, ainsi que les meubles qui, par leur magnificence, égaloient ceux de la couronne, furent enlevés et transportés dans les diverses résidences royales.

Ce n'étoit pas tout que de se garantir contre les ennemis intérieurs, si toutefois il en existoit, il falloit repousser l'ennemi extérieur prêt à envahir trois points de la France, et sur-tout suivre l'expédition du Milanois, ou se résoudre à perdre pour toujours ce beau pays, qui avoit déjà coûté tant d'argent et de sang. Le comte de Guise, époux d'une Bourbon, défendit la Champagne contre les Allemands, et le brave La Trémoille la Picardie contre les Impériaux et Anglois réunis.

Bonnivet, à la fin de l'automne, entra en Italie, à la tête d'une armée de quarante mille hommes, et avec la flatteuse espérance de mériter bientôt par ses exploits l'épée de connétable. Comme Bourbon étoit toujours à Gênes, attendant la réponse de l'empereur, il ne fut pas difficile à l'amiral de faire des progrès rapides; mais sa joie fut de courte durée.

(1524.) Pendant que les alliés du connétable étoient repoussés par-tout, que ses amis gémissoient dans les fers, il lui fut enfin permis de paroître à la tête des armées impériales. C'est maintenant qu'il va exercer à son tour le ministère de la plus terrible vengeance. On peut dire que jamais héros outragé ne la poussa plus loin ; pas même les Thémistocle et les Coriolan.

La France, pour satisfaire la haine d'une femme et combler l'avidité de deux courtisans, jaloux et sans mérite, perd plus de cent mille hommes ; des trésors immenses sont engloutis en Italie, et l'espoir de rentrer dans la possession du Milanois s'évanouit pour toujours; le connétable voit à ses pieds étendu son plus grand ennemi, et son roi subissant l'humiliation d'une longue et douloureuse captivité; lui-même, après une suite de succès éclatants, abreuvé de dégoûts et d'ennuis à la cour des Césars, se met à la tête d'une horde d'aventuriers barbares et sacrilèges, et va recevoir, pour prix de sa félonie et de son impiété, la mort, au sein même de la victoire, sous les murs de Rome, de cette vénérable cité que sa criminelle armée avoit juré d'anéantir. Quel sujet plus vaste et plus digne de l'épopée! Nous abrégerons pourtant notre récit, parceque les faits qui nous restent à rapporter sont connus, et que nous avons encore bien des choses à dire.

(1524.) Le premier exploit du duc dans le Milanois est de chasser Bonnivet, après avoir détruit son armée, et l'avoir mis lui-même hors de combat. C'est pendant qu'il poursuivoit les François par les bords de la Sechia, que le chevalier Bayard lui fit cette réponse devenue si célèbre dans l'histoire : « Monseigneur, dit le héros mourant au connétable qui lui adressoit quelques mots de consolation, ce n'est pas moi qu'il faut plaindre; je meurs en homme de bien : mais c'est vous, qui portez les armes contre votre prince et votre patrie. »

Pendant que Bourbon se couvroit en Italie d'une gloire dont il auroit dû gémir lui-même, François Ier croyoit se venger du prince rebelle en faisant saisir ses terres, et en ordonnant l'instruction du procès dirigé contre le chef et contre les complices de la conspiration.

Le parlement, après avoir procédé avec sa lenteur ordinaire, se contenta de prononcer la peine de mort contre le seul comte de Saint-Vallier, à qui le roi même fit grace de la vie. On fut plus sévère à l'égard des absents du royaume; ils furent tous condamnés à mort, et leurs biens confisqués.

Le jugement de Bourbon, étoit d'une bien plus haute importance, et il exigeoit des formes plus solennelles. A cet effet, le roi vint tenir son lit de justice à Paris, accompagné des princes du sang et des grands du royaume. Pierre Lizet, avocat-général, dans son réquisitoire sanglant, vouloit que ce prince fût condamné à mort sur-le-champ et sans forme de procès, attendu la notoriété de sa rébellion.

La cour ne fut pas de son avis; en conséquence, par un arrêt conforme au droit public, Charles de Bourbon, ci-devant connétable de France, est décrété de prise de corps, et des huissiers de la chambre sont envoyés à Lyon et à Moulins pour le sommer de comparoître devant le parlement. Il parut en effet, mais ce fut à la tête de son armée victorieuse. Il inspira tant d'effroi, qu'il ne fut plus question de le juger, mais bien de le repousser.

(1524.) Entré en France à la suite de Bonnivet et des François qu'il avoit battus et chassés de l'Italie, il vouloit diriger sa marche sur Lyon, persuadé que sa présence ranimeroit son parti consterné.

Déja Charles V et Henri VIII se partageoient en idée le royaume, et ils en assignoient à Bourbon une large portion. L'empereur devoit se saisir des provinces à sa bienséance; Bourbon, outre les domaines qu'il avoit possédés, auroit eu la Provence et le Dauphiné érigés en royaume, et Henri le reste de la dépouille, avec le titre de roi de France. Charles fournissoit les troupes, Bourbon son génie, Henri cent mille ducats par mois, jusqu'à l'entière conquête de la France. Un article du traité portoit que le connétable devenu roi, rendroit foi et hommage à l'Anglois. Bourbon étoit trop fier, lui qui n'avoit pas cédé au roi le plus grand de son siècle, pour s'abaisser ainsi devant un prince lâche et méprisable; aussi rejeta-t-il ce dernier article avec indignation, ce qui choqua le monarque anglois, qui ne mit plus dans cette expédition l'ardeur qu'il avoit témoignée auparavant.

Bourbon avoit alors tout espoir de réussir; mais d'une part la jalousie des Italiens, qui ne voyoient qu'avec peine les succès de l'empereur, et de l'autre l'ambition de Charles qui vouloit s'assurer l'empire de la Méditerranée, obligèrent le duc de renoncer à l'attaque de Lyon, pour s'attacher au siège de Marseille. On sait le résultat de cette opération, et avec quel courage les Marseillois se défendirent; on connoît aussi la constance invincible que Bourbon opposa aux contrariétés sans nombre et aux insultes même qu'il éprouvoit de la part des généraux de l'empereur, notamment du marquis de Pescaire. Certainement il auroit triomphé sans la lâcheté des troupes qu'il commandoit, et la mauvaise volonté des officiers qui ne rougirent point de l'abandonner au moment le plus décisif. Il fut donc obligé de quitter la partie, et de lever le siège au moment où François I, à qui on avoit laissé le temps de respirer, s'avançoit à la tête de quarante mille combattants.

Il se retira, mais en frémissant de colère, comme autrefois Annibal, à la vue de Rome qui lui étoit échappée, avec une armée affoiblie, et poursuivi sans relâche par le roi de France, qui pénétra en Italie par le Piémont dans le même temps que le connétable rentroit par le Mont-Ferrat. Ce fut à qui des deux armées gagneroit de vitesse pour s'emparer de Milan. Les Impériaux y entrèrent les premiers; mais ils furent obligés d'en sortir aussitôt pour ne pas se voir couper la retraite. Trop heureux d'avoir sauvé les débris de son armée, Bourbon, dans l'impossibilité de tenir la campagne, répartit ses troupes dans les places fortes du Milanois, pour se mettre bientôt en état de reprendre l'offensive. Le funeste conseil que l'on donna à François I de s'attacher au siége de Pavie, sauva la gloire du connétable, et lui fournit l'occasion du triomphe le plus éclatant.

Sûr de la bravoure éprouvée et des talents d'Antoine de Léve, soldat de fortune, qui s'étoit fait fort de retenir les François pendant tout l'hiver devant Pavie, il prit un parti bien hasardeux, mais qui lui réussit pourtant. Il manquoit de troupes, d'argent, et de crédit; il part après avoir prévenu de son projet Lannoi, et se rend à Turin, où il parvient à intéresser à son sort le duc de Savoie, qui, non seulement se détache de l'alliance des François, mais encore lui fournit de quoi remettre une armée sur pied. Aussitôt il vole en Allemagne où sa réputation le servit admirablement. Les lansquenets n'avoient pas oublié qu'ils avoient porté les armes sous lui en France. Sensibles à sa générosité, et sur-tout à sa franchise, ils accoururent en foule pour s'enrôler sous ses drapeaux. Bourbon étoit véritablement le père des soldats, à qui il prodiguoit les caresses et les graces; aussi le payoient-ils d'un tendre retour, et s'attachoient-ils à sa fortune, malgré les privations de tout genre auxquelles ils étoient souvent en proie.

Le duc, maître enfin d'une armée de son choix, repassa en Italie, et rentra dans le Milanois. Les deux généraux ses collègues, le voyant entouré de tant de braves gens, ne le regardèrent plus qu'avec une sorte de respect et déférèrent plus facilement à ses avis.

(1525.) Pendant que François I s'opiniâtroit au siège de Pavie, les Impériaux, commandés par Bourbon, se portoient sur Milan, dans l'espoir de reprendre cette ville ou d'obliger les François de quitter Pavie pour venir au secours des leurs. Ce stratagème ne réussit pas. Alors le connétable, assisté du vice-roi Lannoi et du marquis de Pescaire, s'avança à la tête d'environ vingt mille hommes de bonnes troupes pour combattre le roi. C'est le 24 février 1525 qu'eut lieu cette célèbre bataille, dite de Pavie; elle fut des plus funestes pour la France. François I y perdit sa liberté, huit mille hommes, la plus grande partie de son artillerie. Bourbon, qui commandoit les lansquenets, dispersa d'abord l'aile droite, puis se porta contre les Suisses, dont il fit un horrible carnage. L'aile gauche et une partie du centre entraînée par l'exemple du duc d'Alençon, s'étoit débandée. Le roi seul, à la tête d'une troupe d'élite, composée des François qui préféroient l'honneur à la vie, combattoit encore et chargeoit avec fureur tout ce qui s'opposoit à lui.

Il étoit réservé à l'implacable Bourbon de mettre fin à cette lutte sanglante. Il tombe sur l'escadron royal, le pénètre, le renverse, et porte la mort dans tous les rangs. Il cherchoit Bonnivet, et l'on peut penser avec quelle ardeur il se portoit à la poursuite de son mortel ennemi. Mais l'amiral lui échappoit par son courage. Jetant un coup d'œil sur le champ de bataille, jonché de morts et de mourants, il s'écrie : *Non, je ne saurois survivre à cette grande désaventure!* En même temps, il lève la visière de son casque, et se précipite au milieu des bataillons ennemis, où il reçoit la mort objet de ses vœux, il ne venoit que d'expirer, lorsque Bourbon toujours attaché à sa proie, arrive et le voit étendu à ses pieds : *Ah misérable!* dit-il, en détournant ses regards, *c'est toi qui es cause de la perte de la France et de la mienne.*

Cet acharnement du connétable contre Bonnivet, sauva la vie à François I, combattant seul encore contre une multitude d'ennemis qui déja se disputoient une aussi riche proie. Ses serviteurs étoient tous tués ou pris; son cheval, blessé mortellement, l'avoit entraîné dans sa chute. Malgré ses blessures le héros se relève; on lui crioit en vain de se rendre, il ne répondoit qu'en arrachant la vie à ceux qui le pressoient trop. C'en étoit fait de lui, si Pomperant, ce fidèle compagnon du connétable, ne l'eût aperçu à la hauteur de sa taille, à l'éclat de ses armes, et sur-tout à la vigueur des traits qu'il lançoit. Sur-le-champ, il écarte à grands coups d'épée les soldats prêts à s'élancer sur le monarque, et combat à ses côtés, tout en le suppliant de se rendre au duc de Bourbon. *Plutôt mourir mille fois,* dit le monarque, *que de donner ma foi à un traître. Où est le vice-roi?* Pomperant envoie chercher l'heureux Lannoi, qui reçoit l'épée du roi avec les marques du plus profond respect, et lui en remet sur-le-champ une autre pareille.

On dit que Bourbon fut témoin, à quelque distance, de la prise de François I. Quelque satisfaction qu'il dût éprouver alors de se voir vengé au-delà de ses desirs, il ne témoigna que de la modestie. Le soir même, il présenta au roi la serviette lorsqu'il alloit se mettre à table. Les uns ont dit que ce prince l'accepta; d'autres qu'il la refusa. On ajoute, que le lendemain le connétable eut la permission de rendre au roi ses hommages. Sa profonde soumission parut toucher François I; mais en général la dissimulation présida à cette entrevue. En effet, dans l'état où étoient les affaires, il ne pouvoit y avoir entre ces deux personnages, offensés également, aucun moyen de réconciliation; aussi je serois tenté de croire que cette entrevue est de l'invention des historiens.

Le premier soin de Bourbon, après un succès aussi éclatant, fut de songer à poursuivre son avantage, et à se former un établissement solide, soit en France soit en Italie. Il y auroit réussi sans doute, s'il eût été secondé par Lannoi; mais ce général, ébloui de sa fortune, ne songeoit qu'à faire échouer les projets de celui qu'il regardoit comme son rival. Sa politique lui fournit les ressources les plus adroites. Il vint à bout de tromper François I et le connétable. L'un, en lui proposant de le faire passer en Espagne pour traiter lui-même de sa rançon à des conditions plus modérées que celles qui avoient d'abord été proposées; l'autre en l'abusant sur le but du voyage du roi. Celui-ci n'eut pas plus tôt appris que son prisonnier lui étoit échappé, qu'il s'embarqua à Gênes avec tous les François de sa suite, et se rendit à Tolède auprès de l'empereur, qui lui prodigua les marques de la plus haute considération. Charles V, avec toute sa cour, alla le recevoir aux portes de la ville, le fit placer à sa gauche et le conduisit lui-même au palais qui lui étoit destiné.

(1525.) Ces distinctions prodiguées à un rebelle,

tandis que l'empereur n'avoit pas encore daigné visiter François I, renfermé étroitement dans un vieux château, furent mal reçues de la nation espagnole, naturellement sensible à la vraie gloire. Quand le connétable paroissoit en public, on se le montroit au doigt en disant : *Voici le traître à son roi.* Le marquis de Villena répondit à Charles V, qui lui demandoit son palais pour y loger Bourbon. « Je « n'ai rien à refuser à votre majesté; mais dès que « Bourbon en sera sorti, j'y mettrai le feu, comme à « un lieu souillé par la présence d'un traître, et in- « digne d'être habité par un homme d'honneur. » Ce qui dut affecter davantage le connétable, c'est que, dans le traité conclu à Madrid l'année suivante entre François I et Charles V, ses intérêts étoient réellement sacrifiés. Charles cessa de demander la Provence et le Dauphiné pour en former un royaume indépendant à Bourbon. Il l'obligea même de céder à François Éléonore, quoiqu'elle lui fût déja fiancée. En dédommagement de cette illustre alliance, François offroit au connétable sa propre sœur, duchesse d'Alençon; mais l'empereur n'avoit garde de consentir à une alliance qui, rouvrant à Bourbon les portes de sa patrie, l'auroit détaché de sa cause. En conséquence, il proposa l'investiture du Milanois, dont François Sforce se trouvoit alors presqu'entièrement dépouillé.

(1526.) Voilà donc où aboutit toute la vengeance

du connétable contre son souverain légitime. Dépouillé par François I de ses biens, et réduit à l'alternative de la révolte ou de la misère, n'obtenant de Charles que de vains honneurs et des promesses plus vaines encore, il se trouvoit dans la même position que Thémistocle et Coriolan, avec qui d'ailleurs il avoit tant de traits de ressemblance. Cependant il n'étoit pas oublié dans le traité. On y avoit stipulé à son égard : 1° Que le roi de France rendroit à Monsieur de Bourbon, dans le terme de six semaines, tous les biens, meubles, et immeubles qu'il avoit possédés, ainsi que les revenus saisis depuis sa sortie de France; 2° qu'il lui seroit permis de jouir de ces grands biens hors du royaume, et même au service de l'empereur, et de créer des lieutenants pour les gouverner en son nom; 3° qu'il auroit la liberté de revendiquer juridiquement ses droits sur la Provence; 4° que ses complices rentreroient dans leurs biens confisqués dans le même espace de temps, et qu'ils en jouiroient, même au service de l'empereur; 5° enfin, que tous les seigneurs arrêtés au sujet de la conspiration, notamment le sieur de Saint-Vallier et l'évêque d'Autun, seroient élargis sur-le-champ.

Si le traité de Madrid et la promesse de l'investiture du duché de Milan avoient eu leur exécution, le duc s'en seroit trouvé fort bien. Mais du côté du roi, ce traité étoit si honteux, et en même temps si peu conforme à la position respective des deux puissances contractantes, que François n'étoit pas maître d'en remplir les conditions, parceque la France entière s'y opposoit; ainsi la non exécution d'une partie entraînoit celle des articles qui regardoient Bourbon; d'un autre côté, l'empereur ne donnoit au connétable, en échange des grands avantages qu'il lui avoit promis, qu'un pays dévasté, et dont il n'étoit pas encore en possession. Aussi le connétable après sa victoire se trouva dans une situation plus précaire qu'auparavant.

Il reçut une copie du traité qui lui fut adressé par l'empereur lui-même, au moment où il alloit s'embarquer à Barcelone pour se rendre dans le Milanois. Il arriva bientôt dans ce pays qu'il trouva livré aux calamités les plus affreuses par la licence effrénée des troupes impériales et espagnoles. Les Milanois, instruits qu'il devoit être leur souverain, lui firent une peinture touchante des maux auxquels ils étoient en proie. Bourbon promit de faire sortir ses troupes de la ville, moyennant une somme de 30,000 ducats, qu'il les exhorta de fournir afin de payer la solde. « Je sais, leur dit-il, que vous avez
« déja été trompés par de semblables promesses;
« mais, j'en atteste le ciel, je serai fidéle à la mienne.
« Grand Dieu, qui m'entendez, faites-moi périr à la
« première action, si je trompe le foible et le malheureux qui m'implore! »

Sa promesse étoit sincère; mais il ne dépendoit pas de lui de l'accomplir. L'empereur n'envoyoit point d'argent. Il fut donc obligé de laisser ses troupes vivre à discrétion sur le pays, et continuer leurs vexations. Cependant le pape, les Vénitiens, et d'autres puissances d'Italie, ligués pour mettre un terme à l'ambition de Charles V, avoient levé deux armées commandées par le duc d'Urbain et par Gui-Rangoné, qui marchoient à grandes journées vers le Milanois, pour se joindre à un corps de l'armée françoise commandé par le marquis de Saluces.

Pressé de toutes parts, chargé des malédictions des peuples, manquant de vivres, de munitions, et d'argent, Bourbon comprit qu'il n'avoit de ressources que dans les lansquenets qui lui avoient rendus de si grands services à la bataille de Pavie. Il écrivit à Georges Fronsberg, son ami, qui commandoit ces troupes formidables de lui en procurer sur-le-champ un bon nombre. L'aventurier Fronsberg ne se fit pas long-temps attendre. Il amena avec lui un corps de seize mille hommes. Les soldats accouroient par-tout sur ses pas, et l'espérance leur tenoit lieu de solde; car ils partirent de leur pays à l'entrée de l'hiver avec chacun un écu. Mais ils avoient fait la guerre sous Bourbon, et c'étoit marcher à la gloire et à la fortune, que de suivre les étendarts du vainqueur de Marignan et de Pavie.

L'arrivée de cette armée fut un surcroît d'embarras pour le prince. Abandonné à lui-même, n'ayant aucun moyen de payer ses soldats qui demandoient leur solde avec des cris menaçants, c'est alors qu'il forme le projet audacieux de s'emparer de l'Italie, et de réunir sous ses drapeaux toutes ces troupes indisciplinées répandues dans le Milanois. Pour cet effet, il les rassemble au nombre de vingt-cinq mille hommes, tous différents de mœurs, de langage, et de religion, tous animés par l'espoir du pillage et de l'indépendance; et, à l'exemple des anciens, il leur tient un discours énergique, conforme à l'esprit de ses auditeurs, leur déclarant qu'il va les conduire dans un pays où il ne tiendra qu'à eux de s'enrichir à jamais. Sans demander le nom du pays, qu'il affectoit de ne pas nommer, l'armée s'écrie : *Eh bien ! nous vous suivrons partout, dussiez-vous nous mener à tous les diables!*

(1527.) Maître de son armée, car on pouvoit l'appeler ainsi, Bourbon sort du Milanois, sans prendre conseil ni de Lannoi, qui conservoit encore le titre de vice-roi, ni des autres généraux de l'empereur. Il s'avance sur Plaisance, où il essuie d'abord un revers léger. Une attaque d'apoplexie lui enlève Fronsberg. Ses soldats se mutinent, les Espagnols sur-tout, à qui pourtant il avoit payé cinq montres; enfin il se trouve encore dans la même peine qu'auparavant. Qu'importe, il surmonte tout; il abandonne à ses soldats son bagage, son argenterie, sa garde-robe, ses bijoux, tout enfin, excepté son cheval, ses armes, et une casaque de toile d'argent. Réconcilié de nouveau avec la fortune, il menace à-la-fois Modène, Bologne, et sur-tout Florence, dont il destinoit les richesses à ses troupes, en attendant qu'il pût les mener ailleurs.

C'est alors qu'il joint la ruse au courage. Les alliés, frappés de stupeur, ne savoient où cette armée de furieux vouloit porter ses ravages; Lannoi lui-même et les généraux de l'empereur, rivaux en quelque sorte de Bourbon, n'étoient rien moins que rassurés. Leurs troupes les avoient abandonnés pour suivre la fortune. Tous, comme d'un commun accord, résolurent d'opposer une digue à ce torrent dévastateur.

Le pape demanda une trêve, offrant de se joindre aux Impériaux contre les Vénitiens et les François. Lannoi, pour arrêter Bourbon, accorda la trêve, et proposa à son collégue plusieurs entrevues pour conférer ensemble à ce sujet. Le connétable, pénétrant les desseins du vice-roi, feignit d'y consentir; mais au lieu de se rendre à l'endroit indiqué, il faisoit traverser l'Apennin à son armée. Arrivé dans les riches plaines de la Toscane, une nouvelle sédition menace d'éclater; alors il rassemble de nouveau ses troupes, à qui il venoit de tout sacrifier, et leur tient le discours suivant :

« Amis, compagnons d'armes, personne de vous
« n'ignore que je jouissois en France d'un bien très
« considérable; il étoit moins à moi qu'aux braves
« qui s'attachoient à ma fortune. La haine et l'envie
« m'en ont dépouillé : je n'en regrette la perte que
« parcequ'il ne m'est plus permis d'en faire la ré-
« compense de la valeur. Gardez-vous donc de voir
« en moi un prince riche et puissant; je ne suis
« qu'un pauvre gentilhomme sans domaines et sans
« patrie, à qui il ne reste plus que son épée. Si,
« dans l'état où je me trouve réduit, vous attendez
« de moi une solde réglée, des subsistances assu-
« rées, vous êtes dans l'erreur; cherchez plutôt un
« autre chef, ou retournez dans votre pays; mais si
« ma misère ne vous effraie point, si vous consentez
« que nos intérêts et nos destinées soient désormais
« inséparables, je vous promets de vous faire tous
« riches à jamais. La victoire et un butin immense
« vous attendent dans la contrée où je me propose
« de diriger vos pas. Délibérez sur le parti que vous
« avez à prendre. » A peine eut-il cessé de parler,
qu'ils s'écrièrent tous : « Nous ne voulons point
« d'autre chef que vous; nous renverserons le monde
« entier sous vos ordres. »

Dès ce moment, il ne fut plus question de soulèvement. Cette multitude, jusqu'ici indocile, ne fait éclater que les plus vifs sentiments d'admiration pour son général. On élève Bourbon au-dessus des plus grands capitaines de l'antiquité, ainsi que le prouve le commencement d'une chanson espagnole qui ne nous a pas été conservée en entier :

 Calla, Calla, Julio-Cesar, Hannibal, Scipion :
  Viva la fama de Bourbon.

La fin de sa harangue étoit mise en vers, et on lui faisoit dire :

 Dezia le mios señores, yo soi pobre cavallero,
 Y tanbien, como vos otros, no tengo un denaro.

Bourbon entendoit avec plaisir, et répétoit lui-même cette chanson dont l'air retentissoit.

Cependant le pape comptoit sur la trêve que Lannoi avoit accordée malgré le connétable, qu'on essaya encore d'arrêter en lui signifiant les ordres de l'empereur, et en lui proposant des subsides en or et en argent. Bourbon, toujours tergiversant, et toujours marchant, arrive à Arrezzo, serré de près par trois armées confédérées. Quoiqu'il ne les craignît pas pour la valeur, elles étoient nombreuses, et il pouvoit en être écrasé.

Voyant qu'il n'avoit pas un moment à perdre, il communique à son armée le projet de marcher sur

Rome. A peine eut-il prononcé le nom de cette ville, que l'air retentit d'acclamations; et le soldat, qui déja dévoroit en idée les richesses du pape et de l'Église, presse lui-même la marche.

Après avoir déposé son artillerie avec ses bagages à Arrezzo, Bourbon se met en marche, et arrive devant Rome, lorsqu'on le croyoit encore en Toscane.

Voici à-peu-près comme Dubellai, Désormeaux, et Beaucaire (Fr. Belcarius, l. xix, p. 593) évêque de Metz, né dans le Bourbonnois, et contemporain du connétable, rapportent les circonstances de la prise de Rome et de la mort du prince.

Le 5 mai 1527, vers le soir, Bourbon, après avoir établi son camp au milieu d'un pré, situé à quelque distance de la ville, envoie un trompette au pape Clément VII, pour lui signifier qu'il est dans l'intention de se rendre dans le royaume de Naples, et pour lui demander passage par Rome, avec des vivres et de l'argent pour son armée. Depuis quelques jours, il étoit entré dans la ville un renfort de troupes assez considérable, on avoit armé toute la populace et garni les remparts d'artillerie. Aussi le pape, se croyant assez fort pour résister, refusa net la demande du connétable. Bourbon comprit qu'il lui falloit vaincre sur-le-champ, ou s'attendre à périr en peu de jours par le fer des confédérés. Il ne différa l'attaque que jusqu'au lendemain; et, pour exciter l'ardeur de ses soldats, il leur adressa le discours suivant :

« Généraux, capitaines, et vous soldats, mes
« chers et fidèles compagnons, nos vœux sont rem-
« plis, nous voici arrivés aux portes de la superbe
« Rome; les armées ennemies, les fleuves débordés,
« les montagnes escarpées, couvertes de neige et
« de frimas, la faim, la soif, et tous les éléments
« conjurés contre nous, n'ont pu arrêter notre
« marche rapide; nous sommes sortis victorieux de
« toutes les épreuves qui sembloient au-dessus des
« forces et du courage humain; encore un effort,
« et la fortune va nous rendre maîtres de la ville la
« plus célèbre du monde, qui renferme elle seule
« plus de trésors dans son sein que des royaumes
« entiers. Je vous les abandonne, ces trésors, c'est
« le juste et digne salaire de vos travaux et de votre
« constance magnanime; souvenez-vous seulement,
« soldats, que notre situation est telle, que nous ne
« pouvons nous délivrer des maux sans nombre
« dont nous sommes assaillis, que par une mort
« honorable ou une victoire éclatante: demain nous
« serons les guerriers les plus illustres de l'Europe,
« ou le rebut et l'opprobre de toutes les nations;
« mais puis-je douter du succès, puisqu'il ne dépend
« que de votre valeur éprouvée dans tant de com-
« bats. Quels sont les défenseurs que Rome nous

« oppose ? des troupes sans courage et sans émula-
« tion, des citadins énervés par le luxe et la mol-
« lesse, des prêtres timides, vile et méprisable
« milice qui, loin de vous résister, ne soutiendra
« pas seulement vos regards foudroyants. Gardez-
« vous de croire qu'un triomphe trop facile vous
« dérobe une partie de la gloire dont vous allez
« vous couvrir ; le grand nom de Rome en impose
« à tous les peuples de l'univers ; ils ne regarderont
« qu'avec une crainte mêlée d'admiration, les fiers
« conquérants de la chrétienté : une réputation
« immortelle, des richesses immenses, seront donc
« votre partage et votre récompense. Pour moi,
« chers compagnons, si je m'en rapporte aux astro-
« logues qui ont tiré mon horoscope, c'est ici que
« mon destin fatal m'attend ; ils ont prédit que je
« périrois à l'attaque d'une ville fameuse : j'accepte
« l'oracle, pourvu que la trace de mon sang vous
« conduise à la victoire, et que mon nom soit in-
« scrit dans les fastes de la postérité. »

Le 6, à la pointe du jour, Bourbon profite d'un brouillard épais pour s'avancer, en descendant par le mont du Saint-Esprit, jusque sous les murs de Rome, en face du faubourg du Vatican, dans l'intention de livrer l'assaut. Il cherchoit un endroit favorable, lorsqu'un porte-enseigne ennemi, à qui l'on avoit confié la garde d'une partie du mur, non réparée faute de temps, le vit à quelques pas, à la tête d'une centaine de cavaliers. Il fut saisi d'une telle frayeur, qu'au lieu de sauter du rempart dans la ville pour donner l'éveil, il prit le côté de la campagne, et se trouva en face du prince qui, sur-le-champ, fit sonner les trompettes, et donna le signal de l'attaque. Le porte-enseigne, apercevant son erreur, se retourne et rentre par la brèche d'où il est sorti. Bourbon, qui ne le perdoit pas de vue, regarde cette méprise comme une inspiration divine, presse l'assaut, saisit lui-même une échelle, et l'applique à la brèche au moment où le soleil, brillant sur l'horizon, venoit de dissiper le brouillard. Il n'avoit pas atteint le troisième échelon, qu'un coup d'arquebuse, parti de la main d'un soldat de son armée, l'atteint aux reins, du côté gauche, et le renverse à terre. Ce coup fut-il tiré à dessein ou involontairement, c'est ce qu'on ne sait pas. Ce qui paroît le plus probable, c'est que le coup vint du dehors, et non de l'intérieur de la ville, comme l'avancent sans preuves quelques historiens.

Bourbon, blessé mortellement, ne perdit pas connoissance de suite; on eut le temps de le transporter à quelques pas de-là, et il conserva encore assez de présence d'esprit pour ordonner au capitaine Jonas, son grand ami, de couvrir son corps, afin de dérober la connoissance de sa mort aux troupes qui, dans la chaleur du combat, ne l'avoient pas vu tomber; et aussitôt il rendit le dernier soupir entre les bras du prince d'Orange, qu'il avoit désigné pour commander l'armée après lui.

Le faubourg du Vatican étoit déja emporté que les soldats ignoroient encore le destin funeste de leur général; mais, ne le voyant pas à leur tête, suivant sa noble coutume, ils le demandèrent avec instance. Le prince d'Orange leur déclara qu'il ne falloit plus s'attendre à le revoir, et qu'il ne s'agissoit plus que de le venger. Aussitôt les cris féroces, *Carné, carné! sangré, sangré! sierra, sierra! Au sang! au carnage! à la scie!* se font entendre de toutes parts, et ajoutent encore à la fureur des assiégeants.

Les Romains, forcés de postes en postes, fuient et se dispersent dans les rues, où ils sont égorgés impitoyablement. Le sang ne cessa de couler que lorsque le farouche vainqueur ne trouva plus d'ennemis sous les armes. Nous laissons à l'histoire générale le soin de décrire le sac de Rome et les suites de cette épouvantable catastrophe, pour nous occuper seulement de ce qui concerne notre héros.

« Au milieu de la victoire, la fatale destinée seule de Bourbon, dit Désormeaux, troubloit la joie de ces heureux brigands, et leur arrachoit les plus tendres marques de sensibilité. Ils l'avoient adoré vivant, ils prodiguèrent à sa cendre tous les honneurs imaginables. Son corps fut déposé dans une église, la seule peut-être que l'impiété respecta, au milieu des drapeaux et des étendards, et entouré d'une garde nombreuse; en sorte que le fier Bourbon sembloit encore donner des lois à l'armée et à Rome vaincue. Là, chaque jour, une foule de soldats venoient couvrir son cercueil de larmes et de fleurs. Enfin, lorsque l'armée, poursuivie par la peste et par les troupes de Lautrec, se vit obligée d'abandonner sa conquête, elle emporta avec elle le corps de son bienfaiteur, pour le mettre à couvert de la vengeance des Romains, qu'il avoit rendus si misérables. Elle le conduisit en pompe au château de Gaëte, où on le voyoit encore, bien conservé, au milieu du siècle dernier, dans un cercueil découvert; il étoit debout, le bâton de général à la main, et dans l'attitude la plus fière et la plus menaçante (¹), » avec une épitaphe que les Espagnols dressèrent à sa mémoire :

> FRANZIA ME DIO LA LUCE,
> SPANA FUERÇA I VENTURA,
> ROMA ME DIO LA MUERTE
> GAËTA LA SEPULTURA.

(¹) Le roi d'Espagne, prédécesseur du roi actuel, étant roi de Naples, le fit enterrer avec tous les honneurs dus à un prince de sa maison.

L'armée aussi lui composa une épitaphe latine, encore plus belle par sa simplicité :

>AUCTO IMPERIO
>GALLO VICTO
>SUPERATA ITALIA,
>PONTIFICE OBSESSO
>ROMA CAPTA
>BORBONIUS HIC JACET.

A ces éloges funèbres, on peut ajouter le quatrain italien dont Brantôme nous a conservé l'ancienne traduction :

>Dassez, assez a fait Charlemagne le preux,
>Alexandre-le-Grand de peu fit plus grand' chose.
>Mais de néant a fait plus que n'ont fait les deux,
>Charles, duc de Bourbon, qui ci-dessous repose.

Charles III, duc de Bourbon, connétable de France, mourut à l'âge de trente-huit ans. Il avoit fait son testament le 1ᵉʳ juillet 1521, à Chantelle en Bourbonnois, par lequel il instituoit pour ses héritiers ; d'abord les enfants mâles qu'il auroit en légitime mariage ; et, à défaut d'enfants, Anne de France, duchesse douairière de Bourbon, mère de sa femme ; qu'il autorisoit, par le même acte, à tester en faveur de Louis de Bourbon, prince de Laroche-sur-Yon, ou, à son défaut, pour le prince Charles, frère de ce dernier, à la charge par eux de payer à Renée de Bourbon, duchesse de Lorraine, sa sœur puînée, la somme de 100,000 liv., tenant lieu de part d'héritage. La duchesse Anne, de son côté, lui fit don entre-vifs des comtés de La Marche, de Gien, et d'autres seigneuries, ainsi que l'hôtel de Bourbon, situé à Paris, pour en jouir après son décès.

Ces dispositions furent bientôt annulées par François I qui, à la première nouvelle de la mort du connétable, se remit sur-le-champ en possession du duché d'Auvergne. Louise de Savoie obtint les autres domaines du prince décédé, à la charge de réversion pour servir d'apanage aux reines ou aux fils de France. Nous verrons plus tard que le partage des dépouilles du connétable reçut quelques modifications. Dès-lors le Bourbonnois cessa de composer une principauté, et le dernier anneau de la puissance féodale fut totalement anéanti. Seulement le domaine utile, mais non pas la puissance, revint plus tard à la famille de Bourbon, comme nous le dirons en son lieu.

Charles V témoigna le plus grand regret de la perte du duc de Bourbon. Il n'en parla jamais que comme d'un ami sincère, d'un allié fidèle, d'un héros enfin, comparable à tous les grands hommes de l'antiquité. Il honora sa mémoire, combla de bienfaits tous ceux qui l'avoient suivis.

A la cour de France, on reçut la nouvelle de la

mort du connétable avec une joie indicible. La multitude, sur-tout à Paris, donna l'essor à la haine qu'elle lui portoit. On courut à son hôtel, et on en teignit la porte et le seuil de jaune pour marque qu'il étoit mort traître à la patrie.

Le roi, qui avoit contenu son ressentiment tant que Bourbon vivoit et qu'il avoit à craindre sa vengeance, ordonna au parlement d'instruire son procès, comme s'il eût été présent. L'arrêt rendu devant le monarque, les princes du sang, et les pairs de France, retranche le connétable de la royale maison de Bourbon, et le prive de ce nom auguste, *comme ayant notoirement dégénéré des mœurs et fidélité des antécesseurs de ladicte maison*, et confisque ses biens qui furent partagés comme nous venons de l'indiquer. Mais, quelque coupable que fût le connétable pour avoir oublié ses devoirs comme chrétien et comme François, son nom n'a jamais été effacé de la liste des Bourbons, d'autant plus que la nation françoise, tout en condamnant ses erreurs, ne partagea point la haine de François I, de ses courtisans, et des Parisiens.

On ne voulut voir en lui qu'un héros outragé, mais outragé à un point qu'il auroit fallu supposer à Bourbon une vertu plus qu'humaine pour qu'il pût résister au desir de la vengeance; on condamna plus sévèrement la mémoire de Louise de Savoie, de Bonnivet, et de Duprat, que celle du héros infortuné qu'ils forcèrent à devenir criminel ; d'ailleurs, par le traité définitif entre l'empereur et François, la mémoire du connétable fut rétablie, et ses grands biens durent être rendus à ses héritiers ; ce qui eut lieu en partie. En un mot, le connétable fut véritablement un de ces hommes rares, formés sur le plan le plus large, et à qui il faudroit un historien comme Plutarque pour les faire valoir. Il y auroit un beau parallèle à établir entre lui, Thémistocle, et Coriolan; mais le temps nous presse, et nous terminerons par le portrait qu'un historien contemporain du prince nous a tracé de sa personne et de son caractère.

Le duc, connétable de Bourbon, étoit doué d'une taille majestueuse, et bien proportionnée, telle qu'on nous peint les héros de l'antiquité. Il avoit la chevelure blonde, les traits du visage fort réguliers, de grands yeux bleus, mais vifs et perçants, seulement le teint un peu basané, ce qui lui donnoit un air espagnol et même mélancolique. Aux avantages corporels, il joignoit les dons de l'esprit et du cœur.

La connoissance profonde de l'histoire, les langues anciennes et modernes lui furent familières; il étoit sur-tout profondément instruit dans toutes les parties de l'art militaire, et passoit avec raison pour le plus grand tacticien de son siècle. Quant au cœur, il n'y en avoit pas de plus aimant que le sien, ses bienfaits, répandus par-tout, attestoient sa générosité. Il étoit adoré de tout ce qui l'entouroit, excepté des courtisans. Pourquoi? parceque ses mœurs austères contrastoient d'une manière frappante avec la dissolution qui régnoit alors par toute l'Europe. On le trouve même religieux, car il laissa dans le Bourbonnois des marques de sa piété, notamment la fondation du monastère de Saint-Dominique, dans la ville de Moulins. Frugal et tempérant, il ne connut jamais d'autre femme que la sienne, quoiqu'elle ne fût rien moins que belle; mais elle étoit bonne, et cela lui suffisoit. Cher à ses amis, auxquels il prodiguoit les soins les plus affectueux, à ses vassaux, qu'il traitoit comme ses propres enfants, il emporta avec lui les regrets de tous ceux qui l'avoient connu et pratiqué. En un mot, lorsque la nouvelle de sa mort parvint dans le Bourbonnois, personne ne vouloit y croire. On s'attendoit toujours à le revoir; et long-temps après, les habitants de ce pays joignoient avec attendrissement son nom avec celui de Charles II, ce bon duc dont nous avons parlé; et c'est là peut-être le plus bel éloge qu'on puisse faire de lui.

Charles eut de la duchesse son épouse:

1º François de Bourbon, filleul de François I, et armé chevalier par Bayard, mais mort en bas âge quelque temps après la cérémonie;

2° N.... de Bourbon, } frères jumeaux, morts peu de tems après leur nais-
N.... de Bourbon, } sance.

Sur la foi du docteur Jacques Severt, chanoine en l'église de Saint-Jean de Lyon, MM. de Sainte-Marthe et les autres généalogistes lui attribuent une fille naturelle, Catherine de Bourbon, alliée par mariage à Bertrand de Salmart, chevalier, seigneur de Ressis, et gentilhomme de la chambre du duc de Bourbon, laquelle laissa postérité. Ce fait n'est nullement prouvé, et il est contradictoire, à ce que l'histoire nous rapporte, que le connétable ne connut jamais d'autre femme que la sienne. Cette dame ou demoiselle Catherine ne fut jamais légitimée.

Il y a plus : nous verrons à l'article de Jean de Bourbon, seigneur de Carency, une fille naturelle qui lui est attribuée, portant le même nom, et mariée au même seigneur de Salmart ou Salemart. M. Le Laboureur (preuves de l'Histoire de l'abbaye de l'Ile-Barbe) en parle formellement, et cite l'acte passé par Anne de France, dame de Beaujeu, en faveur du mariage de Catherine, bâtarde de Carency, avec Bertrand de Salemart, d'où l'on conclut que Catherine étoit fille naturelle du sire de Carency, et non pas du connétable.

HISTOIRE

GÉNÉALOGIQUE

DE LA MAISON ROYALE

DE BOURBON.

TROISIÈME BRANCHE,

DITE DE BOURBON-LA-MARCHE,

ET

BOURBON-VENDOME.

I.

JACQUES I,

COMTE DE LA MARCHE ET DE PONTHIEU, SEIGNEUR DE MONTAIGU EN COMBRAILLES, DE CONDÉ, DE CARENCY, CONNÉTABLE DE FRANCE, ETC.

De France, semé d'abord de fleurs de lis sans nombre, réduites à trois, sous Charles VI: cotice de gueules chargée de trois lionceaux d'argent.

Nous avons rappelé à la mémoire des François le prince dont il est ici question, à l'article de Pierre I, son frère (voyez page 75 et suiv.). Il ne nous reste qu'à parler de son alliance et de sa descendance.

Jacques, troisième fils de Louis I, duc de Bourbon, et de Marie de Hainaut, épousa, fort jeune, en 1335, Jeanne de Châtillon-Saint-Pol, dame de Leuse, de Condé, de Carency, etc.; héritière de Hugues de Châtillon, et de Jeanne d'Argies. Cette princesse, avec laquelle il vécut en parfaite union jusqu'à sa mort, arrivée au combat de Briguais, contre les *tards-venus*, le 2 avril 1361, lui survécut et mourut en 1371, comme on le voit par un acte daté de cette même année.

Jacques eut pour enfants :

1° PIERRE de Bourbon, comte de la Marche, armé chevalier de la main de son père, peu avant le combat de Brignais, et mort à Lyon sans postérité, à la suite des blessures qu'il avoit reçues audit combat;
2° JEAN de Bourbon, comte de La Marche, dont nous allons parler;
3° JACQUES de La Marche, seigneur de Préaux, auteur de la branche de BOURBON-PRÉAUX, qui aura son article;
4° ISABELLE de Bourbon, épouse en premières noces de Louis, vicomte de Beaumont-au-Maine, tué dans un combat livré en 1364; en secondes noces, de Bouchard VIII, comte de Vendôme et de Castres. Cette princesse mourut en 1371, et fut enterrée avec son mari et sa fille, décédée en bas âge, dans l'église de Saint-George de Vendôme, où l'on voyoit naguère leur tombeau avec leur épitaphe.

II.

JEAN I,

COMTE DE LA MARCHE, DE VENDÔME, ET DE CASTRES; SEIGNEUR DE LEUZE, CARENCY, L'ÉCLUSE, MONTAIGU, COMBRESLE, LEZIGNEN, ÉPERNAY, ETC.

De France, c'est-à-dire d'azur, à trois fleurs de lis d'or, cotice de gueules chargée de trois lionceaux d'argent.

(1366.) Ce prince, à cause de son bas âge, ne se trouva pas à la bataille de Poitiers, où son père et la plupart de ses parents furent prisonniers; c'étoit à lui qu'étoit réservé l'honneur de venger l'infortunée reine de Castille, Blanche de Bourbon, sa cousine. Gouverneur et lieutenant de roi en Limousin, Gascogne, etc., il fut désigné pour accompagner le fameux Duguesclin à l'expédition d'Espagne contre Pierre-le-Cruel. Après plusieurs marches rapides et la prise de quelques places importantes, il força le tyran d'en venir aux mains avec son propre frère, Henri de Transtamare, et de terminer dans un combat singulier la lutte sanglante qui existoit entre eux depuis tant d'années. De retour de cette mémorable expédition, il joignit ses armes à celles du duc de Berry, pour chasser les Anglois de la Guienne.

(1382.) Impatient de se signaler, il suivit le roi Charles VI à la guerre entreprise contre les Flamands, se signala au combat de Comines et à la bataille de Rosbec; deux ans après, en 1384, il accompagna Louis II, duc de Bourbon, son cousin, lorsqu'il fut commandé par le roi Charles VI, pour aller reprendre la Saintonge sur les Anglois, et il contribua à la prise de Taillebourg.

Ensuite, en 1388, nous le voyons faire partie du voyage de sa majesté dans le pays de Gueldres, dont le duc avoit osé déclarer la guerre à la France. La prompte soumission de ce foible ennemi priva le roi et les princes de la victoire; mais, ce qu'il y a de particulier pour le comte, c'est qu'à son retour, le roi, qui avoit de grands sujets de mécontentement contre ses oncles, les remercia de leurs services, et ne garda auprès de sa personne que le duc Louis de Bourbon et le comte de La Marche, ajoutant les paroles flatteuses que nous avons rapportées en leur lieu.

Ces deux princes, en 1391, étoient du voyage de Bretagne, lorsque le roi tomba en démence. Il paroît que notre prince, déjà qualifié de comte de Vendôme, du chef de sa femme, se retira dans ses terres à cette époque, et se contenta de rendre au roi le service obligé tant dans les armées que dans les conseils, lorsqu'il y étoit appelé.

Jean de Bourbon, comte de La Marche avoit été marié, par contrat passé à Paris le 28 septembre 1364, à CATHERINE de Vendôme, fille de Jean VI de Vendôme et de Jeanne de Ponthieu, lequel Jean de Vendôme succéda à son frère Bouchard, décédé sans postérité, et laissa pour unique héritière Catherine, qui apporta dans la maison de Bourbon les grands biens de sa famille.

Le comte de La Marche mourut le 11 juin 1393, et fut inhumé dans l'église de Saint-George de Vendôme, chapelle Saint-Jean.

Il eut de la comtesse de Vendôme, qui lui survécut, et décéda le vendredi saint, 1er avril 1411 :

1º JACQUES II de Bourbon, qui suit ;
2º LOUIS de Bourbon, comte de Vendôme, chef de la branche de Bourbon-Vendôme, dont nous parlerons ci-après ;
3º JEAN de Bourbon, seigneur de Carency, tige des seigneurs de Carency, qui auront aussi leur article ;

4° ANNE de Bourbon, dame de Cailly, de Quillebœuf, de Bresnormant, etc., épouse en premières noces de Jean de Berry, comte de Montpensier, veuf de Catherine de France, fille du roi Charles VIII, et en secondes noces de Louis, comte palatin du Rhin, électeur et duc de Bavière, seigneur d'Ingolstadt, dit *le Vieil* et *le Barbu*, qui assista le roi Charles VII son beau-frère dans ses expéditions. Retiré en Allemagne, ce prince trouva dans son fils un ennemi acharné qui lui déclara la guerre, le fit son prisonnier, et le livra à l'électeur de Brandebourg. Cet enfant dénaturé porta bientôt la peine de son crime, et périt de mort violente avant son père, sans laisser de postérité. Louis, rentré dans ses états, fit la paix avec Brandebourg, et mourut dans un âge fort avancé. Quant à Anne de Bourbon, elle termina sa carrière à Paris, et fut inhumée dans l'église des Jacobins de cette ville. On ne nous indique pas la date de sa mort.

5° MARIE de Bourbon, dame de Brétancourt, par donation de sa mère, de Cruvalle en Albigeois et de Monsquetu, épouse d'un chevalier, seigneur des Croix. Suivant Dutillet, ce chevalier l'avoit enlevée de la maison paternelle, et forcée à un mariage clandestin. Arrêté dans sa fuite, il fut condamné à être noyé, supplice en usage alors. Marie, restée veuve, sans enfants, avoit des répétitions considérables à faire sur ses neveux, qui non seulement refusèrent de la satisfaire, mais encore la retinrent en charte privée dans un de leurs châteaux forts, sous prétexte qu'elle avoit dérogé en épousant un homme sans nom : c'est ce qui conste d'une enquête faite par ordre du parlement, par Guillaume de Corbie, l'un des conseillers. Il paroit qu'il y eut à cet égard de longs procès, et bien des persécutions exercées sur cette princesse par les comtes de Pardiac, de Castres, et l'évêque même de Castres, agissant en vertu de la procuration de Jacques de Bourbon, roi de Sicile, frère de la prisonnière, et que ces débats se terminèrent par un accord, au moyen duquel elle recouvra la liberté et reçut 20,000 écus d'or par forme d'indemnité. Marie vivoit encore en 1463, mais on ne sait pas l'année de sa mort.

6° CHARLOTTE de Bourbon, reine de Chypre, l'une des plus belles princesses de son siècle, filleule du roi Charles VI, fut mariée à Melun le 2 août 1409, à Jean II, roi de Chypre, le roi, la reine Isabelle de Bavière, les ducs d'Aquitaine, de Berry, de Bourbon, assistant au contrat, et fut conduite en Chypre. Son nouvel époux la reçut au port de Chermes, puis dans la ville de Nicosie, où l'on célébra le mariage avec magnificence. Après avoir vécu en bonne union avec son époux, elle eut le malheur de le perdre en 1432, et fut bientôt elle-même attaquée d'une fièvre pestilentielle qui la conduisit au tombeau le 13 décembre 1434.

Enfant naturel.

JEAN de Bourbon, nommé dans le testament du comte Jacques, roi de Sicile, son frère, qui ordonne que la provision qu'il lui avoit faite de son vivant soit recommandée, et continue d'avoir son exécution.

III.

JACQUES II DE BOURBON,

ROI DE HONGRIE, DE JÉRUSALEM, ET DE SICILE; PRINCE DE DALMATIE, DE CROATIE, DE SERVIE, GALLICIE, LODOMERIE, COMANIE, ET BULGARIE, DU CHEF DE SA SECONDE FEMME; ET DE SON CHEF, COMTE DE LA MARCHE, DE CASTRES, DE PROVENCE, DE FORCALQUIER, ET DE PIÉMONT; SEIGNEUR DE MONTAIGU ET DE BELLAI; GRAND CHAMBELLAN DE FRANCE; GOUVERNEUR DU LANGUEDOC, ETC., ETC.

ARMOIRIES.

D'abord comme son prédécesseur, et ensuite parties de Bourbon-la-Marche et de Navarre, puis de Bourbon-la-Marche et de Sicile-Duras, tiercées au 1 de huit pièces d'argent et de gueules alternativement, qui est de Hongrie; au 2, d'azur semé de fleurs de lis d'or, au lambel de trois pièces de gueules, qui est d'Anjou-Sicile; au 3 d'argent, à la croix potencée d'or, accompagnée de quatre croisettes aussi d'or, qui est de Jérusalem.

(1396.) Ce prince, fut le chevalier le plus singulier, et, si l'on pouvoit s'exprimer ainsi, le plus aventureux de son siècle. Nous n'entreprendrons point de le suivre pas à pas dans toutes ses courses romanesques : nous nous contenterons d'une légère esquisse de sa vie et des traverses qu'il eut à essuyer.

Jacques de Bourbon étoit fort jeune lorsqu'il perdit son père; il consacra ses premières armes à la défense de la religion contre les ennemis du nom chrétien, et il accompagna comme volontaire Jean de Bourgogne, comte de Nevers, au voyage que ce prince entreprit pour porter du secours à Sigismond de Luxembourg, roi de Hongrie, qui succomboit sous les forces victorieuses de Bajazet Ilderim, sultan des Turcs. L'armée françoise, composée de dix mille hommes, eut d'abord quelques succès. A la prise de Bandins, le comte de La Marche fit des prodiges de valeur, et fut armé chevalier. Mais bientôt le désastre le plus affreux vint terminer cette expédition, commencée avec tant de gloire.

Les chrétiens, au nombre de vingt-mille seulement, avoient mis le siège devant Nicopolis. Le sultan, à la tête de deux cent mille combattants, tomba tout-à-coup sur cette foible armée, qui l'attendit avec intrépidité, et le combattit avec un courage digne d'un meilleur sort. Le comte de La Marche, quoique le plus jeune, car, disent les historiens du temps, il n'avoit point encore de barbe, se distingua par-dessus tous, et fit sentir à l'ennemi la pesanteur de ses armes.

Cependant les chrétiens, cernés de toutes parts,

épuisés de fatigue, et couverts de sang, succombèrent après avoir vendu chèrement leur vie. Aucun n'échappa à la mort : Bajazet fit couper la tête à tous les prisonniers, excepté aux comtes de Nevers, de La Marche, aux princes de Bar, au maréchal Boucicaut, et à La Trémoille. C'étoit, dit-on, une juste représaille de la barbarie avec laquelle les François avoient traité les Turcs pris dans les actions précédentes. Il les conserva donc, mais pour exiger de ce petit nombre de princes, pour leur rançon, une somme de 600,000 livres que la France fut obligée de payer.

Au retour de cette malheureuse expédition, le comte de La Marche, honoré de la dignité de grand chambellan, une des premières de la couronne, fut fiancé à l'infante Béatrix de Navarre, fille de Charles III, roi de Navarre, et d'Éléonore de Castille ; mais le mariage n'eut lieu qu'en 1405, et les noces furent célébrées avec magnificence dans la ville de Pampelune, le 14 septembre de l'année suivante. C'est peut-être à cette époque que Jacques, étant en Espagne, fit la guerre aux Maures, comme l'ont écrit plusieurs historiens.

En 1402, suivant Désormeaux en 1406, le roi Charles VI lui donna la conduite d'une armée navale, pour secourir Owin, prince de Galles, qui avoit déclaré la guerre à Henri V, roi d'Angleterre, et prétendoit à la souveraineté indépendante du pays. Il étoit accompagné de Louis de Bourbon, son frère, comte de Vendôme. Cette expédition ne fut pas heureuse. Battus par la tempête, les François ne purent pas même aborder la côte de Cornouailles, et se virent obligés de relâcher à Plimouth, qu'ils pillèrent. Les Anglois, accourus de toutes parts, forcèrent le prince à se remettre en mer, et à gagner d'abord l'île de Falmouth, puis celle de Jersei, d'où il fut encore débusqué, et rentra dans les ports de France, ne rapportant de son excursion que le produit de sept vaisseaux anglois capturés pendant la traversée.

Deux ans après, le roi l'envoya en ambassade pour traiter avec le même prince de Galles, au préjudice du roi d'Angleterre, leur commun ennemi, et le mit bientôt à la tête de huit cents hommes d'armes et de trois cents arbalètriers. Le comte avoit reçu en outre du trésor une somme de cent mille écus d'or pour les frais de l'entreprise; mais il n'eut pas plus de bonheur à cette seconde entreprise qu'à la première. La flotte qui portoit ses troupes fut repoussée par la tempête, et il revint en France sans avoir rien fait.

Si l'on en croit les historiens modernes, notre jeune prince auroit dissipé l'argent reçu en jeux et en fêtes. Aussi, à son retour, il fut, dit-on, fort mal accueilli. Lors de son passage par Orléans, pour retourner à Paris, les écoliers de cette ville

se mirent à chanter assez haut pour qu'il l'entendît :
Mare vidit et fugit.

(1411.) Il paroît que, dégoûté du service de Charles VI, il s'attacha plus particulièrement au duc de Bourgogne, dont il recevoit une pension annuelle de 10,000 livres, car, au plus fort de la guerre civile entre les Armagnacs et les Bourguignons, on le voit commander l'avant-garde de ceux-ci, et se porter avec violence contre les Orléanois. A l'attaque du Puiset, en Beauce, il est fait prisonnier et de suite renfermé comme rebelle, à la grosse tour de Bourges; il y étoit encore détenu, lorsque Catherine de Vendôme, sa mère, comtesse douairière, vint à mourir, et partagea sa succession entre lui et son frère puîné, Louis de Bourbon. Celui-ci eut le comté de Vendôme, apanage de la maison, pendant que Jacques, qui étoit l'aîné, n'eut des biens maternels que le comté de Castres.

A peine le comte de La Marche étoit élargi, que, transporté de jalousie à cause de ce partage, et furieux de la détention qu'il venoit de subir, il leva des troupes, fondit sur le Vendômois, surprit son frère, et le confina dans une obscure prison, où il le retint pendant plus de huit mois. Cet acte excita l'indignation du roi et du dauphin, qui le sommèrent de rendre la liberté à son frère. Malheureusement le monarque et son fils, devenus le jouet des factions, n'étoient pas en état de se faire obéir. Aussi le comte de La Marche ne tint aucun compte de leurs ordres. On commençoit à désespérer du salut de Vendôme, lorsque le cri de la nature et du remords se fit entendre. Il alla lui-même ouvrir les portes de la prison, embrassa son frère, et lui rendit ses domaines et son amitié.

Depuis ce temps, on ne voit point le comte de La Marche prendre part aux grandes querelles qui divisoient alors la France. Sainte-Marthe nous dit seulement qu'il se trouva au siège de Compiègne à la suite du roi et des princes, ce qui est fort douteux. Jacques de Bourbon, brave, inquiet, ambitieux, et même passablement dissipateur, s'occupoit, à cette époque, du soin de se procurer un trône.

(1415.) Il crut avoir trouvé une occasion favorable. Sa première épouse, Éléonore de Navarre, étoit morte sans enfants. D'un autre côté, Ladislas, dernier roi de Sicile, et de la première branche d'Anjou, moissonné à la fleur de son âge, après un règne fort court, mais brillant de gloire, laissoit pour héritière de ses vastes états et de ses prétentions plus vastes encore, la fameuse Jeanne II, ou Jeannelle, sa fille unique.

Cette princesse jouissoit, en cette qualité, non seulement du royaume de Naples et du comté de Provence, mais encore de presque tous les états du pape, de Rome, et d'une partie de la Toscane. Elle étoit âgée de quarante-quatre ans, et veuve du duc d'Autriche; mais sa conduite scandaleuse, ainsi que ses liaisons avec des courtisans obscurs, l'avoient rendue la fable de l'Europe, et les souverains ne se sentoient pas disposés à prendre pour épouse une femme sans mœurs et sans frein. D'un autre côté, ses sujets, indignés de son cynisme, demandoient à grands cris un roi dont la main ferme et vigoureuse contînt les ennemis au-dehors et au-dedans de l'état.

Forcée de céder à leurs vœux, Jeanne, entre plusieurs concurrents, plus ou moins illustres, choisit Jacques de Bourbon, comte de La Marche, non seulement parcequ'il étoit beau, bien fait, et magnifique; mais encore parceque, le voyant fort éloigné du trône de France, elle crut qu'il se trouveroit trop heureux d'être l'époux de la reine avec de grandes richesses, et qu'il lui abandonneroit les rênes de l'état. Le mariage fut conclu à condition que le prince se contenteroit de la principauté de Tarente et du titre d'administrateur du royaume. Le prince rejetoit une clause aussi contraire à sa dignité; mais les seigneurs qui faisoient partie de l'ambassade l'engagèrent à céder pour le moment, et lui promirent leur appui.

(1415.) Le comte traversa l'Italie accompagné d'une brillante noblesse, et parvint jusqu'au royaume de Naples. La reine ne daigna pas envoyer un seul seigneur au-devant de lui; mais les barons du royaume, ayant à leur tête le comte de Hauteville, se présentèrent à lui avec les marques du plus profond respect, le saluèrent roi par acclamation, et le pressèrent non seulement de prendre les marques de la royauté, mais encore d'en exercer les fonctions; et aussitôt ils lui découvrirent toute l'infamie de la conduite de Jeanne. Cette reine, instruite des dispositions de sa noblesse, n'eut d'autre parti à prendre que de partager avec le prince son trône et son lit; et elle parut se soumettre à son sort sans murmurer.

En effet, par un acte solennel, passé entre eux, sous la date du 18 septembre 1415, au Château-Neuf, à Naples, elle déclare « qu'en considération des vertus du comte de La Marche et de sa haute naissance, du consentement des princes, barons, et principaux officiers de la couronne, elle lui octroie de se dire dès-lors roi de Sicile, et de faire tous les actes de roi, » ajoutant, qu'au cas où elle décéderoit sans enfants, la couronne de Sicile passeroit à lui et à sa posterité sans opposition, etc.

Il ne tenoit qu'au nouveau roi de ramener son épouse, et de vivre heureux avec elle. Mais, soit dégoût, soit desir de faire sentir sa puissance, au lieu de pardonner à la princesse ses anciens écarts, il chasse de la cour tous les jeunes seigneurs napolitains, et les remplace par des François; fait arrêter Alope, le favori de la reine, lui arrache, à force de tourments, l'aveu de son amour criminel, puis l'envoie au supplice. Prenant ensuite occasion de l'aveu de ce misérable, et peu jaloux d'avoir de la postérité d'une femme dissolue, il prive la reine de toute communication avec lui, et la tient étroitement renfermée sous la garde d'un vieux gentilhomme françois.

Libre de toute entrave, il agit en souverain absolu et n'épargne pas plus ses sujets que son épouse. Cette conduite imprudente, pour ne pas dire injuste, ne tarda pas de produire son effet. L'avidité des François venus à la suite du roi, leur fierté, leurs violences, occasionèrent une telle fermentation dans les esprits, que le roi, pour éviter une révolution, se vit forcé de rendre la liberté à son épouse et même de la reprendre avec lui. L'union entre deux personnes, divisées par l'antipathie et par des injures réciproques, ne pouvoit être de longue durée.

Jeanne, animée par la vengeance, mais cachant ses desseins sous l'appât de caresses perfides, vint à bout, à l'aide de ses amants, de former une conspiration contre son époux, et l'imprudent Bourbon, assiégé à son tour dans le château de l'Œuf, où il s'étoit réfugié, est retenu prisonnier de la reine et des conjurés.

Délivré au bout de quelques jours par les mêmes barons qui tentèrent en vain de remettre ensemble les deux époux, il fut derechef emprisonné par sa femme, à la suite d'une vive altercation, dans laquelle celle-ci levant le masque, lui reprocha, dans les termes les plus amers, de n'avoir pas renvoyé les François, comme on étoit convenu, et le déclara déchu de son droit.

La captivité du prince dura deux ans, pendant lesquels son indigne moitié, pour le distraire, affectoit de lui procurer tous les amusements dont un homme privé de la liberté est susceptible, tandis qu'elle-même continuoit de se livrer à la violence de ses passions. Il ne fallut pas moins que les cris de la nation entière et les instances du pape pour faire cesser cet état de choses. La paix fut enfin conclue à la condition que Jacques retourneroit avec la reine au Château-Neuf, dont le gouvernement seroit donné à François de Ricardo de Ortona, gentilhomme d'une probité reconnue, qui jureroit de ne pas souffrir que les deux époux attentassent à la liberté de l'un ou de l'autre.

Jamais le prince ne se seroit déterminé à habiter le même palais que son impudique épouse, s'il ne s'étoit pas flatté d'être couronné avec elle, comme on l'avoit promis. Mais voyant que tout se disposoit pour la cérémonie du couronnement, sans qu'il fût question de lui, il prit le parti d'abandonner un trône et une femme qui faisoient le malheur de ses jours. Accablé d'ennuis, il s'échappe du château un beau matin, accompagné de quelques barons. Arrivé au Mole, il congédie sa suite et s'embarque presque seul sur un vaisseau génois qui le conduit à Tarente, où il passe quelques jours.

Après avoir vendu la principauté de Tarente à la reine Marie, de la maison des Ursins, et veuve de Ladislas, dernier roi de Sicile, il reprit sa route par terre, erra long-temps en Italie, en proie au chagrin et au repentir, et rentra en France peu de temps après la mort de Charles VI. Il trouva sa patrie en proie à la désolation et aux guerres civiles dont nous avons fait mention dans les articles précédents. Il n'y avoit pas moyen d'obtenir de la France le moindre secours. On l'avoit abandonné dans sa détresse, on ne pouvoit plus lui être utile pour recouvrer son royaume. Il fallut bien que le roi de Sicile, redevenu comte de La Marche, se conformât à sa position, et se contentât du gouvernement du Languedoc. Dans ce poste, il rendit de grands services au nouveau roi Charles VII, et contribua de tout son pouvoir à remettre dans sa province l'ordre qui avoit été considérablement altéré pendant les troubles précédents. Enfin, après avoir fait les délices du Languedoc pendant plusieurs années, il termina sa carrière politique par un trait de grandeur d'ame digne de sa naissance; car il se démit de son gouvernement, le plus beau du royaume, en faveur du comte de Foix, que Charles VII ne pouvoit détacher qu'à ce prix du parti des Anglois. Malgré son inconstance, son faste, et ses foiblesses, le comte de La Marche couronna sa vie orageuse par un acte de piété qu'on regarderoit comme ridicule actuellement, mais qui, à cette époque, méritoit de grands éloges, et qui aura toujours du prix aux yeux des personnes pieuses et sages.

Au milieu de ses égarements, il avoit toujours conservé un grand fonds de piété. Détrompé des vanités du monde, et persuadé par les exhortations pathétiques de sœur Colette, mère et réparatrice de l'ordre de sainte Claire, il embrassa la vie religieuse, se fit recevoir, à soixante-cinq ans, dans l'ordre de Saint-François, et mourut deux ans après avec l'habit de cet ordre. Dans son dernier testament, daté du 24 janvier 1435, après nombre de legs pieux faits à différents monastères, il institue sa fille unique, ÉLÉONORE de Bourbon, comtesse de Pardiac, son héritière, et à son défaut son petit-fils, Jacques d'Armagnac, à la charge et condition de porter son nom et ses armes.

Ce prince, décédé le 24 septembre 1438, à l'âge de soixante-sept ans, eut sa sépulture dans le couvent de Saint-François ou de Sainte-Claire de Besançon, dans la chapelle dite du roi Jacques. Belle-Forest nous a conservé son épitaphe ainsi conçue :

Cy gist Jacques de Bourbon, très haut prince et excellent de Hongrie, Jérusalem et Sicile Roy très puissant, comte de La Marche et

de Castres, et seigneur d'autres pays, qui pour l'amour de Dieu laissa
freres, parents, et amis, et par debotion entra en l'ordre de sainct François: lequel trespassa le bingt-quatrieme jour, l'an *M. CCCC. XXXVIII.*
Priez Dieu pour son ame.

Jacques de Bourbon eut deux femmes, comme on vient de le voir. De la première, Béatrix de Navarre, naquit:

ÉLÉONORE de Bourbon, comtesse de La Marche et de Castres, duchesse de Nemours, qui épousa Bernard d'Armagnac, comte de Pardiac, second fils du connétable d'Armagnac, dont elle eut postérité. Son fils ainé, Jacques d'Armagnac, obtint pour partage le duché de Nemours, avec les comtés de La Marche et de Castres; c'est ainsi que le comté de La Marche sortit de la maison de Bourbon; mais il y rentra ensuite, par la confiscation des biens du dernier Armagnac, sous Louis XI; le puiné fut évêque de Castres.

De sa seconde épouse, Jeanne, reine de Sicile, le comte de la Marche n'eut point d'enfants.

On lui attribue un fils naturel:

CLAUDE d'Aix, qui, après avoir long-temps porté les armes au service du roi, suivit l'exemple de son père, et se fit religieux cordelier au couvent de Dol en Franche-Comté. Mort novice et sans postérité.

BOURBON-VENDOME.

I.

LOUIS DE BOURBON,

COMTE DE VENDÔME ET DE CHARTRES, SEIGNEUR DE PRÉAUX, DE MONT-DOUBLEAU, D'ÉPERNON, ET DE ROMALART, ETC.; GRAND CHAMBELLAN ET GRAND MAITRE DE FRANCE; GOUVERNEUR DE PICARDIE, DE CHAMPAGNE, ET DE BRIE, ETC., ETC.

Écartelé au 1 et 4 de France, à la cotice de gueules, chargée de trois lionceaux d'argent; au 2 et 3 d'argent, au chef de gueules, au lion d'azur, armé, couronné, et lampassé d'or sur le tout.

Ce prince, héritier des vertus de son père Jean I, comte de la Marche, eut pour partage les grands biens qu'avoit apportés dans sa maison Catherine sa mère. En 1403, il prêta foi et hommage à Louis II, roi de Sicile, duc d'Anjou, dont la terre de Vendôme relevoit, et fut fait chevalier à la prise de l'île de Falmouth, où il avoit accompagné son frère, Jacques de Bourbon, dans son expédition d'outre-mer. A son retour le roi l'éleva à l'éminente dignité de grand chambellan de France.

Peu de temps après, et à la suite de plusieurs contestations, il se trouva, comme nous l'avons dit ci-dessus (voyez page 346), à la merci d'un frère inexorable, qui le retint pendant plus de huit mois dans une obscure prison. Délivré de sa captivité, il se rendit, conformément au vœu qu'il avoit fait, à l'église de Chartres, nu pieds et en chemise, portant un cierge du poids de cinquante livres, et suivi de cent officiers, qui, dans le même état d'humilité, se prosternèrent avec lui au pied de l'autel et offrirent des cierges inférieurs au sien : puis, il délivra à l'évêque un acte authentique par lequel il se reconnoissoit vassal de la sainte Vierge, et redevable d'une somme de soixante-treize livres d'or, pour l'église de son auguste patronne. De là, il vint à Saint-Denis en France, où il renouvela la même cérémonie. Arrivé à la cour, il s'y fit remarquer par sa sagesse et ses vertus. Les ducs d'Orléans et de Bourbon, alors en faveur dans le conseil, le firent pourvoir en même temps de la charge de grand-maître de France, et de la surintendance générale des maisons du roi, de la reine, et du dauphin ; en sorte que le duc de Vendôme passa tout-à-coup de l'excès de l'humiliation au comble de la prospérité.

L'année suivante, il se distingua au siége de Compiégne, et fut envoyé peu de mois après en Angleterre avec l'archevêque de Bourges et l'évêque de Lisieux, pour traiter de la paix entre la France et l'Angleterre. Cette négociation n'ayant pas de suite, il fallut continuer la guerre. A la fameuse bataille d'Azincourt, Louis se trouvoit à la tête de mille hommes d'armes, et, malgré sa valeur, il tomba au pouvoir de l'ennemi, et fut conduit à la tour de Londres où il resta prisonnier jusqu'à ce qu'il eût payé sa rançon, fixée à la somme de cent mille écus, sur laquelle somme il en avoit donné cinquante quatre mille ; mais, comme il ne pouvoit acquitter le reste, il fut encore retenu jusqu'en 1421. Il sortit pourtant à cette époque; et pour perpétuer la mémoire de sa délivrance, il institua dans la ville de Vendôme une procession solennelle qui se faisoit encore dans le siècle dernier, le vendredi avant le dimanche des Rameaux. A la suite de cette cérémonie religieuse, il y avoit toujours un prisonnier pour dettes délivré, ou même un criminel gracié.

Après avoir satisfait au devoir de la religion, il se rendit à Poitiers pour remplir envers son roi les obligations d'un sujet fidéle et dévoué. Louis donna des marques de sa valeur au siége d'Orléans, ensuite à celui de Jargeau, où il commandoit en chef ; il assista au couronnement de Charles VII, et fit lever aux Anglois le siége de Compiégne en 1430. Mais si le duc de Vendôme se distinguoit dans les armées par sa bravoure, il ne brilloit pas moins dans les conseils par sa sagesse et son habileté. Il fut un des coopérateurs les plus actifs du célèbre traité d'Arras, conclu le 21 septembre 1435, entre le roi de France et le duc de Bourgogne, et qui mit fin aux guerres civiles. Lors de l'enlévement du dauphin et de la levée de boucliers des princes du sang contre Charles VII, il refusa de prendre part à la guerre civile, connue sous le nom *de la praguerie*.

Enfin, après avoir parcouru une carrière brillante, tantôt à la tête des armées, tantôt occupé à négocier la paix, toujours s'efforçant de la conseiller ou de la maintenir lorsqu'elle étoit conclue, le duc Louis décéda en paix à Tours, le 21 décembre 1446, âgé de soixante-dix ans. Il fut inhumé dans la chapelle de l'église collégiale de Saint-Georges de Vendôme, et son cœur, porté à l'église cathédrale de Chartres, chapelle de l'Annonciation (depuis appelée de Vendôme), qu'il avoit fait bâtir.

Louis de Bourbon, comte de Vendôme, avoit épousé en premières noces Blanche de Roucy, fille de Hugues II, comte de Roucy, décédée le 22 août 1421, sans laisser d'enfants ; en secondes noces, il

prit pour compagne Jeanne de Laval, fille de
Guy XIII, sire de Laval, de la maison de Montfort
et d'Anne de Montmorency-Laval, dont il eut :

1° JEAN de Bourbon, qui suit;
2° GABRIELLE, ou CATHERINE de Bourbon, morte jeune
et sans avoir été mariée.

Enfant naturel.

JEAN de Bourbon, bâtard de Vendôme, seigneur de Préaux,
Vaussay, et Bonneval, né en Angleterre du commerce
secret du prince Louis, comte de Vendôme, avec
Sibylle Bostum, angloise, légitimé par lettres du roi,
datées de 1449 et 1469, assista à la prise de Fronsac
en 1451, où il fut créé chevalier; fit hommage de ses
seigneuries à son frère Jean II, comte de Vendôme,
le 28 avril 1474; fut fait capitaine général du Vendômois en 1489; et, comme il étoit né en Angleterre, il
obtint des lettres de naturalisation au mois d'août 1496.
Il épousa d'abord Jeanne d'Ylliers, puis Gillette Per-
driel, dont il eut trois fils morts sans postérité, savoir :
1° Jean de Vendôme, curé de Lunay, et conseiller au
parlement; 2° François de Vendôme, aussi curé de
Lunay après son frère; 3° Jacques de Vendôme, écuyer,
mort sans enfants. Et trois filles : 1° Louise de Vendôme, femme de Jean des Loges, seigneur de Touche-
ronde, etc.; 2° Mathurine de Vendôme, élevée au
service de Jeanne de Bourbon, dame de Joyeuse, et
mariée à Pierre de Montigny, écuyer, seigneur de La
Boisse; 3° Marie de Vendôme, mariée à N...., seigneur
de La Valette en Limosin.

II.

JEAN II DE BOURBON,

COMTE DE VENDÔME, SEIGNEUR D'ÉPERNON, DE MONT-DOUBLEAU, DE MONTOIRE, DE LAVARDIN, DE LA ROCHE-SUR-YON, DE CHAMPIGNY, DE BONNEVAL, ETC., ETC.

Il paroît qu'il reprit les armes pleines de Bourbon-la-Marche.

(1447—1451.) Ce prince, fils unique de Louis, fit ses premières armes sous le célèbre Jean, bâtard d'Orléans, comte de Dunois, surnommé l'Achille de la France, et se trouva aux siéges de Rouen et de Bordeaux, à celui de Fronsac, où il fut créé chevalier; et, au sacre de Louis XI, il représenta le comte de Champagne. Du reste, il eut peu de crédit à la cour du monarque: mais bien loin que la défaveur qu'il éprouvoit altérât ses sentiments de fidélité envers son roi, il le seconda efficacement dans la guerre dite du bien public, et donna des preuves de sa valeur à la bataille de Montl'héry, d'autant plus agréables au roi, que Jean II, duc de Bourbon, chef de la famille, s'étoit déclaré chef de la ligue. Comme la reconnoissance n'étoit pas la vertu principale de Louis XI, le comte de Vendôme n'obtint de ce prince aucune satisfaction au sujet de la charge de grand-maître de la maison de France, encore moins de celle de connétable qu'avoit occupée son aïeul, et qu'il postula en même temps. Le double refus qu'on lui fit éprouver ne le détourna point de son devoir, comme nous venons de l'annoncer; il assista à l'assemblée des grands du royaume, tenue à Amboise en 1465, et fut toujours reçu à la cour avec distinction; mais en général ses actions, comme prince du sang et comme grand du royaume, furent peu remarquables. C'étoit un brave prince, rempli de probité et doué de toutes les qualités qui décorent et font aimer l'homme de bien, dans quelque état que le ciel l'ait fait naître.

Jean de Bourbon mourut dans son château de Lavardin, près Vendôme, le 6 janvier 1477, et fut enterré dans la chapelle Notre-Dame de l'église de Vendôme.

Par contrat passé le 9 novembre 1454, ce prince avoit épousé Isabelle de Beauvau, fille unique et héritière de Louis de Beauvau, seigneur de Champigny, sénéchal d'Anjou, décédée en 1474, et inhumée auprès de son mari.

Il eut d'elle:

1° FRANÇOIS de Bourbon, qui suit;

2° LOUIS de Bourbon, prince de La Roche-sur-Yon, chef de la seconde branche de Montpensier, dont nous parlerons ci-après;

3° JEANNE de Bourbon, l'ainée, qui épousa Louis de Joyeuse, seigneur de Bothéon-en-Forez, et d'autres lieux. Ce seigneur, fort avant dans les bonnes graces de Louis XI, devint successivement conseiller du roi, comte de Grand-Pré, gouverneur et tuteur de François, comte de Vendôme, son beau-frère, resté orphelin à l'âge de sept ans. Il conserva la même faveur auprès de Charles VIII, et fut pourvu de la charge de lieutenant-général de la ville, prévôté, et vicomté de Paris. Jeanne l'ainée mourut en 1487.

4° CATHERINE de Bourbon, dame de Curton, seconde femme de Gilbert-de-Chabannes, seigneur de Curton, etc., grand sénéchal de Guienne, et gouverneur de Limosin. Elle n'eut point d'enfants, et vivoit encore en 1525.

5° JEANNE de Bourbon, la jeune, princesse renommée pour sa vertu et sa beauté, fut mariée trois fois: d'abord à JEAN II, duc de Bourbon, en 1487 (Voyez ci-dessus page 204.), puis à Jean I, sire de La Tour et comte d'Auvergne; enfin à François de La Pause, baron de La Garde, seigneur de Chaselles, etc. De son second mari, le sire de La Tour-d'Auvergne, elle eut deux filles, Anne de La Tour-d'Auvergne, mariée à Jean Stuart, son cousin germain, morte sans postérité; et Magdeleine de La Tour, qui épousa Laurent de Médicis, duc d'Urbin, neveu du pape Léon X, duquel mariage est issue la fameuse Catherine de Médicis.

6° CHARLOTTE de Bourbon, mariée le 23 février 1489 à Engilbert de Clèves, comte de Nevers. Après la mort de son mari, la princesse Charlotte prit le voile à l'abbaye de Fontevrault : morte le 14 décembre 1520.

7° RENÉE de Bourbon, religieuse, abbesse de la Trinité de Caen et de Fontevrault; régit pendant quarante-trois ans ces deux abbayes, les réforma, et les embellit de superbes édifices. Elle mourut en 1534, avec la consolation de voir sa réforme adoptée et suivie dans trente-deux maisons de son ordre.

8° ISABELLE de Bourbon, d'abord grande prieure de Fontevrault, puis abbesse de la Trinité de Caen, qu'elle gouverna pendant vingt-six ans, en vertu de la résignation que lui en fit sa sœur; morte en 1531.

Enfants naturels.

1° JACQUES de Vendôme, seigneur de Bonneval, tige des seigneurs de Ligny, dont il sera parlé ci-après;

2° LOUIS de Vendôme, licentié ès lois, entré de bonne heure dans l'état ecclésiastique, fut chantre de l'église collégiale de Saint-Georges de Vendôme, prieur d'Épernon; ensuite évêque d'Avranches et abbé de Savigny. Il mourut le 21 octobre 1520. C'est lui qui a fait bâtir la maison épiscopale d'Avranches. Ses armes étoient de Bourbon-Vendôme, brisées d'un bâton noué mis en barre.

III.

FRANÇOIS DE BOURBON,

COMTE DE VENDÔME, DE SAINT-PAUL, DE CONVERSAN, DE MARLE, ET DE SOISSONS; VICOMTE DE MEAUX, SEIGNEUR DE DUNKERQUE, DE GRAVELINES, DE HAM, DE LA FÈRE, D'ENGUIEN, DE CONDÉ, DE LA ROCHE, DE BOHAIM, DE BEAUREVOIR, ET D'ÉPERNON, ETC.

ARMOIRIES.

Comme ci-devant.

Ce jeune prince, né en 1470 et de la plus belle espérance, moissonné par la faulx de la mort à la fleur de ses ans, méritoit toute l'affection de Charles VIII, au sacre duquel il représenta le comte de Toulouse. Lors de la guerre civile suscitée par le duc d'Orléans (depuis Louis XII), il resta toujours attaché au parti de la régente, assista au jugement des chefs de la ligue, condamnés comme criminels de lèze-majesté, et s'opposa à l'entrée du sire d'Albret dans la Bretagne; fut envoyé ensuite sur la frontière de Picardie pour secourir les Flamands et Philippe de Clèves, contre l'archiduc Maximilien qui avoit embrassé le parti des confédérés.

Parmi tous les princes de la maison de Bourbon, il fut choisi particulièrement pour accompagner le jeune roi Charles VIII à la conquête du royaume de Naples. Dans le cours de cette expédition, il donna les preuves de la plus grande valeur, et notamment à la bataille de Fornouë. Les fatigues qu'il essuya et les dangers auxquels il fut exposé pendant le cours de cette expédition, qui dura peu long-temps à la vérité, mais qui fut assez périlleuse, joints à la foiblesse de son tempérament, lui causèrent une maladie dont il mourut à Verceil, en Piémont le samedi 3 octobre 1495, à l'âge de vingt-cinq ans. Voici ce que dit de lui un historien du temps (A. de la Vigne, Histoire du Voyage de Naples) : « De ce trépas, le roy fut tant fasché, que
« merveilles, ensemble toute la seigneurie de France,
« et non sans cause, car c'estoit l'un des beaux et
« des bons princes du monde.... Au service faict en
« l'église de Verceil, fut le plus grand deuil de
« prince, qui jamais fut veu. *Aussi estoit-il l'escar-*
« *boucle des princes de son temps, en beauté, bonté,*
« *sagesse, douceur, et bénignité.* Le roy en fut si
« marry que nul ne le pouvoit reconforter; et pour
« monstrer qu'il le vouloit aimer en sa mort comme
« il avoit faict en sa vie, voulut que semblable hon-

« neur fust faict à l'enterrement du corps, que si ce
« prince eust esté son propre frère. » Le même auteur ajoute, que François avant sa mort avoit écrit au roi « pour lui recommander trois choses : son
« asme, sa femme, et ses petits enfants ; le suppliant
« très ardamment, qu'il lui pleust leur estre comme
« mary et père, ou du moins leur garde et protec-
« teur.

Le 8 septembre 1487, François avoit épousé Marie de Luxembourg, fille aînée et principale héritière de Pierre II, duc de Luxembourg, comte de Saint-Paul, et de Marguerite de Savoie, veuve sans enfants de Jacques de Savoie, comte de Fromont. Cette princesse apporta de grands biens dans la maison de Bourbon, entre autres les comtés de Saint-Paul, de Ligny, de Conversan, de Brienne, de Marles, et de Soissons, la vicomté de Meaux, etc. Son douaire fut fixé à la somme de 4,000 livres de rente, et il fut convenu que le second des fils qui naîtroit de leur union, auroit pour apanage le comté de Saint-Paul ; ce qui eut lieu.

François, duc de Vendôme, eut de Marie de Luxembourg :

1° CHARLES de Bourbon, duc de Vendôme, qui suit ;

2° JACQUES de Vendôme, mort au berceau ;

3° FRANÇOIS I de Bourbon, comte de Saint-Paul, dont nous donnerons une notice particulière ;

4° LOUIS de Bourbon, cardinal, du titre de Saint-Sylvestre

au Champ-de-Mars, archevêque de Sens, primat des Gaules et de Germanie, évêque de Laon, du Mans, de Tréguier, et de Luçon; abbé de Saint-Denis et pair de France.

Ce prélat fut un des plus illustres de l'église gallicane. Tous les historiens du temps en ont parlé comme d'un prince qui sut allier les devoirs de l'épiscopat et la charité d'un véritable pasteur, à l'éclat du rang et aux vertus qui décorent un homme d'état, car il le fut, et dans une grande monarchie. Louis, né le 2 janvier 1493, pourvu, quoique fort jeune encore, de l'évêché de Laon, l'une des six pairies ecclésiastiques, fut, en 1517, créé et prononcé cardinal par le pape Léon X. Il assista à l'assemblée des princes et grands officiers de la couronne, tenue à Paris (1528) au sujet de la guerre proposée contre l'empereur Charles V, et la même année au conclave pour l'élection du pape Paul III.

(1536.) Il fit la cérémonie du mariage de Magdeleine de France, fille de François I, avec Jacques V, roi d'Écosse.

En 1543, il baptisa François, dauphin de Viennois, fils ainé d'Henri II, et célébra peu de temps après les obsèques de François I, dans l'église de Saint-Denis.

(1549.) Dans la même église, le cardinal de Bourbon couronna Catherine de Médicis.

Enfin, en 1552, il tint sur les fonds baptismaux, au nom d'Henri II, roi de France, Henri de Navarre, duc de Beaumont, depuis Henri IV, roi de France et de Navarre, et termina, deux années après, le 11 mars 1556, une carrière honorable et remplie de mérites. Son corps repose dans l'église cathédrale de Laon, et son cœur avec ses entrailles à Saint-Denis-en-France, sous une colonne de porphyre, au haut de laquelle on voit sa statue en marbre, avec cette épitaphe en vers latins de la composition de Jean Vitalis :

> Sic Romanus habet merito, Lodovice, senatus
>   Nestora, res magnas, te suadente, suum.
> Et quamvis virtute vales et lumine claro
>   Sanguinis illustras nobilioris avos :
> Relligio tamen insignes superaddit honores,
>   Teque vocat patrem Gallia tota suum.

C'est ce cardinal qui avoit fait faire la belle châsse de saint Louis. Cette châsse étoit en argent, et représentoit les douze pairs de France. On lui devoit aussi le bel hôtel de Bourbon, à l'abbaye de Saint-Denis, où les rois et les princes se rendoient quand ils assistoient à quelque réunion.

5° ANTOINETTE de Bourbon, née au château de Ham en Picardie, le jour de Noël 1494, mariée à Claude de Lorraine, duc de Guise, le 9 juin 1513, veuve en 1550, et décédée au château de Joinville le 20 janvier 1583, à l'âge de quatre-vingt-neuf ans. C'est d'elle que descendent les ducs de Guise si célèbres dans notre histoire.

6° LOUISE de Bourbon, née à La Fère en 1495. Religieuse professe de l'abbaye de Fontevrault, fut successivement abbesse d'Origny, de Sainte-Croix de Poitiers, grande prieure de Fontevrault, enfin abbesse de cet ordre, qu'elle régit pendant quarante ans ; morte le 21 septembre 1575.

On attribue à François, duc de Vendôme, un fils naturel nommé Jacques, fils d'une demoiselle de Grigny.

NOTICE PARTICULIÈRE

SUR

BOURBON-SAINT-PAUL-D'ESTOUTEVILLE.

ARMOIRIES.

Écartelé au 1 et 4 de Bourbon, qui est d'azur, à trois fleurs de lis d'or, et à la cotice de gueules; au 2 et 3 de Luxembourg, qui est d'argent au lion de gueules armé, couronné d'or et lampassé d'azur, la queue nouée, fourchée, et passée en sautoir.

François de Bourbon, comte de Saint-Paul, de Chaumont, duc d'Estouteville, vicomte de Roncheville, baron de Cleuville, de Briquebec, de Hambie, de Moyon, de Gaié, et de Mesleraut, seigneur des Loges, de Vallemont, de Hotot, de Faville, de Ferneval, etc.; chevalier de l'ordre de Saint-Michel, gouverneur de l'Ile de France, de Dauphiné, et de Picardie, né en 1491, fut un des plus illustres et des plus aimables seigneurs de son siécle. Sa vie fut toute guerrière, galante, et pleine de ces graces touchantes qui étoient l'apanage de presque tous les Bourbons avant Henri IV.

Fort jeune encore (en 1514), on le trouve parmi les ambassadeurs que Louis XII envoya à Boulogne-sur-mer, pour recevoir la reine, Marie d'Angleterre, sa nouvelle épouse. Peu de temps après, lors du couronnement de François I, il représente le comte de Champagne, suit le nouveau roi dans son expédition d'Italie et se distingue principalement à la bataille de Marignan, où il combat sans cesse au côté de son cousin, le grand connétable de Bourbon; ce qui lui vaut l'honneur d'être armé chevalier de la main du chevalier Bayard. On le voit aussi assister à l'entrée du roi à Milan, où sa majesté, lors de son départ de cette ville, le laissa pour coopérer avec le connétable à la conservation des conquêtes faites en Italie.

De retour en France, le comte de Saint-Paul fut pourvu du gouvernement de l'Ile de France, du Soissonnois, et du Vermandois; et lorsque Charles V (1518) attaqua la France par les Pays-Bas, il rendit des services signalés par la manière adroite avec laquelle, à la tête de six mille hommes d'armes qu'on lui avoit donnés, il secourut la ville de Mézières assiégée. La prise de Mouson, Bapaume, et autres furent la suite de sa bonne conduite. Dans la même campagne, il défit les Anglois au combat de Pas, et arrêta leurs progrès.

Il suivit le roi dans le Milanois, en 1525, et fut fait prisonnier à la bataille de Pavie; échappé par adresse de sa prison (il avoit gagné ses gardes), il revint en France aussitôt pour voler à la défense de la monarchie en péril. La garde du Dauphiné, une des provinces les plus menacées, lui fut confiée, et il la mit à l'abri de toute surprise.

Le comte François ne pouvoit rester tranquille dans son gouvernement; à la tête de huit mille hommes, il rentre en Italie, décoré du titre de lieutenant-général, s'empare de Mosco, Morterre, Novarre et des autres places situées entre le Pô et le Tésin, pousse jusqu'à Pavie, qu'il prend encore sur les Impériaux; mais dans une rencontre qu'il a avec Antoine de Léve, général des Impériaux, il se voit lâchement abandonné des siens, et reste prisonnier de guerre. Il ne fut relâché qu'au traité conclu à Cambrai en 1529; et encore lui en coûta-t-il pour sa rançon les terres qu'il avoit en Flandre, Brabant et Artois, provenant du chef de sa mère, Marie de Luxembourg.

La même année, le roi lui accorda 2,000 livres par mois, pour son traitement comme gouverneur du Dauphiné, afin, étoit-il dit, de l'aider à supporter la dépense qu'il avoit faite en Italie. Quatre ans après, il assiste à l'entrevue de François I avec le pape Clément VII, à Marseille. En 1536, le comte de Saint-Paul est chargé de la guerre contre le duc de Savoie, qui avoit refusé le passage aux troupes françoises destinées pour l'Italie; et, en moins d'un an, il soumet au pouvoir de la France presque tout le pays, prend la forte place de Montmélian, et oblige le duc de Savoie de donner une juste satisfaction pour sa conduite.

C'est à la suite de cette expédition (1538), qu'après la mort de son frère, Charles, duc de Vendôme, le roi lui donna le gouvernement de Picardie. Puis, au renouvellement de la guerre entre l'empereur et la France, il assista le dauphin à qui le roi avoit confié le commandement en chef de l'armée françoise ; là, secondé puissamment par l'amiral d'Annebaut, il secourt Landrecies en 1543, repousse les Impériaux, les force de lever le siége honteusement, et les tient en échec tout le reste de la campagne.

Ce prince généreux étoit encore sous les armes, lorsque, le 1er septembre 1545, il mourut à la suite d'une fièvre violente, à Contignan près de Rheims, âgé d'environ cinquante-quatre ans. Il eut sa sépulture dans l'abbaye de Vallemont.

Le 9 février 1534, il avoit épousé Adrienne d'Estouteville, riche et unique héritière de Jean, seigneur d'Estouteville, en Normandie, de Trie, de Hambie, etc. Cette dame possédoit plus de vingt seigneuries, comme on le voit par son testament daté du 15 décembre 1560, époque de sa mort.

François de Bourbon, comte de Saint-Paul, eut de son épouse deux enfants :

1° François II de Bourbon, comte de Saint-Paul, duc d'Estouteville, né à Hambie, le 14 janvier 1536. A peine avoit-il neuf ans, qu'à la mort de son père il fut pourvu du gouvernement du Dauphiné, qui, depuis ce temps, jusqu'à Henri IV, resta toujours affecté à la maison de Bourbon. Il étoit même nommé capitaine de cent lances, lorsqu'il mourut à l'âge de douze ans, le 4 octobre 1546, et fut enterré dans l'abbaye de Vallemont, laissant pour unique héritière sa sœur Marie de Bourbon, qui suit.

2° Marie de Bourbon, comtesse de Saint-Paul, duchesse d'Estouteville, etc. Née à La Fère en Picardie, le 30 mai 1539, mariée trois fois : 1° à son cousin-germain Jean de Bourbon, comte de Soissons, le 14 juin 1537, tué à la bataille de Saint-Quentin, le 10 août suivant; 2° à François de Clèves, duc de Nevers, son parent, qui fut tué à la bataille de Dreux, 1562; 3° à Léonor d'Orléans, duc de Longueville, décédé en 1573, laissant plusieurs enfants, dont le deuxième succéda au comté de Saint-Paul. Marie de Bourbon, veuve de ses trois maris, termina sa carrière à Pontoise, le 7 avril 1601, âgée de soixante deux ans, et fut enterrée avec ses pères dans l'abbaye de Vallemont.

IV.

CHARLES DE BOURBON,

SURNOMMÉ *LE MAGNANIME*,

DUC DE VENDÔME, COMTE DE SOISSONS, DE MARLE, DE CONVERSAN; VICOMTE DE MEAUX, SEIGNEUR D'ESPERNON, DE MONT-DOUBLEAU, DE CONDÉ, DE HAM, DE GRAVELINES, DE DUNKERQUE, DE LA ROCHE, DE BOHAIM, DE BEAUREVOIR, DE HESDIN, CHATELAIN-DE-L'ILE; PAIR DE FRANCE, CHEVALIER DE L'ORDRE ROYAL DE SAINT-MICHEL, GOUVERNEUR DE PICARDIE, DE PARIS, DE L'ILE-DE-FRANCE, DE VALOIS ET VERMANDOIS, CHEF DES CONSEILS DU ROI, ENFIN PREMIER PRINCE DU SANG.

Non pas comme son prédécesseur, mais bien les armes simples de Bourbon, savoir: d'azur à trois fleurs de lis d'or, à la cotice de gueules.

La ville de Vendôme eut le bonheur de voir naître ce prince, un des plus accomplis qui aient jamais paru, pour le courage, la sagesse, et les vertus civiques qui sont, de la part des grands, l'appui des trônes et la sécurité des nations. Il naquit dans cette ville, le 2 juin 1489, et il eut pour parrains le roi Charles VIII avec le duc de Savoie, et pour marraine Anne de France, duchesse de Bourbon, dame de Beaujeu.

Il avoit à peine six ans, que son père, le comte de Vendôme, le laissa orphelin sous la tutelle de sa mère, Marie de Luxembourg. A cet âge, il montroit de si belles dispositions que le bon roi Louis XII le prit en affection, comme si c'eût été son propre fils, et le fit instruire sous ses yeux dans tous les exercices convenables aux grandes dignités dont il devoit un jour être revêtu.

(1507.) Vendôme accompagna ce grand monarque au voyage d'Italie pour le recouvrement de la ville de Gênes; et deux ans après, il se distingua à la bataille d'Aignadel, de manière à mériter d'être armé chevalier de la main du roi.

Au sacre de François I, il représenta le comte de Flandre, et dans le même temps, quoiqu'il eût à peine dix-sept ans, François I, charmé de sa bonne conduite et de sa prudence, lui accorda une dispense d'âge pour administrer ses biens et sortir de la garde noble de la comtesse douairière de Vendôme, sa mère.

François I fit plus : il érigea en duché-pairie le

comté de Vendôme auquel on joignit les baronnies et châtellenies de Mont-Doubleau, Montoire, Lavardin, etc. Déja les six anciennes pairies, Normandie, Bourgogne, Bretagne, Flandre, Toulouse, et Champagne étoient éteintes et absorbées dans le domaine de la couronne, et il falloit les remplacer; on ne pouvoit mieux rétablir ces anciennes dignités, jadis si formidables, qu'en les confiant à des princes comme les Bourbons. Malheureusement on les multiplia trop dans la suite. Entre le trop et le trop peu, il y a un moyen terme : ceci soit dit en passant. Ensuite, par le même effet de la bienveillance du roi, le nouveau duc fut institué lieutenant-général et gouverneur de la ville de Paris, de l'Ile-de-France, des pays de Valois, Soissonnois, baillages de Senlis, Melun, et Vermandois. C'est aussi à cette époque (1514) qu'il fut envoyé en Hollande, vers l'archiduc Charles d'Autriche depuis Charles V, pour la conclusion du mariage projeté entre ce prince et Renée de France, fille puînée de Louis XII.

(1515.) Charles de Vendôme fut un des braves chevaliers qui coopérèrent d'une manière éclatante à la victoire de Marignan. Il ne s'épargna pas dans ce combat terrible; car il eut son cheval percé de trois coups de pique. Ensuite de cette victoire, qui rehaussoit l'éclat du nom françois, mais qui, comme on le sait, ne remplissoit pas les coffres de l'état, car les Suisses n'avaient rien à perdre, le généreux duc de Vendôme prêta au roi 449 marcs de sa vaisselle d'argent pour lui aider à supporter les frais de guerre.

(1518.) Tant de services signalés méritoient une récompense; et le roi, sensible à la loyauté du duc, lui donna le gouvernement général de la province de Picardie, alors une des plus importantes du royaume, parcequ'elle étoit frontière et sans cesse menacée. Pour soutenir les efforts réunis des Anglois et des Impériaux, il n'avoit que huit cents chevaux et six mille hommes de troupes; c'est avec une si foible armée qu'il parvint à garantir sa province, força le comte de Nassau de lever le siége de Mézières, démantela Landrecies, et prit Hesdin.

La défection du connétable fit bientôt planer le soupçon sur les membres de la famille de Bourbon. On craignoit qu'ils ne fussent complices du crime de leur chef; mais ce léger nuage fut promptement dissipé, et l'on se hâta de réparer cette erreur surtout à l'égard du duc de Vendôme, à qui le roi confirma de rechef le gouvernement de Paris, de l'Ile-de-France, et de la Picardie. Charles justifia la confiance du monarque, en repoussant, de concert avec le brave La Trémoille, les efforts de quarante mille hommes jetés subitement dans sa province; il assista même au jugement du connétable, à qui les principes de vertu sévère qu'il professoit n'étoient point favorables. De son côté, François I déclara, par lettres-patentes, que le jugement à intervenir ne préjudicieroit en aucune manière aux prétentions qu'il pouvoit avoir sur les comtés de Clermont et de la Marche, ni sur la seigneurie de Montaigu en Combrailles.

(1525.) Lorsque la nouvelle de la captivité de François I fut parvenue en France, il se fit une espèce de soulévement dans les esprits. On s'en prenoit généralement à Louise de Savoie, à Bonnivet, et à Duprat des malheurs de la patrie; et il ne s'agissoit pas moins que d'ôter la régence à la reine mère pour la conférer au duc de Vendôme. C'est alors que ce grand prince donna un exemple de modération et de dévouement à la monarnarchie qui ne rencontre pas toujours des imitateurs.

On lui avoit envoyé une députation, composée de l'évêque de Paris et des premiers magistrats du royaume pour lui représenter que, « vu la rébellion ouverte du connétable, les déprédations de Louise de Savoie et de ses favoris, et la fuite honteuse du duc d'Alençon, qui avoit abandonné son poste, la régence lui appartenoit de droit, suivant les lois fondamentales du royaume. On le supplioit de l'accepter, et on lui promettoit l'appui de la ville de Paris et de toutes les bonnes villes du royaume. ».

Vendôme d'un seul mot anéantit l'espoir qu'on pouvoit avoir conçu de se servir de lui pour occasioner des troubles dans l'état : « Messieurs, dit-il « aux députés, je vais à Lyon recevoir les ordres de « madame la régente, qui m'appelle avec tous les « grands du royaume pour travailler à la liberté du « roi, et à votre salut. »

La régente, ainsi conservée dans ses éminentes fonctions, ne put tenir contre un trait si magnanime : dès sa première entrevue, elle déclara le duc de Vendôme chef des conseils du roi pendant l'absence du monarque, et se l'associa au gouvernement de l'état. On peut dire qu'aidée de la prudence et des lumières du duc, elle répara, en quelque sorte, les malheurs dont elle étoit cause et se montra supérieure à son sexe, par une administration vigoureuse, et par le refus constant qu'elle fit de ne détacher aucune partie de la monarchie, même pour obtenir la liberté du roi.

(1527.) La modestie et le désintéressement du duc parurent dans tout leur éclat, lors des justes demandes qu'il se crut obligé de faire après la mort du connétable pour rentrer dans la possession des biens du défunt, en qualité d'aîné de la maison de Bourbon. Son droit sur les comtés de Clermont en Beauvoisis, et de La Marche, ainsi que la seigneurie de Montaigu ne pouvoient lui être refusés; il pouvoit même renouveler la procédure intentée naguère au connétable; et dans l'état où se trouvoit alors le royaume, on n'auroit peut-être pas osé lui refuser justice. Il se contenta de réclamer; et François I, sorti de sa captivité, parut avoir égard à ses réclamations, et promit beaucoup. L'affaire traîna en longueur, et le duc de Vendôme, pour ses répétitions, ainsi que la duchessse son épouse, née d'Alençon, n'obtinrent que de petits fragments des biens immenses que leurs pères avoient possédés.

Ainsi s'accomplit le grand œuvre politique de nos rois de la troisième race, et sur-tout des derniers, dont les efforts tendirent constamment à réunir à la couronne les grands fiefs qui en avoient été détachés pour doter les fils de France, soit par mariage, soit par droit de conquête, soit même, comme à l'égard du connétable, par confiscation. Le duché de Bourbon fut le dernier (excepté la Lorraine) qui succomba aux attaques réitérées du pouvoir politique, et ce grand fief ne se releva jamais. Dès-lors la puissance souveraine s'exerça par toute la France avec la plus grande latitude, et les princes apanagés n'eurent plus des duchés, comtés, baronnies que le domaine utile, c'est-à-dire le revenu des terres, tout au plus la moyenne ou basse justice, mais non le domaine réel, qui consiste dans l'exercice du pouvoir souverain.

Le duc de Vendôme, bien loin d'imiter son cousin, ne marqua pas le moindre mécontentement du mépris qu'on faisoit de ses réclamations, continua de servir le roi comme il avoit fait jusqu'alors, avec fidélité, et même avec générosité, se contentant d'une pension de vingt-quatre mille livres et du revenu de son gouvernement de Picardie.

L'histoire nous a conservé la harangue de ce prince, qui portoit la parole au nom de la noblesse dont il étoit président, lors de la fameuse assemblée, tenue à Paris au sujet de la somme de deux millions d'écus d'or, demandés pour la rançon du roi : « Sire, dit-il, la noblesse vous offre la moitié
« de ses biens; si la moitié ne suffit pas, la tota-
« lité, avec nos épées et tout notre sang jusqu'à
« la dernière goutte; mais je supplie votre ma-
« jesté d'observer que je ne peux m'engager que
« pour les gentilshommes qui sont ici, et qui en-
« vironnent votre trône. Qu'il vous plaise donc,
« Sire, d'ordonner aux baillis d'assembler la no-
« blesse de leurs districts, et j'ose lui répondre
« qu'il n'y a pas un seul François, honoré du titre
« de gentilhomme, qui ne se fasse un devoir sacré
« de suivre notre exemple et de se sacrifier pour
« son maître. »

La carrière de Charles, duc de Vendôme, se termina d'une manière bien glorieuse pour lui. En 1536, il se porta de sa personne avec une armée peu nombreuse à la vérité, mais bien choisie, vers la Picardie, fit lever aux Impériaux le siége de Péronne, reprit

Guise, dont l'ennemi s'étoit emparé, et fit échouer tous ses projets de conquête. Après une guerre défensive, soutenue avec beaucoup d'habileté, il se préparoit à prendre l'offensive à son tour, et à poursuivre ses succès jusque dans les Pays-Bas, lorsqu'à Amiens, où il faisoit ses dernières dispositions, il fut attaqué d'une violente pleurésie, qui l'emporta au bout de quelques jours. Il mourut le jour de Pâques fleuries 1538, à l'âge de quarante-neuf ans. Son éloge peut être renfermée dans ce peu de mots que Martin Dubellay nous a transmis: *C'étoit un prince magnanime, et qui avoit rendu de grands services à la couronne.* L'exposé que nous venons d'offrir de sa vie politique, prouve assez combien la France lui fut alors redevable, et combien il dut être regretté du roi et de la patrie.

Ce prince, aïeul immédiat du grand Henri, avoit épousé Françoise d'Alençon, duchesse de Beaumont, veuve de François d'Orléans, comte de Dunois, duc de Longueville. Cette princesse, recommandable par sa piété, sa modestie, sa bienfaisance, et recompensée de ses vertus par une nombreuse et illustre postérité, mourut en 1550, âgée d'environ soixante ans, et fut enterrée à Vendôme auprès de son époux.

Il eut de son épouse chérie :

1° Louis de Bourbon, comte de Marle, né à La Fère le

23 septembre 1513, mort au château de Vendôme le 7 avril 1516, âgé de deux ans.

2° ANTOINE DE BOURBON, roi de Navarre, etc., père du grand Henri IV. Sa notice sera placée en téte du second volume de cet ouvrage.

3° FRANÇOIS de Bourbon, comte d'Enghien. Nous allons en parler.

4° Louis de Bourbon, né le 3 mai 1522, mort le 25 juin 1525, âgé de trois ans.

5° CHARLES II de Bourbon, cardinal, archevêque de Rouen, qui aura sa notice à la suite de celle du comte d'Enghien.

6° JEAN de Bourbon, comte d'Enghien, de Soissons, et de Saint-Paul; duc d'Estouteville, baron de Nogent et de Baugé, seigneur de Montigny, Remalart, Riveray, Malaudon, etc.; chevalier de Saint-Michel, mort au champ d'honneur à la journée de Saint-Quentin, 1557, âgé de vingt-neuf ans, et sans laisser de postérité. Il eut seulement un fils naturel, nommé Valency, qui fut tué devant Bourges, assiégée par le roi en 1562.

7° Louis de Bourbon, prince de Condé, tige des branches de Condé, Conty, et Soissons, dont nous donnerons la description dans le second volume.

8° MARIE de Bourbon, fille ainée du duc de Vendôme, née au château de La Fère, résidence habituelle de sa famille, le 29 octobre 1515, fut accordée en 1535 à Jacques V, roi d'Écosse. Ce mariage n'eut pas lieu, non plus qu'un autre conclu l'année suivante en sa faveur avec François de Clèves, duc de Nevers, parcequ'elle mourut l'année suivante, le 28 septembre 1538, âgée de vingt-trois ans. Cette princesse a sa sépulture au mont Calvaire, à La Fère, lieu de sa naissance.

9° MARGUERITE de Bourbon, née à Nogent, le 26 octobre 1516, fut mise au rang des demoiselles d'honneur des dames de France, filles de François I, et ensuite mariée le 19 janvier 1538, à François de Clèves, duc de Nevers, qui devoit épouser sa sœur aînée, morte le 20 octobre 1589, laissant une postérité qui appartient aux ducs de Nevers.

10° MAGDELEINE de Bourbon, née le 3 février 1520, religieuse à Fontevrault, ensuite prieure de Prouille en Languedoc, enfin abbesse de Sainte-Croix à Poitiers. La date de sa mort n'est pas connue.

11° CATHERINE de Bourbon, née au château du Défant en Bourbonnois, le 18 septembre 1525, religieuse du mont Calvaire de La Fère, puis abbesse de Notre-Dame de Soissons; décédée le 27 avril 1594.

12° RENÉE de Bourbon, née à Saint-Germain-en-Laye, le 6 février 1527, entrée au monastère de Fontevrault en 1533, religieuse professe au mois de juillet 1540, puis grande prieure, enfin abbesse de Chelles; morte en 1583. Voici son épitaphe, telle que nous l'a conservée Malingre dans ses antiquités de Paris.

D. O. M.

DESSOUS CETTE LAME POLIE

REPOSE LA CENDRE AMORTIE

D'UNE PRINCESSE DE BOURBON,

DONT LE NOM ET LA VERTU SAINTE,

QUOIQUE SA VIE SOIT ÉTEINTE,

VIVRONT D'UN ÉTERNEL RENOM.

VIXIT AN. LVI. DIES III. PRÆFUIT AN. XXXIX. MENS. IX. DI. VIII. OBIIT AN. MDLXXXIII. DIE IX. FEBR.

13° ÉLÉONORE de Bourbon, née au château du Louvre, à

Paris, le 18 janvier 1532, novice en l'abbaye de Notre-Dame de Soissons; professe à Fontevrault au mois de juillet 1550, proclamée et bénie abbesse de cette auguste maison, au mois de novembre, par le cardinal de Bourbon son frère, en présence de Catherine de Médicis et de toute la cour. Elle succédoit à sa tante Louise (voy. ci-dessus, pag. 368), et contribua comme elle, par son austère piété et ses vertus, j'oserois dire angéliques, à la célébrité du monastère de Fontevrault, qu'elle embellit et augmenta considérablement. Elle mourut en odeur de sainteté à l'âge de soixante-dix-neuf ans, le 11 de mars 1611.

Enfant naturel.

NICOLAS-CHARLES de Bourbon-Board, fils de Charles, duc de Vendôme, et de Nicole de Board, demoiselle Gantoise. Ce seigneur vivoit encore en 1565, et il eut de Jeanne de Bordeix son épouse six enfants, savoir: Jacques, Michel-Charles, Nicolas, Christophe, Marguerite, et Jeanne. D'après ce nombre d'enfants, il y a tout lieu de croire qu'il a laissé une postérité; mais la trace en est perdue.

N. B. Ainsi, de sept enfants mâles issus de Charles de Bourbon, dit *le Magnanime*, duc de Vendôme, cinq lui survécurent: 1° Antoine de Bourbon, roi de Navarre; 2° François, comte d'Enghien; 3° Charles, cardinal de Bourbon, proclamé roi de France par la Ligue; 4° Jean, comte d'Enghien, tué à la bataille de Saint-Quentin; 5° Louis I, prince de Condé. De tous ces princes, deux seulement, Antoine, roi de Navarre, et Louis, prince de Condé, ont continué la postérité jusqu'à nos jours. Antoine, par la tige royale, commençant à Henri IV, et comprenant les maisons royales de France, d'Espagne, de Naples, et de Parme, et dont celle d'Orléans dépend aussi. De Louis I, sont issues les branches militaires de Condé et de Conti. Ces diverses branches seront le sujet de notre second volume. Il ne nous reste plus dans celui-ci qu'à décrire sommairement plusieurs branches collatérales et naturelles légitimées. C'est de quoi nous allons nous occuper, après avoir donné quelques souvenirs au fameux François, comte d'Enghien, vainqueur à Cérisoles, et à Charles II, cardinal de Bourbon.

NOTICE PARTICULIÈRE

SUR

LE COMTE D'ENGHIEN,

VAINQUEUR A CÉRISOLES.

FRANÇOIS DE BOURBON,

COMTE D'ENGHIEN, CHEVALIER DE L'ORDRE ROYAL DE SAINT-MICHEL, GOUVERNEUR ET LIEUTENANT-GÉNÉRAL POUR LE ROI DANS LES PAYS DE HAINAUT, PIÉMONT, PUIS EN LANGUEDOC ET DANS LES MERS DU LEVANT, ETC.

ARMOIRIES.

Comme son prédécesseur.

Ce prince, l'un des plus grands hommes dont la France ait eu à se glorifier, prit naissance au château de la Fère, en Picardie, le 23 septembre 1519. Il étoit le troisième fils du duc de Vendôme et passa les premières années de sa vie dans la maison du comte de Saint-Paul, son oncle, qui l'adopta pour fils, et lui donna une éducation conforme à l'éclat de sa naissance. Le comte fit plus, il lui servit de maître, le forma au grand art de la guerre qu'il possédoit au suprême degré, et lui inspira toutes les vertus dont il étoit orné lui-même.

Les progrès du jeune prince, son application, son maintien sage et modeste, charmèrent le roi, qui ne tarda pas à l'employer. Fort jeune encore, il accompagna avec les autres princes de la maison de Bourbon l'empereur Charles V, quand ce prince passa par la France pour se rendre aux Pays-Bas : et lorsque la guerre fut renouvelée entre cet empereur et François I, le comte d'Enghien fit ses premières armes en Flandre, sous les ordres de Charles, duc d'Orléans, fils puîné du roi. C'est à cette époque qu'il donna les premières preuves de sa valeur guerrière.

En 1543, le roi lui confia le commandement en chef de ses armées navales dans les mers du levant, avec ordre de se joindre au fameux Chérédin Barberousse, qui, de pirate, s'étoit élevé par son mérite à la dignité de dey d'Alger, et de capitan-pacha de l'empire ottoman. L'expédition ne fut pas heureuse ; en arrivant à Marseille le comte ne trouva que soixante galères assez mal équipées. Sur la foi du comte de Grignan, gouverneur de la Provence, et qui prétendoit avoir une intelligence dans Nice, par le moyen de trois soldats déserteurs, il consentit à tenter de s'introduire dans la place; mais joignant la prudence au courage, il prit seulement quinze galères, encore n'en risqua-t-il que quatre, qu'il fit entrer dans le port de Nice sous la conduite du capitaine Magdelon, et ce fut un bonheur pour l'armée navale, car ces prétendus déserteurs étoient des traîtres. Les quatre galères furent prises par André Doria, et les onze autres eurent le temps de gagner le large et de rentrer dans le port de Marseille.

Sur ces entrefaites, Barberousse arrivoit avec cent douze galères bien armées et fournies de tout ce qu'il falloit pour faire trembler l'Italie. Mais la mésintelligence se mit bientôt entre les armées royales et ottomanes; de sorte que tout ce grand bruit, qu'avoit fait dans l'Europe la réunion singulière d'un roi de France très chrétien avec l'ennemi juré de la religion, n'aboutit qu'à la prise de Nice, qui fut attaquée et enlevée en peu de temps. La séparation des deux armées se fit bientôt après; le comte d'Enghien se retira fort mécontent à Marseille, tandis que Barberousse, non moins mécontent du peu d'habileté des François dans la marine, se borna à ravager les côtes de la Toscane, de Naples, et de Sicile, d'où il enleva une multitude de captifs.

(1544.) Le peu de succès qu'avoit obtenu le comte d'Enghien sur la Méditerranée, ne diminua en rien la bonne idée que le roi et la France con servoient de ses talents et de sa valeur; au contraire, il fut reçu à la cour avec de grandes marques d'estime. L'année suivante, on l'envoya dans le Piémont pour prendre le commandement de l'armée, en remplacement du seigneur de Boutières, dont on n'étoit pas content. C'est ici le véritable théâtre de sa gloire. Son premier soin fut de rétablir l'ordre et la discipline dans l'armée, et il y réussit par la fermeté jointe aux graces et à l'affabilité de son caractère. Au milieu d'un hiver si rude, que le vin geloit dans les caves, d'Enghien ouvre la campagne, s'empare successivement de Pailleval, Crescentin, et d'autres places qui environnoient la ville de Carignan dont on avoit résolu le siège. Le comte d'Enghien, âgé seulement de vingt-quatre ans, avoit pour antagoniste le marquis du Guast, élève du fameux Pescaire, dont nous avons parlé à l'article du connétable. L'armée des Impériaux, commandée par des chefs habiles, ou qui se disoient tels, étoit trois fois plus nombreuse que celle de la France. Il entroit dans le plan de l'empereur, non seulement de chasser les François de l'Italie, mais encore de s'emparer du Dauphiné, du Lyonnois, de la Provence; en un mot, le salut de l'état étoit réellement confié au général françois. Cependant le comte d'Enghien, après la prise de presque tout le Piémont, tenoit Carignan étroitement bloqué. Le marquis du Guast s'ébranle alors et vient avec toutes ses forces au secours de la place attaquée. Il étoit si sûr de vaincre, qu'il avoit fait forger des menottes dont il devoit charger les prisonniers françois, surtout *ce joli fou de comte d'Enghien :* c'est ainsi qu'il appeloit son adversaire, qu'il se faisoit fort d'amener aux pieds des dames de Milan. Le roi, de son côté, avoit défendu au comte de rien hasarder. Dans cette incertitude, celui-ci dépêche en diligence vers François I le brave Montluc pour solliciter l'ordre de livrer bataille. Ce ne fut pas sans de grandes difficultés que cet ordre fut accordé. La prudence ne le vouloit pas, mais la vaillance du roi l'emporta et le comte d'Enghien eut *carte blanche* à cet égard. On peut voir dans les commentaires de Montluc la discussion intéressante qui eut lieu à cette occasion. Le conseil étoit composé de ces vieux guerriers blanchis sous les armes, et présidé par un héros, le magnanime François I.

Muni de cette pièce importante, le général ne songea plus qu'à en profiter. L'ardeur de ses troupes, égalant son courage, il eut bientôt trouvé l'occasion de se satisfaire. Le 13 avril, jour de Pâques, le prince quitta Carmagnole, et s'avança à la rencontre des Impériaux. A peine avoit-il fait un mille ou deux, que le bruit des trompettes l'avertit de l'approche de l'ennemi. Il fit ce jour-là des dispositions fort savantes, s'empara d'une hauteur qui dominoit l'ennemi : mais au moment où il se croyoit en mesure de vaincre, ses généraux, par une prudence mal entendue, l'obligèrent d'abandonner le poste qu'il avoit choisi. Ce ne fut qu'à regret qu'il accorda un jour de plus. Car le lendemain même, 14 avril, il reprit son ascendant et engagea l'action avec une vigueur et un talent qui contribuèrent au succès de cette fameuse journée. A la droite étoient les bandes gasconnes, au nombre de quatre mille hommes et de quatre compagnies de chevau-légers, le tout commandé par Thais, Boutières, de Thermes, et opposées aux Italiens du marquis du Guast; à la gauche l'infanterie italienne et les Grueriens ou Petits-Suisses, à la tête desquels on voyoit Clermont-Dampierre, et seize pièces de canon en deux batteries pour tenir en respect les vieilles bandes espagnoles; au centre, les Suisses commandés par le colonel Ferly, soutenus par le brave d'Ossun. Au centre aussi se trouvoit placé d'Enghien, dont la cornette étoit portée par Bourbon-Rubempré. A ses côtés paroissoient Saint-André, les deux Coligny, Bourdillon, le Vidame de Chartres, Jarnac, Rochechouart, Genlis l'aîné, et cent gentilshommes volontaires, le tout pour tenir tête au marquis du Guast et aux lansquenets. En vain le marquis eut recours à toutes les ruses de l'art pour prendre en flanc l'armée françoise, son adversaire fit échouer tous ses efforts, et l'obligea de combattre dans la position où il s'étoit placé lui-même. Après le signal donné, et les premières escarmouches faites par les *enfants perdus* et le brave Montluc, les lansquenets, au nombre de dix mille, s'ébranlèrent les premiers et marchèrent contre les Suisses. Ceux-ci, quoique bien inférieurs en nombre, aidés du colonel Thais et de ses bandes gasconnes, soutinrent le choc avec une telle valeur que les lansquenets, percés de coups de piques, furent bientôt repoussés. Le carnage fut horrible de ce côté, les Suisses et les Gascons crioient sans cesse, *Mondovi! Mondovi!* en revanche d'une bataille qu'ils avoient perdue peu auparavant, et ils ne fesoient de quartier à personne.

Il en fut de même à l'aile droite: les Italiens ennemis qui, au commencement de l'action, avoient fait prisonnier le brave de Thermes, furent bientôt écrasés par les bandes gasconnes et suisses réunies après la défaite du centre de l'armée ennemie: ainsi la victoire se déclaroit pour les François à la droite et au centre; il n'en étoit pas de même à la gauche. D'Enghien ne comptant pas beaucoup sur ses Italiens et les Grueriens, s'étoit détaché du centre avec une troupe d'élite et les volontaires, pour soutenir le choc des bandes espagnoles. Il a la douleur de voir ses troupes enfoncées et fuyant de toutes parts en désordre. Avec un seul escadron, il revient trois fois à la charge dans l'espérance qu'il lui arriveroit du secours de la droite et du centre. N'en voyant pas, paroître, et réduit à cent cavaliers en état de combattre, il se livre au plus violent désespoir : deux fois il porte la pointe de son épée vers sa poitrine pour se délivrer du fardeau de la vie, après une défaite qu'il croyoit certaine ; mais un sentiment d'honneur lui fait prendre une résolution plus digne d'un Bourbon, celle de périr au milieu des bataillons ennemis. Il alloit l'exécuter, lorsqu'il aperçoit le désordre qui commençoit à se mettre dans l'armée espagnole ; et des cavaliers détachés du centre, accourent à lui et l'instruisent de l'arrivée des Suisses et des Gascons vainqueurs. De ce moment la victoire ne fut plus douteuse, et d'Enghien n'eut plus qu'à recevoir les félicitations de son armée. Les soldats, ivres de joie, amenoient à ses pieds deux cents drapeaux, quinze pièces de canon, six généraux, trois mille prisonniers. Sur le champ de bataille on comptoit quinze mille morts ; la caisse militaire, le convoi préparé pour ravitailler Carignan, et tous les équipages de l'armée ennemie tombèrent au pouvoir du vainqueur. Enfin le comte put jouir, dans toute son étendue, du plus beau de tous les triomphes, celui de sauveur de la patrie ; car l'effet de la victoire de Cérisoles fut de garantir les provinces de l'est d'une invasion qui, combinée avec les mouvements des armées impériales et angloises dans le Nord, auroit mis la France à deux doigts de sa perte. C'est ce qui a fait dire à Boileau dans sa satire dixième, en parlant de la femme infatuée de sa noblesse :

> Dans ce fameux combat
> Où sous l'un des Valois d'Enghien sauva l'état.

et plus bas ;

> Allez sur les débris des lances espagnoles
> Coucher si vous voulez aux champs de Cérisoles,
> Ma table ni mon lit ne sont point faits pour vous.

Au reste, ce fut là tout le fruit que le prince retira de sa victoire : il est grand sans doute ; mais si on l'eût voulu croire, le Milanois et même le royaume de Naples auroient été le prix de la valeur françoise. Le roi, plus prudent, sut modérer son ardeur. La victoire de Cérisoles ne défendoit pas les provinces du nord attaquées, et on avoit besoin d'une partie de l'armée d'Italie pour achever de repousser l'ennemi : en conséquence on se contenta, pour le moment, de la conquête du Piémont dont toutes les places, même la ville de Carignan, se rendirent : le prince fut rappelé en France, servit en qualité de volontaire à l'armée d'Italie, et contribua aux succès de la campagne. Il eut pour récompense le gouvernement du Languedoc, alors la plus riche province de France.

(1545.) Le traité de paix signé entre l'empereur et la France, et celui qui fut conclu l'année suivante avec l'Angleterre, pouvoient permettre au comte de jouir de ses glorieux travaux; et son âge peu avancé, il n'avoit alors que vingt-huit ans, sembloit promettre à la patrie une longue suite de hauts faits utiles et honorables, lorsqu'une mort funeste vint l'enlever au milieu de ses triomphes. La cour s'étoit rendue à la Roche-sur-Yon, maison délicieuse située sur les bords de la Seine. Une neige abondante couvroit les campagnes. Elle fournit aux jeunes gens de la cour une occasion de se livrer aux exercices violents des combats simulés, fort en vogue à cette époque. On élève un fort à la hâte; on assigne les postes; le comte d'Enghien est chargé du commandement de ce fort, qui devoit être assailli par le dauphin, le comte d'Aumale, Saint-André et leurs compagnons. On se bat d'abord avec des pelottes de neige; mais, bientôt dans l'ardeur de l'action, on se sert d'armes plus meurtrières. Le fort est pris, et les combattants, vainqueurs ou vaincus, se séparent. Le jeune prince fatigué, s'assied sur un banc dans la cour du château. C'est à ce moment qu'un coffre jeté par une fenêtre lui tombe sur la tête: le coup fut mortel et le prince termina sa carrière, après avoir langui deux ou trois jours.

Celui qui avoit lancé le coffre étoit un jeune seigneur italien nommé Corneille Bentivoglio, attaché au dauphin. On l'accusa de préméditation, on alla jusqu'à dire que le dauphin lui-même n'étoit pas étranger à ce meurtre, sans doute involontaire: mais les plus graves soupçons planèrent sur le comte d'Aumale (depuis si célèbre sous le nom de duc de Guise), l'affaire fut examinée, non pas juridiquement, mais dans le conseil privé. Tout bien considéré, il parut constant que le hasard seul avoit occasioné l'accident qui privoit la France d'un héros, moissonné à la fleur de son âge.

François, comte d'Enghien, mourut le 23 février 1545, et fut inhumé dans l'église de Saint-Georges de Vendôme auprès de ses ancêtres. Il n'a point laissé de postérité.

CHARLES II DE BOURBON,

CARDINAL DU TITRE DE SAINT-SIXTE, ARCHEVÊQUE DE ROUEN, PRIMAT DE NORMANDIE, LÉGAT D'AVIGNON, ÉVÊQUE DE BEAUVAIS, PAIR DE FRANCE, COMMANDEUR DE L'ORDRE DU SAINT-ESPRIT, ABBÉ DE SAINT-DENIS, DE SAINT-GERMAIN-DES-PRÉS ET DE SAINT-OUEN, DE JUMIÉGES, DE CORBIE, ETC., ETC.

ARMOIREIS.

De Bourbon-Vendôme, comme ses prédécesseurs.

Ce prélat fut un des plus recommandables de l'Église gallicane. Né le 22 décembre 1523, et cinquième fils du duc de Vendôme, il passa successivement par toutes les grandes prélatures du royaume ; assista en personne à l'élection du pape Paul IV. De 1551 à 1557 il fut gouverneur de Paris et de l'Ile de France pour le roi. Son rare mérite et sur-tout sa modestie, l'appelèrent, comme malgré lui, à toutes les charges importantes de l'état ecclésiastique et de la diplomatie. En 1561, il tient son rang au colloque de Poissy ; bientôt après on le voit dans l'assemblée des états-généraux tenus à Orléans et à Rouen ; le pape Pie IV le fait son légat à Avignon; enfin en 1565; et en 1580, le cardinal préside à l'assemblée du clergé.

Mais qui peut tenir contre la foiblesse humaine? Sur la fin de ses jours, il se laisse entraîner à l'esprit d'intrigue, et séduire par ceux qui se servoient de son nom et de sa qualité de prince du sang, pour troubler l'état sous le spécieux prétexte de religion. Après la mort d'Antoine, roi de Navarre, dont il étoit le frère, il ne restoit que le prince de Condé, également son frère, et le jeune roi de Navarre, son neveu. Le cardinal, comme frère du défunt, prit le titre d'aîné de la maison de Bourbon, et par conséquent se prétendit héritier présomptif de la couronne. La ligue catholique, dont il avoit embrassé les intérêts, et qui ne vouloit point reconnoître de prince protestant, avoit rejeté le prince de Condé et s'appuyoit sur le cardinal, qui, dit-on, sollicita des dispenses de la cour de Rome pour se marier.

(1588.) Henri III, instruit de ses menées secrètes, s'assura de sa personne pendant la seconde assemblée des états de Blois, et le fit renfermer dans la forteresse de Fontenay-le-comte en Poitou. A la mort du roi, arrivée en 1589, tandis que les royalistes reconnoissoient le grand Henri, le duc de Mayenne, chef de la ligue, faisoit proclamer roi de France le cardinal de Bourbon, sous le titre de Charles X. Il y eut même une grande quantité de monnaies frappées à son effigie et qui existent encore, plusieurs actes publics de ce temps portent son nom ; mais les parlements du royaume, notamment celui de Paris, protestèrent alors contre cette violation de la loi salique, et jamais ce prince ne fut reconnu dans les formes. Le duc de Mayenne, tout en faisant déclarer roi, par son parti, le cardinal de Bourbon, ne sut jamais lui procurer la liberté, car le prince mourut d'une rétention d'urine dans sa prison, en 1590, à l'âge de soixante-sept ans. Son corps fut porté au château de Gaillon, superbe résidence des archevêques de Rouen qu'il avoit embellie.

Ce prélat généreux et magnifique avoit fait construire à ses frais le palais cardinal de l'abbaye de Saint-Germain-des-prés et l'église de Saint-Louis rue Saint-Antoine, à Paris, où s'établirent depuis les pères de la compagnie de Jésus. Il a été honoré des éloges du P. Dubreuil, du président de Thou, et de Claude Robert, dans son histoire de l'Église gallicane.

On lui attribue un enfant naturel :

N.... Poullain, que Henri IV qualifie de *sieur Poullain, fils naturel de feu M. le cardinal de Bourbon son oncle, et auquel il assigne une somme de mille écus, suivant un acte du conseil des finances, daté du 16 mars 1495.*

BOURBON-MONTPENSIER

ET

DE LA ROCHE-SUR-YON.

DEUXIÈME DIVISION,

PROVENANT DE JEAN II DE BOURBON, COMTE DE VENDÔME,
ET D'ISABELLE DE BÉAUVEAU.

(Voyez pag. 362.)

I.

LOUIS I DE BOURBON,

PRINCE DE LA ROCHE-SUR-YON, SEIGNEUR DE CHAMPIGNY, DE LEUSE, DE CONDÉ, DE SAINT-CHARLIER, DE CLUYS, D'AGURANDE, DU CHATELET, ET DU LUC; CHEVALIER DE L'ORDRE DE SAINT-MICHEL, ETC.

ARMOIRIES.

De Bourbon, à la cotice de gueules, chargée d'un croissant d'argent en chef.

Les deux fils de Jean, comte de Vendôme, ont donné naissance à plusieurs branches de la maison royale de Bourbon : l'aîné, le comte François, continue celle de Vendôme ; et du puîné, Louis de Bourbon, qui fait le sujet de cet article, sont sorties celles des princes de la Roche-sur-Yon et des ducs de Montpensier, seconde division.

Louis succéda à la plupart des biens qu'avoit apportés dans la maison de Bourbon Isabelle de Beauveau, sa mère. Ce prince joignoit à la bravoure de ses illustres ancêtres les talents d'un négociateur habile et d'un sujet dévoué à la cause royale. Il donna des preuves de l'une et de l'autre de ces qualités dans différentes occasions. En 1484, il assiste au sacre de Charles VIII et se porte pour un des plus zélés défenseurs de l'autorité de la régente, Madame Anne de France, contre les prétentions du duc d'Orléans. Bientôt après, il suit le jeune roi, déclaré majeur, à son expédition d'Italie et se trouve présent à la magnifique entrée du monarque à Naples le 12 mai 1495. Sa bonne conduite et ses principes vertueux le font choisir en 1502 par le roi Louis XII, pour ambassadeur auprès du pape Alexandre VI. Nous avons vu, à l'article du connétable, avec quelle dextérité il traita les intérêts du jeune Charles, comte de Montpensier, et comment il parvint à le faire reconnoître chef de la famille de Bourbon, et héritier incontestable des domaines de sa maison.

C'est un peu avant cette époque (1504) que

Louis, prince de la Roche-sur-Yon, contracta mariage avec Louise de Bourbon, fille de Gilbert, comte de Montpensier, et sœur du connétable. Aux funérailles de Louis XII, il fut un des quatre princes du grand deuil, et tint rang après les ducs d'Alençon, de Vendôme, et le comte de Saint-Paul.

Au sacre de François I, il représente le comte de Toulouse, et il accompagne le roi dans son voyage du Milanois, où, quoique déjà sur l'âge, il coopère efficacement à la fameuse bataille de Marignan, comme il avoit fait sous Charles VIII, à la première expédition d'Italie.

Le prince de la Roche-sur-Yon mourut en 1520, avec la réputation d'un prince sage et vertueux, et fut enterré dans la Sainte-Chapelle de Champigny-sur-Vende, en Touraine, dont il étoit le fondateur.

Il eut de son épouse, Louise de Montpensier :

1° Louis II, duc de Montpensier, qui suit ;
2° Charles de Bourbon, prince de la Roche-sur-Yon, duc de Beaupréau, comte de Chemillé, chevalier de l'ordre de Saint-Michel, lieutenant-général du roi, ès pays d'Orléans, de Berry et Chartrain, gouverneur du Dauphiné, etc. Dans le partage des biens de la famille, l'aîné, le prince Louis, prit le titre de duc de Montpensier, du chef de sa mère, et celui-ci la qualité de prince de la Roche-sur-Yon. Charles imita son père dans le zèle qu'il avoit déployé en faveur de la monarchie, à différentes époques orageuses. Dans la guerre qui se fit en Champagne contre les Impériaux, en 1544,

il fut fait prisonnier, et n'obtint sa liberté qu'au moyen d'une grosse rançon. Le siége de Metz par Charles V lui fournit l'occasion de signaler sa valeur. Il s'enferma dans cette place avec d'autres princes du sang, et il eut à défendre le côté le plus périlleux, le pont de Moselle, emploi dont il s'acquitta avec la plus grande gloire. On sait que le grand empereur Charles fut obligé de lever ce siége avec perte. Avant ce temps, le prince Charles avoit concouru à la Guerre d'Allemagne, entreprise pour la liberté des princes de l'Empire, ainsi qu'à d'autres expéditions dans les pays d'Artois et de Flandres. Il fut aussi un des princes qui conduisirent sur la frontière d'Espagne la reine Elizabeth, fille de Henri II, et femme de Philippe II, roi d'Espagne et des Indes. Plus tard, ce prince assista à l'assemblée des notables, tenue à Saint-Germain-en-Laye, ainsi qu'aux états-généraux d'Orléans (1560). Ses services furent généreusement récompensés. Outre les gouvernements dont nous avons parlé, le roi érigea la terre de Beaupréau en duché. Aussi, lors des troubles causés pour la religion, et pendant la première guerre civile, le prince de la Roche-sur-Yon déclara fortement qu'il resteroit attaché jusqu'à la mort à sa religion et à son roi, et il tint parole. Au retour d'un voyage qu'il fit à Bayonne, à la suite de Charles IX, ses infirmités l'obligèrent de se retirer dans son duché de Beaupréau, où il mourut peu de temps après, le 6 octobre 1565, à l'âge de cinquante ans.

Ce prince avoit épousé madame Philippe de Montespedon, fille unique de Joachim de Montespedon, baron de Chemillé, seigneur de Beaupréau, veuve sans enfants de René, sire de Montejau, et il eut d'elle :
1° HENRI de Bourbon, marquis de Beaupréau. Ce

prince, à l'âge de quatorze ans, tomba de cheval en courant le lièvre, et mourut des suites de sa chûte, le lendemain 11 décembre 1560. Il fut pleuré de tout ce qui l'entouroit, car il donnoit les plus belles espérances. Étienne de la Boétie et Jean Passerat lui ont composé de belles épitaphes en vers latins élégiaques; 2° JEANNE de Bourbon, décédée à l'âge de neuf mois; 3° Suzanne de Bourbon, épouse de Claude I, comte de Rieux. Le prince Charles eut aussi un fils naturel appelé Jacques de la Roche-sur-Yon, évêque, duc de Langres.

II.

LOUIS II,

SURNOMMÉ *LE BON*,

DUC DE MONTPENSIER, DU CHEF DE SA MÈRE, PRINCE SOUVERAIN DE DOMBES, PRINCE DE LA ROCHE-SUR-YON ET DE LUC, DAUPHIN D'AUVERGNE, COMTE DE MORTAIN, VICOMTE D'AUGE ET DE BROSSES, BARON DE BEAUJOLOIS, DE THIERS, ET DE LA ROCHE-EN-REGNIER; SEIGNEUR DE CHAMPIGNY, D'ARGENTON, ETC., ETC.; CHEVALIER DE L'ORDRE DE SAINT-MICHEL; GOUVERNEUR DE TOURAINE, D'ANJOU, DU MAINE, DE DAUPHINÉ, ET DE BRETAGNE; LIEUTENANT-GÉNÉRAL DU ROI EN SES ARMÉES, ETC.

ARMOIRIES.

Comme son prédécesseur.

Ce prince, né à Moulins, le 10 juin 1513, étoit encore fort jeune, lorsque son père mourut, et resta sous la tutelle de sa mère, Louise de Bourbon-Montpensier, sœur du connétable. La première démarche de cette princesse, en 1531, fut de réclamer, tant en son nom personnel qu'au nom et comme tutrice légale de son fils mineur, les biens dépendants de la succession du défunt duc de Bourbon. Sa demande fut rejetée, comme on peut bien le croire ; mais Louise ne s'en tint pas là. Elle s'adressa à Charles V, à l'effet de réquérir son autorité, pour l'exécution des articles des traités de Madrid et de Cambrai, par lesquels le roi s'engageoit à restituer les biens confisqués aux héritiers du duc ou à leurs ayants cause. L'empereur, qui avoit toujours conservé un tendre souvenir du connétable, prit l'affaire à cœur, envoya à cet effet un ambassadeur extraordinaire, et le fameux procès fut sur le point de se renouveler. Nous n'entrerons point dans le détail des débats qui eurent lieu à cette occasion. Le résultat ne fut point avantageux pour la famille de Montpensier ; François I avoit tout entre les mains et ne lâcha rien. Comme ses deux fils aînés étoient encore retenus en ôtages, il crut devoir tergiverser ; il promit de rendre les biens particuliers de la famille Montpensier ; cependant il fit sentir le poids de sa colère à la mère et au fils, et les expulsa de la cour. Louise de Bourbon dévora ses chagrins en silence, se retira dans ses terres, et le jeune prince se voyoit réduit à l'état où l'on avoit voulu amener le fier Bourbon, son oncle. L'immense héritage des ducs de Bourbonnois lui étoit ravi, et encore le patrimoine de ses aïeux ; on lui interdisoit la plainte et on l'exiloit.

(1534.) Trois ans se passèrent dans cette situation. On commençoit à oublier les Montpensier, lorsque la fortune, lasse de les persécuter, fit briller à leurs yeux un rayon d'espérance. L'amiral Chabot, tout-puissant à la cour, avoit épousé mademoiselle de Longwy, fille aînée de Jean de Longwy, seigneur de Givry, et de Jeanne, sœur naturelle du roi. L'intérêt et l'ambition inspirèrent à Chabot l'idée de terminer la querelle de la succession du connétable, en proposant le mariage du prince de la Roche-sur-Yon avec Jacqueline de Longwy, sœur puînée de son épouse. Louise de Bourbon, malgré sa fierté (car elle ressembloit beaucoup à son frère sous ce rapport), consentit à tout. Elle abandonna même au nom de son fils toute prétention à venir sur les biens paternels et maternels de la future épouse, dans l'espoir de rentrer en possession d'une partie des biens de ses pères; et le mariage eut lieu. Alors plus d'obstacles: l'accès de la cour fut rouvert; le roi rendit au jeune prince le comté de Montpensier, qu'il érigea en duché-pairie, le Dauphiné d'Auvergne, la baronnie de Combrailles, les seigneuries de la Tour, de Bussières, d'Ercole et de la Roche-en-Regnier; et le prince de la Roche-sur-Yon prit le titre de *duc de Montpensier*, laissant à son frère Charles la qualité qu'il portoit lui-même avant. Ainsi, de pauvre gentilhomme, il se vit bientôt en état de soutenir sa dignité de prince du sang; car c'étoit déjà une partie de la fortune de ses pères, que le duc venoit de recouvrer. Pour reconquérir le reste, ce prince, tout jeune qu'il étoit, adopta un plan de conduite qui fait honneur à sa sagesse, et prouve que les jeunes gens ne sont pas incapables de céder aux conseils de la prudence. Vendôme, donnant à toute la France l'exemple du zèle, du courage, et du désintéressement, fit ses premières armes sous François I, se trouva au camp d'Avignon en 1536, à la prise de Hesdin, au voyage de Roussillon, au siége de Perpignan (1542), et au camp de Châlons en 1544. Dans les combats livrés à ces différentes époques, il prouva qu'il n'avoit point dégénéré de la valeur de ses illustres pères. Mais quelque service qu'il rendit à l'état sous François I et Henri II, ces rois ne virent jamais en lui que le neveu et l'héritier de ce terrible connétable dont alors on n'osoit pas même prononcer le nom. Les services du duc de Montpensier restèrent sans récompense ; on ne lui confia aucun commandement, et il languit long-temps dans le service avec le grade de capitaine de cinquante hommes d'armes. Malgré cette injustice, car on peut le dire, le duc fit respecter ses droits de prince du sang, du temps même de François I. A une cérémonie qu'on appeloit *la baillée des roses*, il eut le pas sur le duc de Nevers qui y prétendoit comme plus ancien pair de France. Montpensier fit valoir au parlement sa double qualité de prince du sang et de pair de France, et il l'emporta. Aux sacres de Henri II et de François II, il représenta le comte de Flandre.

Mais l'époque de son grand crédit et de l'autorité dont il jouit ne commença que sous François II; et c'est à la duchesse son épouse qu'il en fut redevable. Catherine de Médicis, alors régente, avoit pris cette princesse en amitié, et l'avoit faite sa dame d'honneur, ce que les Bourbons, alors fort près du trône, ne virent pas avec plaisir, car ils regardoient l'acceptation d'une pareille charge comme une dérogation à la dignité de prince. On peut voir ce que dit Brantôme à ce sujet. Quoi qu'il en soit, le duc de Montpensier obtint dès-lors le gouvernement de Touraine et d'Anjou. Pendant les règnes de Charles IX et de Henri III, il fut honoré des premières charges de l'état. A la première guerre civile, on le voit lieutenant du roi dans la Touraine, le Maine, l'Anjou et autres pays circonvoisins. Appuyé de forces imposantes, il se montre l'ennemi constant des huguenots et l'un des plus zélés défenseurs de la religion. Il ne faisoit de grace à personne. Quoique son zèle fût un peu amer et par fois contraire à l'humanité, il sut maintenir pendant plusieurs années l'autorité du roi dans ses gouvernements. A l'époque de la quatrième guerre civile, il commandoit en Poitou; c'est alors qu'il fit une rude guerre aux protestants, s'empara de leurs places fortes, les chassa successivement des villes d'Angers, de Saumur, de Tours, du Mans, de Pons, de Saint-Jean-d'Angely, de la Rochelle, etc., et les réduisit à sortir de la province. Mais ce que Brantôme ne lui pardonne pas, c'est d'avoir fait raser le magnifique château de Lusignan, si célèbre dans les annales de la féerie, pour avoir été construit par la fée Mélusine. Ce château étoit, dit-on, une merveille, *la plus belle marque de forteresse antique et la plus noble décoration vieille de toute la France.* Catherine de Médicis elle-même ne put dissimuler le mécontentement qu'elle éprouvoit de ce mépris pour les arts qu'elle estimoit et protégeoit avec goût. Cependant le zèle du duc de Montpensier pour la religion, ne le mettoit pas à l'abri de l'ambition. A la mort du roi de Navarre, il se flattoit d'avoir la plus grande part au gouvernement, comme premier prince du sang après le cardinal de Bourbon; mais il fut trompé dans ses espérances. Catherine de Médicis et le duc de Guise avoient trop de raison pour l'écarter ; tout ce qu'il put obtenir, fut d'être nommé chef des conseils. Ce manque de considération qu'on eut alors pour un prince du sang aussi estimable, et les contrariétés qu'il éprouva de la part de MM. de Guise sur la préséance dans les cérémonies publiques, n'altérèrent en aucune manière les sentiments de vertu, d'honneur, et de probité dont il donna de grandes preuves dans les temps orageux des guerres de religion. Il contribua à la prise du Havre sur les Anglois, en 1562; eut, en 1568, la conduite de l'avantgarde de l'armée royale commandée par le duc d'Anjou (depuis Henri III), et battit les huguenots à la journée de Messignac. On le trouve toujours le même aux journées de Jarnac et de Montcontour, dont l'heureux succès lui est attribué. En un mot, le duc de Montpensier, sans être un héros, sans avoir figuré sur le premier plan dans ces temps désastreux, fut un de ces hommes précieux que les rois et les états policés devroient toujours desirer d'avoir pour soutiens. Malgré son zéle pour la religion et sa haine pour les protestants, il n'apportoit pas moins dans les affaires un esprit de modération et de conciliation qui lui fait honneur, témoin le traité de pacification de Poitiers qui est dû à ses soins; et les plaisanteries de Brantôme, répétées par quelques historiens modernes, ne nous empêcheront pas de le placer au rang des princes les plus méritants de la royale maison dont nous écrivons l'histoire.

Le bon et vaillant prince, Louis, duc de Montpensier, comblé d'années, de gloire, et d'honneurs, décéda en paix le 23 septembre 1582, et fut enterré dans la chapelle de son château de Champigny en Touraine. Sa vie a été écrite par Contereau et Dubouchet; on peut consulter aussi les mémoires de Brantôme, de Langey, de François de Rabutin, M. de Thou, Davila, et P. Mathieu.

Louis fut marié deux fois : d'abord, à Jacqueline de Longwy, comme nous l'avons dit plus haut. Cette princesse qui mourut d'étisie, le 28 août 1561, étoit, dit M. de Thou, *d'un grand esprit et d'une prudence au-dessus de son sexe.* Il en eut six enfants dont nous allons parler. Ensuite il épousa Catherine de Lorraine, fille de François de Lorraine, duc de Guise, sœur du fameux François, duc de Guise, dit *le Balafré,* mariée le 4 février 1570, et morte sans enfants, le 6 mai 1596. C'est cette princesse qui a joué un si grand rôle dans les guerres de la ligue, et qui portoit à sa ceinture une paire de ciseaux pour donner *la troisième couronne* à Henri de Valois (¹). On sait avec quel acharnement elle poursuivoit la mémoire de Henri III, en vengeance de la mort de ses frères, le duc et le cardinal de Guise.

Le duc de Montpensier eut de sa première femme :

1° François de Bourbon, qui suit ;
2° Françoise de Bourbon, mariée à Henri Robert de La

(¹) Henri III avoit été élu roi de Pologne avant d'être roi de France, et par la troisième couronne la duchesse de Montpensier entendoit la tonsure monacale.

Marck, duc de Bouillon, souverain de Sédan, le 7 février 1558, morte en 1587;

3° ANNE de Bourbon, épouse, par contrat passé le 6 septembre 1561, de François II de Clèves, duc de Nevers, morte sans postérité en 1572;

4° JEANNE de Bourbon, abbesse de Sainte-Croix de Poitiers, puis de Jouare, décédée le 24 mars 1624, à l'âge de quatre-vingt-deux ans;

5° CHARLOTTE de Bourbon, abbesse de Jouare avant sa sœur. Cette princesse, religieuse contre son gré, sortit bientôt de son couvent, se réfugia à la cour de Frédéric, comte palatin du Rhin, embrassa la religion réformée, et se maria à Guillaume de Nassau, prince d'Orange, le même qui fut tué à Delft en 1584. Le duc de Montpensier, son père, fut d'abord très irrité de ce mariage, qu'il regardoit comme sacrilège, et refusa de le ratifier. Cependant, à la prière du roi de Navarre (depuis Henri IV), il y donna son consentement, et pardonna à sa fille. Cette princesse eut du prince d'Orange six filles, toutes mariées dans les premières familles de l'Europe, et mourut à Anvers le 6 mai 1582.

6° LOUISE de Bourbon, religieuse de Fontevrault, puis abbesse de Jouare après ses sœurs, enfin abbesse de Farmoutiers, décédée à Paris en 1586.

III.

FRANÇOIS DE BOURBON,

DUC DE MONTPENSIER, DE CHATELLERAULT, ET DE SAINT-FARGEAU; PRINCE SOUVERAIN DE DOMBES; PRINCE DE LA ROCHE-SUR-YON; DAUPHIN D'AUVERGNE; MARQUIS DE MÉZIÈRES; COMTE DE MORTAIN ET DE BAR-SUR-SEINE; VICOMTE D'AUGE ET DE BROSSES; BARON DE BEAUJOLOIS; SEIGNEUR DE CHAMPIGNY ET D'ARGENTON; CHEVALIER DES ORDRES DU ROI; GOUVERNEUR POUR SA MAJESTÉ DE L'ORLÉANOIS, DE TOURAINE, DU MAINE, DU PERCHE, DU DAUPHINÉ, DE NORMANDIE, ETC.

ARMOIRIES.

Comme ci-devant.

Ce prince, semblable en tout à son prédécesseur, se distingua par sa valeur dans les combats et par sa dextérité dans le maniement des affaires dont il fut chargé. Il fit ses premières armes au siège de Lyon sous le nom de *prince dauphin;* et depuis, aux batailles de Jarnac et de Montcontour. Il n'avoit point eu d'autre maître que son illustre père, sous les ordres duquel il servit constamment et le prince et l'état.

(1569.) Placé à la tête de l'armée destinée à combattre les protestants dans le Poitou, il fut bientôt rappelé pour travailler au traité de pacification de 1570. Mais ce que MM. de Sainte-Marthe ont principalement observé, c'est l'exemple de modération et de vertu bien rare que les Montpensier donnèrent dans un siècle où les partis acharnés l'un contre l'autre ne cherchoient qu'à se détruire mutuellement.

En 1574, à la mort de Charles IX, les deux princes se trouvoient seuls à la tête des armées, l'un en Poitou, l'autre en Dauphiné. Le roi Henri III étoit encore en Pologne, et les Guises incertains de ce qu'ils alloient devenir. Rien de plus facile aux deux Montpensier que de s'emparer du pouvoir, ils n'auroient pas manqué d'appui. Ils préférèrent d'employer les armes qu'ils avoient au bien de la patrie et au service du roi. Leur principal et unique but fut de maintenir la paix et de s'opposer aux troubles inséparables d'une minorité ou de l'absence d'un roi.

Dans cette expédition, le prince-dauphin prit les villes d'Alais et toutes les places du Vivarès, et remit la province sous l'obéissance de Henri III, qui, à son avénement à la couronne, le récompensa par l'érection du domaine de Saint-Fargeau en duché-pairie, et par la restitution qu'il lui fit du duché de Chatellerault, partie des domaines confisqués sur le connétable. A quelque temps de-là, le prince fut envoyé dans les Pays-Bas pour aider de sa bravoure et de ses conseils le duc d'Anjou, frère du roi, que les Flamands avoient choisi pour maître; il se trouva au massacre que firent des François les Brabançons révoltés ; et il fut seul épargné avec sa maison, à cause de la douceur et de la modération qu'il avoit montrées dans le gouvernement des provinces qui lui étoient confiées.

En 1583, il est fait chevalier de l'ordre du Saint-Esprit, et envoyé en ambassade vers Élisabeth, reine d'Angleterre, à l'occasion du mariage projeté entre cette reine et le duc d'Anjou.

Cependant le même dévouement qu'il avoit manifesté pour la cause royale dans les guerres précédentes, il le fit paroître aussi pendant les guerres de la ligue. On le vit toujours avec son roi, combattant pour lui, et le consolant dans ses adversités. C'est ainsi que, pourvu du gouvernement de la Normandie, il défit les rebelles non seulement en Touraine et dans le Poitou, mais encore dans la Normandie, qu'il purgea d'une troupe de brigands appelés les Gautiers.

En 1589, il assista à la fameuse assemblée des états-généraux tenue à Blois, et suivit les deux Henris au siége de la capitale. Après l'assassinat commis sur Henri III, il reconnut aussitôt Henri IV, l'accompagna au voyage de Dieppe, ainsi qu'au combat d'Arques, à la bataille d'Ivry en 1590, et remit la ville d'Avranches sous l'obéissance du roi. A la suite du siége de Rouen, auquel il se trouvoit, il sentit ses forces diminuées et sa santé altérée par ses travaux, et se retira à Lisieux pour s'y faire traiter. Ce fut inutilement, car le duc François de Montpensier mourut peu de temps après, le 4 juin 1592. Son corps fut porté à Champigny, lieu de la sépulture de ses ancêtres, où il fut enseveli avec tous les honneurs dus à son rang. Il fut regretté du roi et de tous les bons François. Son éloge se trouve renfermé dans ce peu de mots bien anciens et devenus fort rares : *Il fut prince craignant Dieu, fidèle serviteur de son roi, et amateur du bien de sa patrie.*

Le duc de Montpensier avoit épousé Renée d'Anjou, marquise de Mézières, comtesse de Saint-Fargeau, fille et unique héritière de Nicolas d'Anjou, marquis de Mézières, comte de Saint-Fargeau etc., morte dans la fleur de son âge.

Il n'eut d'elle qu'un fils.

HENRI, duc de Montpensier, qui suit.

IV.

HENRI DE BOURBON,

DUC DE MONTPENSIER, DE CHATELLERAULT, ET DE SAINT-FARGEAU, SOUVERAIN DE DOMBES, PRINCE DE LA ROCHE-SUR-YON ET DE LUC, DAUPHIN D'AUVERGNE, MARQUIS DE MÉZIÈRES, COMTE DE MORTAIN ET DE BAR-SUR-SEINE, VICOMTE D'AUGE, DE DOMFRONT ET DE BROSSES ; BARON DE BEAUJOLOIS, DU PAYS DE COMBRAILLES ET DE MIREBEAU ; SEIGNEUR DE CHAMPIGNY, D'ARGENTON, ET DE SAINT-SEVER ; CHEVALIER DES ORDRES DU ROI, PAIR DE FRANCE, GOUVERNEUR DE DAUPHINÉ, ET ENSUITE DE NORMANDIE, ETC.

ARMOIRIES.

Comme ci-devant.

Même zéle, même valeur, mêmes vertus qu'avoient déployés son père, son aïeul, et son bisaïeul. Connu d'abord sous le nom de prince de Dombes, il donna dès l'âge de quinze ans plusieurs marques signalées de son courage naissant; aussi fut-il pourvu, en 1588, du gouvernement de Dauphiné, vacant par la promotion de son père à celui de Normandie. A peine âgé de dix-huit ans, il commandoit les armées royales en Bretagne contre le duc de Mercœur; dans ce poste, qui n'étoit pas le moins périlleux, il servit utilement Henri III d'abord, puis Henri IV. Pour son début, il fit lever le siège de Vitré, que les troupes de la ligue pressoient depuis huit mois. Par la prise de Rennes, capitale de la province, d'Hennebon, de Châtillon, en 1590, de Montcontour, Guingan, Lamballe, etc., il arrêta sur ces différents points les efforts du duc de Mercœur; mais notre Henri eut le malheur d'être vaincu à la journée de Craon, le 25 mai 1592. Après sept heures d'un combat acharné, et trois charges brillantes exécutées avec sa seule compagnie d'ordonnance, il eut son cheval tué sous lui, et son capitaine des gardes tué à ses pieds; et lui-même étoit en danger de périr sans l'assistance de trois de ses gardes-du-corps, qui l'emportèrent malgré lui loin du champ de bataille.

(1597.) Il n'avoit que vingt ans, lorsque le grand Henri IV le nomma gouverneur de la Normandie, après le décès du duc de Montpensier, son père. La Bretagne le regretta, fit même des réclamations pour le conserver; mais le besoin du service l'emporta, et la mutation eut lieu. Dans ce poste, il fut présent à toutes les actions importantes, et combattit toujours aux côtés de sa majesté. Au siège de Dreux, une blessure dangereuse le mit hors de combat et influa depuis sur sa santé ; mais guéri de cette blessure pour l'instant, il n'en continua pas moins ses bons et loyaux services. Après la soumission de Rouen, il prit lui-même à composition la ville de Honfleur, qui tenoit encore pour la ligue, concourut à la réduction des villes de Cambrai, La Fère, et de Calais à la puissance royale; et au siège d'Amiens, en 1596, il amena avec lui cinq mille arquebusiers et douze cents chevaux, avec lesquels il forma l'avant-garde de l'armée. C'est à cette guerre assez périlleuse qu'il demeura douze jours et douze nuits sans désarmer, et soutint la retraite à laquelle l'armée françoise se vit contrainte avec un courage et un talent dignes des plus grands éloges.

Il suivit aussi le roi à la conquête de la Savoie; et déja, en 1594, il avoit représenté le duc de Guienne au sacre de Henri-le-Grand; c'est à cette époque que le roi le fit chevalier de l'ordre du Saint-Esprit. Il avoit présidé l'assemblée des notables, tenue à Rouen, troisième chambre. Enfin, après avoir fondé un couvent de l'ordre des minimes, à sa terre de Champigny, et à Montmerle, dans sa principauté de Dombes, il mourut le 27 février 1608, des suites de la blessure qu'il avoit reçue à Dreux, et fut enterré auprès de son père, sous un tombeau de marbre blanc, au haut duquel on voyoit sa statue avec une épitaphe qui sembloit devoir transmettre à la postérité les vertus d'un prince qui sut allier la piété sincère avec le courage d'un soldat, et dont l'éloge se trouve renfermé dans ces paroles du grand Henri : *Toute la France le regrette, parcequ'il a bien aimé Dieu, servi son roi, fait bien à plusieurs, et jamais fait tort à personne.* Les écrivains célèbres du seizième siècle ont tous prononcé son éloge; entre autres Guillaume du Vair, chancelier de France, Jacques-Auguste de Thou, Joseph Scaliger, et Scévole de Sainte-Marthe.

Henri, duc de Montpensier, avoit épousé le 27 avril 1597, Henriette-Catherine, duchesse de Joyeuse, fille unique et héritière de Henri de Joyeuse, comte de Bouchage, maréchal de France, le même qui depuis se fit capucin, et dont Voltaire a dit :

Il prit, quitta, reprit la cuirasse et la haire.

Il eut de sa femme :

Marie de Bourbon, qui suit.

V.

MARIE DE BOURBON,

DUCHESSE D'ORLÉANS, SOUVERAINE DE DOMBES, PRINCESSE DE LA ROCHE-SUR-YON, DUCHESSE DE MONTPENSIER, DE SAINT-FARGEAU, ET DE CHATELLE-RAULT, DAUPHINE D'AUVERGNE, COMTESSE DE MORTAIN.

ARMOIRIES.

Orléans : d'azur à trois fleurs de lis d'or au lambel d'argent de trois pièces, parties de Bourbon-Montpensier : d'azur à trois fleurs de lis d'or, cotice de gueules, chargée en chef d'un dauphin d'argent.

Cette princesse, fille unique de Henri, duc de Montpensier, naquit au château de Gaillon, en Normandie, le 15 octobre 1605, fut promise d'abord à N.... de France, duc d'Orléans, deuxième fils de Henri-le-Grand, roi de France, et décédé à l'âge de quatre ans, ensuite mariée à Gaston-Jean-Baptiste de France, duc d'Orléans, troisième fils du même roi, le 6 août, dans l'église cathédrale de Nantes. Cette princesse mourut en couche, l'année suivante, à Paris, le 14 juin 1627, et fut enterrée à

Saint-Denis en France. L'histoire ne nous dit rien autre chose à ce sujet, sinon qu'elle fut douée de toutes les vertus et perfections de son sexe. D'elle et de Gaston d'Orléans, naquit mademoiselle Anne-Marie-Louise d'Orléans, connue dans l'histoire sous le nom de Mademoiselle de Montpensier, la plus riche héritière du royaume. Nous aurons occasion d'en parler plus tard. C'est cette princesse qui finit la deuxième division de la branche de Montpensier.

BRANCHES

DIVERSES

DE LA MAISON ROYALE

DE BOURBON,

COLLATÉRALES ET NATURELLES-LÉGITIMÉES,
OU RECONNUES.

SAVOIR :

1° Bourbon-Carency;
2° Bourbon-Duisant;
3° Bourbon-Préaux;
4° Bourbon-Busset;
5° Bourbon-Lavédan;
6° Bourbon-Malause;
7° Bourbon-Bazian;
8° Bourbon-Ligny et de Bubempré.

BOURBON-CARENCY.

I.

JEAN DE BOURBON,

SEIGNEUR DE CARENCY EN ARTOIS, D'AUBIGNY, DE BUQUAY, DE L'ÉCLUSE, ET DE DUISANT, CHAMBELLAN DU ROI CHARLES VI, ETC.

ARMOIRIES.

D'azur, à trois fleurs de lis d'or, à la cotice de gueule, chargée de trois lionceaux d'argent, à la bordure de gueules.

Ce seigneur étoit le troisième fils de Jean I, de Bourbon, comte de la Marche, et de Catherine de Vendôme (voyez ci-dessus, page 339); il accompagna ses deux frères aînés, Jacques de Bourbon, depuis roi de Naples, et Louis, comte de Vendôme, dans leur expédition d'Angleterre, contre Henri IV, usurpateur sur Richard II. Depuis, il conduisit jusqu'à Bâle en Suisse la reine Charlotte de Bourbon, sa sœur, lorsqu'elle se rendit en l'île de Chypre pour y épouser le roi de ce pays. A dater de cette époque, le seigneur de Carency se retira dans ses terres, situées en Artois, alors province des Pays-

Bas, et se consacra, lui et son fils, au service des ducs de Bourgogne; ce qui le rend comme étranger à la maison de Bourbon. Il mourut en 1457.

Il avoit épousé Catherine d'Artois, seconde fille de Philippe d'Artois, comte d'Eu, connétable de France, et de Marie de Berry. En secondes noces il se maria avec Jeanne de Vendomois, fille d'Hamelin et d'Alix. Le commerce illégitime qu'il avoit eu avec Jeanne, avant son mariage, duquel commerce étoient nés trois enfants adultérins, Louis de Bourbon, seigneur de l'Écluse, surnommé *le Brûlé*, Jean de Bourbon, et Jeanne de Bourbon morts sans enfants, excita de grandes difficultés. Toute la maison de Bourbon refusa de reconnoître les enfants nés avant le mariage, et même s'opposa à toute alliance entre Bourbon-Carency et sa maîtresse. Il y eut un long procès à cette occasion; mais en vertu d'une bulle de dispense donnée par le pape Eugène IV, datée de 1438, et d'une transaction postérieure, entre les ayant-cause, homologuée en parlement, les enfants furent reconnus légitimes, le mariage de Jean et de Jeanne de Vendômois valide et ressortant son plein effet. Ce qui prouve que le mariage est légitimé, c'est que le petit-fils de ce seigneur assista aux obsèques de Pierre II, duc de Bourbon, comme prince du sang, ce qui ne seroit pas arrivé, s'il étoit descendu de bâtards.

Le seigneur de Carency, outre les trois enfants dont nous venons de parler, eut de sa seconde épouse :

1° PIERRE de Bourbon, seigneur de Carency, qui parut aux fêtes et tournois donnés en 1460, lors du mariage de Charles-le-Téméraire, duc de Bourgogne, auquel il s'attacha plus étroitement encore que n'avoit fait son père. Ayant été pris dans une rencontre par les troupes du roi Louis XI, pendant la guerre du bien public, on lui fit son procès, et il fut condamné à mort comme rebelle; mais en considération de la maison dont il étoit issu, le roi lui accorda sa grace, et lui rendit même la liberté: cependant ses biens restèrent confisqués, et ne lui furent pas rendus. Ce seigneur de Carency avoit épousé une dame de Plaines, fille de Thomas, seigneur de Maligny, dont il ne laissa pas d'enfants. On lui connoît une fille naturelle nommée CATHERINE, mariée à Bertrand de Salemart, seigneur de Ressis, et que nous soupçonnons être la même que la fille naturelle attribuée faussement au connétable de Bourbon. (Voyez pag. 332.)

2° JACQUES de Bourbon, seigneur de Carency, qui suit.

3° PHILIPPE de Bourbon, seigneur de Duisant, chef de la branche de ce nom. (Voyez ci-après.)

4° ÉLÉONORE de Bourbon-Carency, morte à Tours, en bas âge.

5° ANDRIETTE de Bourbon-Carency. Idem.

II.

JACQUES DE BOURBON,

SEIGNEUR DE CARENCY, D'AUBIGNY, DE ROCHEFORT, ET DE BUQUOY, ETC.

En 1469, eut lieu la confiscation des biens de Pierre, son frère aîné, dont nous venons de parler; et Jean II, duc de Bourbon, son cousin, l'établit, par lettres données à Moulins, en 1486, confirmées depuis par Pierre II en 1488, son lieutenant-général dans toutes les terres de son obéissance. Peu de temps après, il assista au service funèbre du duc de Bourbon son bienfaiteur, et il vivoit encore en 1493. On ignore l'année de sa mort.

Jacques, seigneur de Carency, avoit épousé Antoinette de La Tour, de la célèbre maison de La Tour d'Auvergne, et il eut d'elle :

1° CHARLES de Bourbon-Carency, qui suit ;
2° JEAN de Bourbon-Carency, seigneur de Rochefort, marié à Jeanne de l'Ile, fille unique de Jacques, châtelain de l'Ile, seigneur de Frêne, etc. Il mourut sans postérité.

III.

CHARLES DE BOURBON,

PRINCE DE CARENCY, COMTE DE LA MARCHE, SEIGNEUR D'AUBIGNY, DE L'É-
CLUSE, DE BUQUOI, COMBLES, ABRET, VENDAT, ROCHEFORT, BAINS, SAINT-
GEORGE, TERNAT, ETC.

Ce seigneur, qui parvint au titre de prince, on ne sait comment, n'est connu dans l'histoire que pour avoir assisté, en 1503, aux obsèques de Pierre II, duc de Bourbon, et pour y avoir tenu rang de prince du sang, comme avoit fait son père, au service funèbre de Jean II.

Il mourut en son château d'Abret-sur-Allier et fut enterré aux célestins de Vichy, où l'on voyoit son épitaphe avec tous ses titres et qualités, mais sans la date de sa mort.

Charles de Bourbon-Carency a été marié trois fois : d'abord à Didière de Vergy, unique héritière de Jean de Vergy et de Marguerite de La Roche-Guyon ; ensuite à Antoinette de Chabanes, fille de Geoffroy de Chabanes et de Charlotte de Prie ; enfin, n'ayant point d'enfants de ses deux premières femmes, il épousa Catherine d'Alégre, fille de Bertrand d'Alégre, seigneur de Puyagut et d'Isabelle de Lévis-Cousan, dont il eut :

1° BERTRAND de Bourbon, prince de Carency, tué à la bataille de Marignan, sans avoir été marié;
2° JEAN de Bourbon, prince de Carency, qui succéda à son frère, et mourut sans alliance;
3° LOUISE de Bourbon-Carency, décédée sans alliance;
4° ISABELLE de Bourbon, héritière de ses frères et sœur, dame de Carency, Daubigni, de Combles, Buquoy, et Vendat; mariée le 22 février à François d'Escars, seigneur de La Vauguyon, chambellan de François I, lieutenant-général pour le roi en Lyonnois, Dauphiné, Savoie, Piémont; maréchal, sénéchal de Bourbonnois, dont elle eut Jean d'Escars, qui prit le titre de prince de Carency, qui épousa Anne de Clermont, de laquelle il eut Claude d'Escars, prince de Carency, mort sans postérité; et Diane d'Escars, princesse de Carency, dame de La Vauguyon, épouse de Louis de Quelen-Estever de Caussade, seigneur de Saint-Maigrin. C'est de ce mariage que descendent en ligne directe les ducs de La Vauguyon actuellement existants.

BOURBON-DUISANT.

I.

PHILIPPE DE BOURBON,

SEIGNEUR DE DUISANT, ETC.

ARMOIRIES.

De France à la bande de gueules, chargée de trois lionceaux d'argent et à la bordure aussi de gueules, dentelée d'argent.

PHILIPPE de Bourbon étoit le troisième fils légitime de Jean de Bourbon, seigneur de Carency, et de Jeanne de Vendômois. Comme il avoit ses terres dans les Pays-Bas, il s'attacha aux ducs de Bourgogne et servit sous leurs enseignes, ce qui le rendit à-peu-près étranger à la France. Il épousa Catherine de Lalain, d'une des plus illustres maisons des Pays-Bas, dont il eut :

ANTOINE de Bourbon, qui suit.

II.

ANTOINE DE BOURBON,

SEIGNEUR DE DUISANT.

Marié à Jeanne de Habart, fille de Pierre de Habart, seigneur de Gournay et de Marie de Ranchicourt, il resta comme son père attaché aux Bourguignons et ne fit rien de mémorable.

De son mariage avec Jeanne de Habart naquirent :

1° Pierre de Bourbon, seigneur de Duisant, mort à la fleur de son âge, et sans alliance ;
2° Philippe de Bourbon, seigneur de Duisant, s'attacha au connétable, dont il suivit la destinée. Il mourut en 1530, en Italie, sans laisser de postérité ;
3° Jeanne de Bourbon, mariée à François Rollin, seigneur de Beauchamp, au château de Moulins, le 20 janvier 1489, du consentement de son oncle Jacques de Bourbon-Carency, qualifié dans l'acte de noble et puissant seigneur ; et du consentement de très haut et puissant prince monseigneur le duc de Bourbonnois et d'Auvergne (Pierre II) ; et de très haute et puissante princesse madame Anne de France son épouse.

Ici finissent les deux branches de Bourbon-Carency, et Bourbon-Duisant, après avoir duré environ six-vingts ans.

BOURBON-PRÉAUX.

I.

JACQUES I DE BOURBON,

SEIGNEUR D'ARGIES, DE PRÉAUX, DE DANGU ET DE THURY, GRAND BOUTEILLER DE FRANCE, ETC.

ARMOIRIES.

D'azur, à trois fleurs de lis d'or, à la bande de gueules, bordure idem.

Ce prince étoit le troisième fils de Jacques I, comte de La Marche, connétable de France, et de Jeanne de Saint-Paul (voyez ci-dessus page 336). Il se distingua dans toutes les expéditions remarquables de son temps. En 1371, il paya de sa personne à la bataille de Bastwiller, livrée entre Venceslas de de Brabant et de Luxembourg et le duc de Juliers, où le duc de Venceslas fut fait prisonnier. Dans un arrêt du parlement, daté de 1375, il est qualifié *Noble homme, Messire Jacques de Bourbon, Sire de Préaux et de Dangu.*

En 1377, il assiste à la prise de la ville d'Ardres et coopère aux succès de Philippe-le-Hardi, duc de Bourgogne, commandant l'armée françoise contre les Anglois.

(1382.) Quatre années après, il accompagne le roi Charles VI dans son expédition contre les Flamands. Lors du mariage d'Isabelle de Bavière avec le roi de France (1389), il se distingue dans les joutes et tournois qui eurent lieu à l'entrée de leurs majestés dans leur bonne ville de Paris. Pour récompense de ses services, il est pourvu de la charge de grand bouteiller de France, le 26 juillet 1397 par le roi qui, dans sa lettre-patente, l'appelle *son cousin* ; et il prête serment en la chambre des comptes pour l'office de premier président laïc attaché à la charge de grand bouteiller. Pendant les guerres civiles, il demeure attaché au parti d'Orléans et à celui du Dauphin contre les Bourguignons. On n'a pas la date précise de sa mort, il paroît qu'elle arriva en 1416.

Le seigneur de Préaux avoit épousé Marguerite de Préaux, Dame de Préaux, de Dangu, et de Thury, qui lui apporta de grands biens : car, avant son mariage avec cette dame, il n'étoit que simple seigneur d'Argies. Il eut d'elle :

1° Louis de Bourbon, qualifié seigneur de Préaux ; tué à la bataille d'Azincourt (1425), sans laisser de postérité ;
2° Pierre de Bourbon, seigneur de Préaux, qui suit ;

3° Jacques de Bourbon, dont on verra la notice;
4° Charles de Bourbon, archidiacre en l'église de Sens, par la résignation que lui en fit son frère Jacques, destiné d'abord à l'état ecclésiastique. Dans un acte public daté de 1472, il est qualifié écuyer, seigneur de Combles.
5° Jean de Bourbon, porté dans une généalogie de la famille, et décédé sans alliance;
6° Marie de Bourbon survécut à ses frères morts sans postérité. Une partie des biens, notamment les seigneuries de Dangu et de Thury, firent retour à Jeanne de Préaux, tante maternelle, épouse de Gauvain, seigneur de Ferrières. Marie de Bourbon-Préaux jouit du reste, et mourut sans alliance comme sans postérité.

II.

PIERRE DE BOURBON,

SEIGNEUR DE PRÉAUX, D'ARGIES ET DE DANGU, GRAND BOUTEILLER
DE FRANCE, ETC.

Ce prince se signala comme son père par son attachement au dauphin (depuis Charles VII), et par les services qu'il rendit à la France pendant les guerres civiles. Il commandoit à Rouen lorsque la population entière se souleva en faveur des Bourguignons. On a vu à l'article de Charles I, duc de Bourbon, avec quel courage et quelle sagesse il conserva cette place au roi. Peu de temps après, il se trouva avec Barbasan, son fidèle compagnon d'armes, et sept cents hommes d'armes enfermé dans Melun, assiégée par les Anglois. Tout ce qu'on peut imaginer de courage, de zèle, de patience, et de talents fut employé par ces deux braves commandants. Ils soutinrent pendant plus de quatre mois les efforts constants d'une armée de quarante mille hommes commandée par le roi d'Angleterre Henri V en personne, et ne se rendirent qu'à l'extrémité. Ils devoient sortir de la place avec les honneurs de la guerre; mais Henri n'eut pas honte de violer sa foi et d'envoyer Bourbon-Préaux, chargé de fers, avec son compagnon à la Bastille, prison d'état, d'où il ne sortit qu'au bout d'un an et après avoir été échangé.

(1422.) Le seigneur de Préaux avoit fait en faveur du dauphin le sacrifice de tous ses biens situés en Normandie; il ne lui restoit plus que son sang à verser pour la monarchie, lorsqu'un accident funeste vint trancher le fil de ses jours et l'enlever à la patrie. En sortant de prison, il se rendit auprès du dauphin, qui étoit à La Rochelle. Pendant que ce prince, alors régent du royaume, tenoit son conseil, le plancher de la salle s'écroula; la plupart des conseillers furent tués ou blessés grièvement. L'héritier de la couronne n'échappa que par miracle, et Bourbon-Préaux fut du nombre des victimes de cet accident, au moment où l'état avoit le plus besoin de ses services.

Ce prince avoit épousé Élisabeth de Montagu, fille de Jean de Montagu, grand-maître de France, et de Jacqueline de La Grange, veuve d'un comte de Roucy. Il n'eut point d'enfants de cette dame.

III.

JACQUES II DE BOURBON,

CHEVALIER, SEIGNEUR ET BARON DE THURY, ET DEPUIS LA MORT DE SON FRÈRE SEIGNEUR DE PRÉAUX ET AUTRES LIEUX, ETC.

La vie de ce prince offre un exemple frappant de l'inconstance et de la légèreté de l'esprit humain. Destiné dès l'enfance à l'état ecclésiastique, on le voit successivement dans les actes publics trésorier de la Sainte-Chapelle de Paris, doyen de Saint-Martin de Tours, et Archidiacre de Sens. Dégoûté de la retraite, et avant d'être promu aux ordres sacrés, il se marie avec Jeanne de Montagu, troisième fille de Jean de Montagu, seigneur de Marcoussis, chambellan de France, et de Jacqueline de La Grange, par conséquent avec sa belle-sœur, son prédécesseur ayant épousé Élisabeth, l'aînée de la maison Montagu. Il prend le parti des armes et s'attache aux intérêts du dauphin, comme avoient fait son père et ses frères. Le dauphin lui donnoit cent francs de gages par mois et une compagnie d'hommes d'armes. En cette qualité, il assiste au traité du Ponceau, signé entre le prince régent et le duc de

Bourgogne, le 11 juillet 1419. La mort de son frère, arrivée en 1422, le constitue héritier des biens de la famille, dont il jouit pendant deux ans; mais bientôt il perd sa femme, qui le laisse veuf sans enfants. Une autre idée vient s'emparer de son esprit : il abandonne le monde et prend l'habit religieux aux Célestins d'Ambert (forêt d'Orléans). Dans la première ferveur de sa vocation, il donne des biens immenses au couvent de son ordre, le visite exactement, tente d'y mettre la réforme en sa qualité de provincial; rebuté des difficultés qu'il éprouve, il quitte les célestins pour entrer dans les cordeliers de la stricte observance, où il reste près de deux ans, toujours inquiet, toujours troublé par la chimère d'une perfection plus qu'évangélique. L'effet d'une bizarrerie si marquée fut l'apostasie complète. Il quitte de nouveau l'état religieux et rentre dans le monde, non plus avec les mêmes moyens qu'auparavant, car il s'étoit dépouillé de tout; et le roi qui l'aimoit toujours malgré sa vie peu régulière, fut obligé de lui donner un habit et vingt écus d'or pour sa subsistance. Enfin, il entreprend un voyage à Rome, au retour duquel il est assassiné sur la route en 1429, à ce que l'on dit, par les parents d'une demoiselle dont il avoit abusé. Voici les paroles du docte Gerson (ouvrage intitulé : *An monarchus possit pro stud. negl. divina. consid. X ad fin.*) :
Nota quod paucos tangit execrabile factum Jacobi de

Borbonio, qui sub prætextu perfectionis, ordinem cœlestinorum reliquit, et ad fratres Minores de Observantia transiit, et paulo post miserabiliter apostatavit ad sæculum rediens, et uxorem accipiens, propter quod crudeliter a parentibus uxoris quam deceperat, cum Roma rediret, interfectus est tempore Martini papæ.

BOURBON-BUSSET.

ARMOIRIES.

D'abord elles étoient de France, à trois fleurs de lis d'or, portant en chef les armes de Jérusalem, qui sont d'argent, à la croix potencée d'or, cantonée de quatre croisettes aussi d'or.

Et ensuite, depuis 1761, elles sont simplement de France, avec la cotice de gueules, périe en abime, comme Bourbon-Condé, couronne de prince du sang; nous donnerons ces armes dans le volume suivant.

La branche de Bourbon-Busset est trop intéressante, puisqu'elle subsiste encore avec honneur, pour que nous ne donnions pas les renseignements nouveaux qui nous sont parvenus, depuis que nous avons rédigé la notice du prince Louis, évêque de Liége. (Voyez ci-dessus pag. 175.)

LOUIS DE BOURBON, cinquième fils de Charles I, duc de Bourbonnois, élevé en Flandres par les soins de son oncle, Philippe-le-Bon duc de Bourgogne, fut élu prince-évêque de Liége, à l'âge de dix-huit ans (1455), et ne prit les ordres sacrés que onze ans après (1466). Comme il n'avoit aucune vocation pour l'état ecclésiastique, il profita des troubles survenus à cette époque dans les

Pays-Bas et dans sa principauté de Liége, pour faire sa résidence habituelle dans le duché de Gueldre. Là, il connut Catherine d'Egmont, fille du duc de de Gueldre, princesse charmante, qu'il épousa clandestinement, et, comme on peut le soupçonner, avec le consentement du père, qui n'étoit pas fâché de procurer à sa maison, vassale des ducs de Bourgogne, une aussi illustre alliance.

De ce mariage, tenu fort secret, naquirent dans l'intervalle de onze ans trois enfants, dont Pierre de Bourbon, qui suit, est l'origine de la branche de Bourbon-Busset, qui va nous occuper (¹).

(¹) La présomption du mariage du prince Louis avec Catherine d'Egmont, semble résulter des mémoires et des traditions anciennes de la maison, rapportées par M. de Saint-Allais (*Art de vérifier les dates*, édit. de 1817 et suiv., t. VI, in-8°, pag. 428) et dont nous avons eu l'occasion de constater l'authenticité. Ces mémoires portent en substance : « Qu'après la mort du prince Louis de Bourbon, Catherine « de Gueldre envoya Pierre son fils en France, où il fut « élevé par les soins de Pierre de Bourbon, duc de Bour-« bonnois, pour *se faire reconnoître*, et *demander sa légitime* « à la maison de Bourbon ; que Catherine de Gueldre y « vint quelque temps après, et qu'elle mourut à la poursuite « de cette affaire ; qu'après son décès, le jeune comte de « Busset continua *le procès qu'elle avoit intenté* aux princes « de Bourbon, mais qu'il n'en vit point la fin, ayant été « traîné en longueur par la puissance des ducs de Bour-« bon. »

Ces réclamations réitérées supposent un droit fondé sur

I.

Pierre-de-Bourbon, d'abord seigneur de l'Isle, chevalier, puis seigneur et baron de Busset, conseiller et chambellan du roi Louis XII, etc.

Ce jeune homme, comme nous venons de le dire, fut élevé sous les yeux de son oncle, seigneur de Beaujeu, duc de Bourbonnois, d'une manière conforme à sa naissance. Lorsqu'il se trouva en âge d'être pourvu, on l'unit avec Marguerite d'Alégre, dame de Busset, en Auvergne, fille de Bertrand de Busset, et d'Isabelle de Lévis-Cousan-Florensac, et veuve de Claude de Lenoncourt, seigneur d'Haroüel.

En considération de ce mariage, qui lui apportoit de grands biens, il fut doté de 8000 livres,

une alliance, mais une pareille alliance contractée par un mineur; sans le consentement de ses père et mère, sans celui de la famille, et sur-tout sans la permission expresse DU ROI, exigée de tout temps pour la validité des mariages entre les princes du sang, ne sauveroit pas le vice du titre originaire; c'est ce qui justifie les historiens à l'égard du rang qu'ils ont assigné à la branche de Bourbon-Busset. Il est certain d'ailleurs que les ducs de Bourbon ont reconnu les enfants du prince Louis, puisqu'ils ont fait élever l'aîné auprès d'eux et lui ont formé un établissement. Il n'appartient donc qu'au roi seul de fixer d'une manière absolue et souveraine l'état de cette maison, qui n'en est pas moins recommandable sous tous les rapports. Elle descend en ligne directe et masculine du comte de Clermont.

plus de 300 livres de rentes; et, peu de temps après, son oncle Pierre II, duc de Bourbonnois, l'établit gouverneur des vicomtés de Carlat et de Murat. Il jouit paisiblement de tous ces avantages, jusqu'à sa mort, arrivée en 1529. Dans ses actes, il se qualifie chevalier, conseiller, et chambellan du roi.

Il eut de Marguerite d'Alégre, sa femme :

1° PHILIPPE de Bourbon-Busset, qui suit;
2° ISABELLE de Bourbon-Busset, épouse de Jean de La Quéille, seigneur de Fleurac, puis de François de Chauvigny, seigneur de Blot, d'une des plus nobles maisons d'Auvergne. Il y a eu des enfants de ce mariage;
3° SUSANNE de Bourbon-Busset, épouse de Jean d'Albret, baron de Miossens, et gouvernante d'Henri IV pendant son enfance;
4° ANNE de Bourbon-Busset, religieuse professe de Saint-Pierre-d'Iscure-les-Moulins. Elle vivoit encore en 1522;
5° MAGDELEINE de Bourbon-Busset, aussi religieuse, reçue en 1522 au même monastère.

II.

PHILIPPE de Bourbon, chevalier, baron de Busset, Puyagut, de Coustayer et de Saint-Priest, gouverneur des vicomtés et comtés de Carlat et de Murat, etc.

Il étoit lieutenant de la compagnie d'hommes d'armes de Charles, prince de La Roche-sur-Yon, servit avec honneur et distinction les rois François I et Henri II, dans leurs guerres contre l'empereur

Charles V, et mourut au champ d'honneur à la bataille de Saint-Quentin, le 10 août 1557. Le roi, en considération de ses services, lui avoit donné précédemment l'office de sénéchal du Bazadois.

Il avoit épousé LOUISE Borgia, duchesse de Valentinois, de Diois, dame de Lamothe-Feuilly, fille unique du fameux César Borgia, Gonfalonier de l'église romaine, si connu dans l'histoire, et de Charlotte d'Albret, sœur de Jean d'Albret, roi de Navarre. De cette illustre alliance sont sortis :

1° CLAUDE de Bourbon, qui suit;
2° HENRI de Bourbon-Busset, mort jeune, le 7 mars 1534;
3° JEAN de Bourbon-Busset, seigneur de La Mothe-Feuilly, chevalier de l'ordre du roi, qui épousa Euchariste de La Brosse-Morlet, fille de Jacques, seigneur de La Brosse-Morlet, vice-roi d'Écosse, chevalier des ordres royaux, et de Françoise de Moussy-la-Contour, dont il eut : 1° GILBERTE de Bourbon, épouse de Joachim de Chabanes, seigneur de Trussy; 2° JEANNE de Bourbon, épouse de Jean-Louis de La-Mousse, seigneur de Plaisance;
4° JÉRÔME de Bourbon-Busset, seigneur du Montet, d'abord chevalier de l'ordre de Jérusalem, qu'il quitta bientôt pour se marier à mademoiselle Jeanne de Rollat, fille de Martin Rollat, seigneur de Brugeac. Il est mort sans enfants;
5° MARGUERITE de Bourbon-Busset, épouse de Jean, baron de Pierre-Buffière, premier baron de Limosin;
6° CATHERINE de Bourbon-Busset, morte sans alliance.

III.

Claude I de Bourbon, d'abord baron, puis comte de Busset, gentilhomme de la chambre, chevalier de l'ordre du roi, gouverneur du Limosin, etc.

Né en 1531, mort en 1588, après avoir rendu à l'état des services signalés. Il étoit entré au service en qualité de guidon de la compagnie du prince de La Roche-sur-Yon, ainsi qu'il résulte de ses quittances de paiement.

Il eut pour femme Marguerite de La Rochefoucault, fille d'Antoine de La Rochefoucault, baron de Barbésieux, général des galères de France, et il en eut :

1° César de Bourbon, qui suit ;
2° Louise de Bourbon-Busset, épouse de Jean Thomassin, seigneur de Montmartin, baron de Doucé, écuyer ordinaire du roi ;
3° Diane de Bourbon-Busset, alliée à Paul Jay, seigneur du Pin et de Château-Garnier en Poitou.

IV.

César de Bourbon, comte de Busset, baron de Châlus, de Puyagut, de Saint-Priest et de Vesigneux, gouverneur des vicomtés de Carlat et de Murat, etc., chevalier de l'ordre du roi.

Né le 31 janvier 1565, mort en 1630. Il avoit épousé d'abord Marguerite de Pontac, fille d'un seigneur de ce nom, et il n'en eut pas d'enfants; ensuite, Louise de Mont-Morillon, fille unique de Saladin de Mont-Morillon, chevalier de l'ordre du roi, baron de Saint-Martin, etc; de ce mariage naquirent:

1° Claude II, comte de Busset, marié en 1621 à Louise de La Fayette: mort sans lignée;
2° Charles de Bourbon-Busset, baron de Vesigneux, époux de Marguerite de La Baume-Suze, dont il n'eut pas d'enfants;
3° Jules-César de Bourbon-Busset, mort à l'âge de neuf ans;
4° Jean-Louis, qui suit;
5° Anne de Bourbon-Busset, épouse d'Antoine de Pracontal, baron de Soussey;
6° Marguerite de Bourbon-Busset, épouse de Jean de La Fayette, baron de Hautefeuille, dont il y a eu postérité;
7° Magdeleine de Bourbon-Busset, mariée à Louis, seigneur de Villers-la-Faye.

V.

Jean-Louis de Bourbon, comte de Busset, baron de Châlus, de Puyagut et de Vezigneux, chevalier de l'ordre du roi.

Né en 1597, et mort le 9 avril 1667; marié à Hélène de La Queille, fille de Jean de La Queille, seigneur de Fleurac, dont il eut:

1° Jean-Louis de Bourbon-Busset, mort au berceau;

2° Louis de Bourbon, qui suit;

3° MAGDELEINE de Bourbon-Busset, née en 1644, première femme de François Andrault de Langeron, marquis de Maulevrier, morte en couche d'une fille, qui fut prieure des carmélites du faubourg Saint-Jacques, à Paris;

4° ANNE de Bourbon-Busset, née en 1646, mariée à Jean de Saulx, marquis de Tavanes et du Mayet, dont elle eut des enfants.

VI.

Louis I de Bourbon, comte de Busset, baron de Châlus et de Vezigneux, de Saint-Martin-du-Puits, de Puyagut, etc., lieutenant-général de l'artillerie.

Né le 15 octobre 1648, tué au siége de Fribourg la nuit du 11 au 12 novembre 1677. Il avoit épousé Magdeleine de Bermondet, fille du comte d'Oradour, lieutenant-général d'artillerie; et il eut d'elle :

1° Louis de Bourbon, qui suit;

2° ANTOINE-FRANÇOIS de Bourbon-Busset, comte de Châlus, mort sans alliance à l'âge de soixante-quatre ans;

3° MAGDELEINE de Bourbon-Busset, épouse de Nicolas-Barthelemi de Quélen, d'Esthuer, de Caussade, de Saint-Maigrin, comte de La Vauguyon;

4° FRANÇOISE de Bourbon-Busset, morte au berceau.

VII.

Louis II de Bourbon, comte de Busset et de Châlus, baron de Puyagut, Vezigneux, etc.

Né le 30 septembre 1672, mort dans son château de Busset, à l'âge de cinquante-deux ans, le 14 avril 1724.

Il eut pour épouse Marie-Anne de Gouffier, fille de Jean-Timoléon de Gouffier, chevalier, marquis de Thois et de Henriette-Mauricette de Pennancoët-de-Keroüalle, comtesse de Pembrok. De ce mariage naquirent :

1° François-Louis-Antoine, qui suit ;
2° Louise-Claudine de Bourbon-Busset, religieuse bénédictine au Cherche-midi, à Paris, sous le nom de sœur sainte Placide ;
3° Henriette-Antoinette de Bourbon-Busset, épouse de Paul de Grivel, de Grossove, comte d'Ourouer, dit le marquis d'Aulroy, ancien mestre-de-camp de cavalerie.

VIII.

François-Louis-Antoine de Bourbon, comte de Busset, de Châlus, baron de Vezigneux, chevalier des ordres royaux, lieutenant-général des armées du roi, gentilhomme de la chambre de M. le comte d'Artois, etc.

Né le 26 août 1722, époux de Magdeleine-Louise-Jeanne de Clermont-Tonnerre, fille de Gaspard, duc de Clermont-Tonnerre, maréchal de France, chevalier des ordres du roi, et d'Antoinette Potier de Novion.

Ce seigneur fut un des plus braves militaires et des plus recommandables du siècle dernier. Mousquetaire dès l'année 1737, on le voit figurer avec honneur dans toutes les campagnes, depuis cette époque, jusqu'en 1761. Les villes de Prague, Bruxelles, Berg-op-Zoom, Maestricht; les champs de Fontenoy, Raucoux, Lawfeldt, Rosbach, Crewelt, Lutzelberg, etc., furent les témoins de sa valeur. Douze affaires majeures où il se trouva, plusieurs blessures reçues dans les combats, fixèrent l'attention du roi, dans un moment où les Bourbon-Busset étoient presque oubliés, depuis bien des années, et il obtint, le 1er août 1761, un brevet qui rétablissoit le titre de *cousin du roi*, que les rois Henri III, Henri IV, Louis XIII, et Louis XIV, avoient donné dans plusieurs écrits à leurs ancêtres, et avec ce brevet le droit de porter les armes de France, comme nous les avons décrites plus haut.

François-Louis-Antoine de Bourbon-Busset est décédé le 16 janvier 1795, laissant de son épouse :

1° GASPARD-LOUIS de Bourbon-Busset, né le 16 mai 1745, mort le 8 décembre 1751;
2° LOUIS-FRANÇOIS-JOSEPH de Bourbon, qui suit;
3° ARTHUS-CHARLES-TIMOLÉON de Bourbon-Busset, né le 21 septembre 1752, mort le 18 avril 1759;
4° LOUIS-ANTOINE-PAUL de Bourbon, vicomte de Busset, né à Busset, le 19 novembre 1753, capitaine au régiment Colonel-général, aide-maréchal-général des logis, premier gentilhomme de M. le comte d'Artois, chevalier de l'ordre royal et militaire de Saint-Louis, mestre-de-camp, lieutenant-commandant du régiment d'Ar-

tois, cavalerie, commandant-militaire de la province de Bourgogne en 1789, mort le 9 février 1802. Il avoit épousé Marguerite-Louise-Charlotte-Joséphine Lordat, fille du Marquis de Lordat, dont il eut : 1° Louis-Charles-Timoléon, mort au berceau ; 2° EUGÈNE, vicomte de Busset, né au château de Vezigneux, le 15 février 1799, lieutenant de cavalerie, actuellement existant, et marié à mademoiselle Albertine-Charlotte de Calonne, de Courtebourne, dont il n'a pas encore d'enfants ;

5° Trois filles, mortes jeunes, savoir : N..., née en 1746 ; Marie-Anne-Julie-Louise de Bourbon, demoiselle de Châlus, née en 1747 ; et N..., née en 1751, ne vécut que deux jours.

IX.

LOUIS-FRANÇOIS-JOSEPH de Bourbon, comte de Busset, de Châlus, de etc.; ancien menin du roi Louis XVI, capitaine de cavalerie au régiment d'Artois, maréchal-de-camp des armées du roi.

Ce seigneur, né le 1ᵉʳ juin 1749, et connu jusqu'à la mort de son père sous le nom de marquis de Busset, âgé de soixante-seize ans, existe encore. Il a épousé Élisabeth-Louise Bourgeois de Boynes, fille de Pierre-Étienne-François Bourgeois de Boynes, ancien ministre de la marine. De ce mariage sont issus :

1° FRANÇOIS-LOUIS-JOSEPH de Bourbon, dont la notice particulière suit ;

2° ANTOINE-LOUIS-JULES de Bourbon-Busset, chef d'esca-

dron, chevalier de l'ordre royal de la légion d'honneur, actuellement existant;
3° GASPARD de Bourbon-Busset, né en 1797, lieutenant-aide-de-camp du comte Bourbon-Busset son frère ainé: mort le 10 septembre 1817;
4° GASPARDE de Bourbon-Busset, mariée au vicomte de Gouvelle, maréchal-de-camp des armées du roi.

X.

FRANÇOIS-LOUIS-JOSEPH de Bourbon, comte de Bourbon-Busset, etc., pair de France, gentilhomme honoraire de la chambre du roi, lieutenant-général dans les armées de sa Majesté, commandeur de ses ordres royaux et militaires de Saint-Louis et de la légion d'honneur, grand cordon de l'ordre espagnol de Charles III, chevalier de troisième classe de l'ordre de Saint-Ferdinand, etc.

Né le 4 février 1782, a passé par tous les grades militaires, a suivi le roi à Gand, et jouit maintenant de la haute considération due à ses services et à son illustre origine. Ce seigneur a épousé, le 4 juin 1818, noble demoiselle CHARLOTTE-SABINE-LOUISE-GABRIELLE de Gontaut-Biron, fille de Charles-Michel de Gontaut-Biron, lieutenant-général des armées du roi, grand croix de l'ordre de Saint-Louis; et il en a deux fils jumeaux, savoir:

1° CHARLES de Bourbon-Busset, né le 21 janvier 1819, âgé de six ans et demi;
2° GASPARD de Bourbon-Busset, idem.

BOURBON-LAVÉDAN,

ET

BOURBON-MALAUSE.

ARMOIRIES.

D'argent à la bande d'azur semée de fleurs de lis d'or, filet de gueules régnant sur le tout.

I.

CHARLES, bâtard de Bourbon, chevalier, baron de Caudes-Aigues et de Malause en Quercy, vicomte de Lavédan dans le Bigorre, chambellan du roi, gouverneur du Bourbonnois, et sénéchal de Toulouse.

Ce seigneur étoit fils naturel de Jean II, duc de Bourbon, connétable de France (voyez page 207). Il eut pour partage les terres de la Chaussée, Estain, Bouconville au pays de Barrois. Pierre II, duc de Bourbon, le prit en affection et l'établit sénéchal et maréchal du Bourbonnois. Il se signala dans toutes les guerres de son temps, fut fait prisonnier à Vannes pour la cause du duc d'Orléans (Louis XII), et accompagna ensuite le roi Charles VIII à son expédition de Naples. Il mourut le 8 septembre 1502.

Le vicomte de Lavedan avoit épousé Louise du Lion, vicomtesse de Lavédan, et c'est d'elle que vient le titre de la maison. Il en eut:

1° HECTOR de Bourbon, vicomte de Lavédan, chevalier et capitaine de cinquante hommes d'armes, prisonnier à la bataille de Pavie, marié à Renée, fille de René d'Anjou, marquis de Mézières, mort vers 1525 sans enfants;

2° JEAN de Bourbon, vicomte de Lavédan, qui suit;

3° JACQUES de Bourbon, mort sans postérité;

4° GASTON de Bourbon, baron de Basian, chef de la branche, dont nous parlerons en son lieu.

II.

JEAN de Bourbon, vicomte de Lavédan, baron de Malause et de Barbasan. On ne sait rien de lui, sinon qu'il étoit capitaine de quatre cents lances, fournies par le roi, et qu'il mourut en 1549, après avoir été marié deux fois, savoir: à Antoinette d'Anjou, fille de René d'Anjou, marquis de Mezières et d'Antoinette de Chabanes; ensuite à Françoise de Silly, fille de François de Silly, bailli de Caen et d'Aimée de La Fayette.

De la première il eut:

1° ANNE de Bourbon, vicomte de Lavédan, qui suit;

2° MANAUD de Bourbon, baron de Barbasan, marié à Anne de Castelneau-Coarase, dont il eut ANNET de Bourbon, baron de Barbasan, mort à vingt-cinq ans, laissant d'Andrée d'Antin, fille d'Arnaud, baron d'Antin, quatre filles, savoir : *Catherine* de Bourbon, *Jeanne* de Bourbon, *Magdeleine* de Bourbon, enfin *Anne* de Bourbon, toutes placées avantageusement dans des maisons illustres de ce temps.

De la seconde naquirent :

3º Henri I de Bourbon, baron de Malause, dont nous donnerons la postérité.

4º Marie de Bourbon, épouse de Jean Guichard, seigneur de Péré. De ce mariage naquirent huit enfants, qui continuèrent la postérité, tombée depuis en roture faute de moyens;

5º Louise de Bourbon, abbesse de Fontevrault, morte en 1637, à l'âge de quatre-vingt-neuf ans;

6º Jeanne de Bourbon, abbesse de la Règle en Limousin, puis de la Trinité de Poitiers, morte en 1610, âgée de soixante-un ans;

7º Françoise de Bourbon, mariée à Bertrand de Larmandie, seigneur de Longa, dont elle eut des enfants;

8º Aimée de Bourbon, morte sans alliance.

III.

Anne de Bourbon, vicomte de Lavédan, baron de Barbasan.

Ce seigneur fut marié en premières noces à Jeanne d'Abzac, fille de Pierre d'Abzac, seigneur de la Douze, en Périgord; et en secondes noces à Catherine de Tersac-Mont-Beraut, mort vers 1594. Il eut de Jeanne d'Abzac :

1º Jean-Jacques de Bourbon, qui suit;

2° Catherine de Bourbon, épouse d'Antoine, seigneur de Begolle;

3° Jeanne de Bourbon, épouse d'un comte de Montvalat;

4° Magdeleine de Lavédan, épouse de Louis, seigneur de la Corne, etc.

Fille naturelle.

Anne de Lavédan. Le seigneur de Lavédan lui laissa mille écus par son testament, et déclara qu'il l'avoit eue de sa chambrière pendant le veuvage de son père; il la recommanda à son frère Henri, à l'effet d'achever son éducation.

IV.

Jean-Jacques, vicomte de Lavédan.

Ce seigneur épousa en premières noces Catherine de Bourbon-Bazian, sa parente; et en secondes noces Marie de Gontaut, fille du seigneur de Saint-Geniez. Se voyant sans enfants, malgré son double mariage, il disposa du vicomté de Lavédan en faveur de Marie de Gontaut, sa seconde femme; ainsi la branche de Bourbon-Lavédan devint Bourbon-Malause, titre que portoit Henri, frère puîné de Anne de Bourbon, vicomte de Lavédan.

V.

Henri I de Bourbon, vicomte titulaire de Lavédan, baron de Malause, chambellan de Henri de Bourbon, roi de Navarre, depuis Henri IV, lieutenant de la compagnie des gendarmes de sa garde-

Il servit son prince légitime dans toutes ses guerres, embrassa la religion protestante, se trouva à la bataille d'Issoire, en Auvergne, gagnée en 1590 sur les rebelles commandés par le comte de Rendan, et mourut à Miramont en 1611, âgé de soixante-sept ans.

Il avoit épousé Françoise de Saint-Exupéry, fille aînée de Guy de Saint-Exupéry, seigneur de Miramont, et il eut de cette dame:

1° Élie de Bourbon, né en 1572, mort au berceau;
2° Henri de Bourbon, qui suit;
3° Jacques de Bourbon, mort jeune;
4° Magdeleine de Bourbon, épouse de Gilbert-François de Cardaillac, baron de la Capelle-Mérival;
5° Françoise de Bourbon, épouse de Bertrand de Peyronenc, seigneur de Chamarans.

VI.

Henri II de Bourbon, marquis de Malause, seigneur de Miramont, etc.; filleul d'Henri IV, capitaine de cinquante hommes d'armes, et maréchal des camps et armées du roi.

Ce seigneur servit avec distinction son prince et sa patrie dans les guerres civiles. Le grand Henri qui l'aimoit beaucoup, érigea la baronie de Malause en marquisat et lui donna des marques fréquentes de la faveur dont il l'honoroit. Le marquis ne fut pas aussi affectionné au service de

Louis XIII, car il se joignit au parti protestant lors des guerres civiles du Languedoc. Mais, sur la fin de sa vie, il abjura le calvinisme, et mourut peu de temps après à l'âge de soixante-dix ans, le 3 octobre 1647, dans ses terres en Quercy. Il avoit épousé Marie de Châlon, fille d'Antoine de Châlon, seigneur de La Case, dont il eut :

1° Louis de Bourbon, marquis de Malause, qui suit;
2° Magdeleine de Bourbon, mariée d'abord à Jacques d'Escars, marquis de Merville, de qui sont sortis les d'Escars-Merville; ensuite à Jean de Thubières, de Grimoard, de Pestels, de Levis, comte de Caylus;
3° Victoire de Bourbon, épouse d'Armand d'Escodeca, marquis de Mirambeau.

VII.

Louis de Bourbon, marquis de Malause, seigneur de Gyonnet, Viane, la Case-Rocairol, la Janie, etc.

A l'exemple de son père et de son aïeul, ce seigneur professoit le calvinisme. Il mourut en 1667, âgé de cinquante-neuf ans trois mois, sans avoir rien fait de mémorable.

Il avoit épousé d'abord Charlotte de Kerveno, fille de François, marquis de Kerveno, en Bretagne, et il eut d'elle deux enfants, Henri et Magdeleine, morts jeunes. Ensuite Henriette de Durfort, fille aînée de Guy Aldonce de Durfort, marquis de Duras, et d'Élisabeth de La-Tour-de-Bouillon, petite nièce du grand Turenne.

De ce second mariage naquirent :

1° Guy-Henri III de Bourbon, qui suit;
2° Armand de Bourbon, marquis de Malause, réfugié en Angleterre pour cause de religion. Ce seigneur, connu en Hollande sous le nom de *comte de Bourbon*, parvint au grade de lieutenant-général. Il mourut à Londres, âgé de soixante-dix-sept ans, sans laisser de postérité;
3° Louis de Bourbon, comte de La Case, également au service de l'Angleterre, et enseigne dans les gardes du corps du roi Guillaume, tué à la fleur de son âge au combat de la Boyne, en Irlande, sans laisser de postérité;
4° Charlotte de Bourbon, réfugiée en Angleterre comme protestante, morte à Londres, le 25 octobre 1732, sans alliance;
5° Henriette de Bourbon, demoiselle de La Case, décédée à l'âge de sept ans;
6° Louise de Bourbon-Malause, morte à Paris, en 1668, dans une espèce d'indigence, et sans alliance.

Fils naturel.

Louis de Bourbon-Malause, baptisé à Saint-Sulpice de Paris, en 1641.

VIII.

Guy-Henri III, marquis de Malause, comte de La Case, baron de Caudes-Aigues, colonel du régiment de Rouergue, brigadier des armées du roi.

Il servit avec distinction sous les ordres du vicomte de Turenne, son grand-oncle, abjura le calvinisme que ses pères avoient professé, et mourut le 18 août 1706, âgé de cinquante-deux ans. Il avoit épousé, d'abord, Marie-Hyacinthe de Chevrières Saint-Chaumont, dont il eut : *Marie-Géneviève-Henriette-Gertrude* de Bourbon-Malause, épouse de Ferdinand-Joseph, comte de Poitiers, d'une très illustre et ancienne maison ; ensuite Marie-Louise de Bérenger-Monmouton, fille de Charles Bérenger, seigneur de Monmouton, dont il eut :

1° Louis-Auguste de Bourbon, qui suit ;
2° Armand de Bourbon, comte de Malause, colonel d'Agénois, brigadier des armées du roi, tué, en 1744, à l'attaque de Villefranche. Ce seigneur n'a point laissé d'enfants ;
3° Arnauld de Bourbon-Malause, chevalier de Malte, mort en sa commanderie de Condat en Périgord, sans postérité.

IX.

Louis-Auguste de Bourbon, marquis de Malause, comte de la Case, baron de Caudes-Aigues, seigneur de Favers, colonel du régiment d'Agénois.

Ce seigneur naquit en 1694, et mourut le 27 décembre 1741, dans sa quarante-huitième année. Il avoit épousé Marie-Christine de Maniban, fille aînée de Gaspard-Joseph de Maniban, premier président au parlement de Toulouse, et de Jeanne-Christine de Lamoignon de Châville, dont il n'eut point d'enfants. Ainsi les branches de Bourbon-Lavédan et de Bourbon-Malause se terminent à lui.

BOURBON-BASIAN.

ARMOIRIES.

D'azur à trois fleurs de lis d'or, à la bande de gueules traversée d'une barre d'or.

I.

GASTON de Bourbon-Basian, seigneur de Basian. Il étoit le quatrième fils de Charles de Bourbon, vicomte de Lavédan (voyez ci-dessus, page 455), et de Louise du Lion, et fut guidon dans la compagnie des cent lances des rois de Navarre Henri d'Albret et Antoine de Vendôme, en 1546—1550. Il devint ensuite gouverneur du château Trompette, sénéchal de Navarre et de Béarn. Il se qualifia seigneur de Bazian, dans son contrat de mariage. Son mariage fut célébré en présence de François I, et des roi et reine de Navarre, le 25 février 1534, avec Suzanne du Puy, dame de Parentis et d'Audagence, et il eut d'elle,

JEAN de Bourbon, qui suit.

La date de sa mort n'est pas marquée. On a tout lieu de croire qu'il eut d'autres enfants, parceque, dans un acte passé entre sa veuve et son fils Jean, la dame de Basian appelle celui-ci *son fils aîné*. Les noms et la destinée des autres enfants sont inconnus.

II.

Jean de Bourbon-Basian, baron de Basian, seigneur d'Audagence, de Parentis, etc., fut long-temps sous la garde-noble de sa mère et transigea avec elle par un acte daté de 1578. Il embrassa la religion protestante, testa en faveur de son fils le 22 avril 1604. On ne nous marque pas l'époque de son décès.

Jean de Bourbon avoit épousé Françoise de Saint-Martin, dont il eut :

1° Samuel de Bourbon, qui suit ;
2° Catherine de Bourbon-Basian, épouse de Jean-Jacques de Bourbon, vicomte de Lavédan et de Malause.

III.

Samuel de Bourbon-Basian, baron de Basian, d'Audagence, etc., né en 1583, fit profession de la religion réformée comme son père, et fut marié à Élisabeth d'Astarac, fille de Michel d'Astarac, seigneur de Fontrailles, sénéchal d'Armagnac, dont il eut :

1° Gédéon de Bourbon, qui suit.

IV.

Gédéon de Bourbon-Basian, baron de Basian et d'Audagence, seigneur de La Canau, etc., né en 1608, protestant comme son père et son aïeul, fut obligé de produire ses titres de noblesse devant le juge-mage et lieutenant-général en la sénéchaussée de Quercy. Ce qu'il fit avec satisfaction. On ignore et ses actions et l'année de sa mort. En général cette branche des Bourbon est très peu connue, peut-être à cause de son éloignement de la cour et de son attachement au protestantisme, jusqu'à la révocation de l'édit de Nantes.

Il eut d'Anne-Louise d'Alba, son épouse :

1° Louis de Bourbon, qui suit;
2° Benjamin de Bourbon-Basian, mousquetaire dans la garde du roi, mort à l'âge de vingt-six ans, sans postérité, le 21 février 1680, enterré à Saint-Sulpice;
3° Anne de Bourbon, mariée à Paul de Palastron, seigneur de Maurens;
4° Anne-louise de Bourbon, épouse de Phinées de Sariac, seigneur de Pontchentut;
5° Catherine de Bourbon, alliée à noble personne Jean de Boulouse. Elle vivoit encore en viduité vers 1722.

V.

Louis de Bourbon-Basian, baron de Basian. On ne sait rien de lui, sinon qu'il fut encore obligé de produire ses titres et l'écusson de ses armes à la généralité de Montauban, vers l'année 1697, lesquels furent trouvés en régle. La pauvreté à laquelle la famille Bourbon-Basian paroît avoir été réduite et l'obscurité dont elle s'enveloppoit semblent avoir nécessité cette mesure.

Louis eut pour femme Anne de Garisson, dont il laissa un enfant mâle, le sixième de la branche de Bourbon-Basian.

VI.

N....... de Bourbon-Basian, marié au diocèse d'Auch en 1725. On n'a plus sur son compte aucun renseignement.

BOURBON-LIGNY,

ET

BOURBON-RUBEMPRÉ.

ARMOIRIES.

De Bourbon-Vendôme, c'est-à-dire d'azur à trois fleurs de lis d'or, à la cotice de gueules, chargée de trois lionceaux d'argent, et brisée d'un filet mis en barre, passant de gauche à droite.

I.

JACQUES de Bourbon, seigneur de Bonneval et de Vançay, baron de Ligny, etc., fils naturel de Jean II, comte de Vendôme, et de Philippe de Gournay, son amie (voy. pag. 363), fut légitimé par acte authentique. Il eut part aux bonnes graces et aux bienfaits de Louis XII et de François I, qui se plurent à l'enrichir. L'un lui fit présent de 400 livres de pension, et lui donna une compagnie d'hommes d'armes; l'autre, en 1522, le nomma son chambellan et gouverneur de Valois; il l'étoit déja du Vendômois.

Il devint ensuite bailli de Vermandois, capitaine d'armes; enfin après avoir été honoré de son vivant pour ses vertus et sa bonne conduite, il mourut le 1ᵉʳ octobre 1524.

Le seigneur baron de Ligny avoit épousé Jeanne de Rubempré, fille de Charles, seigneur de Rubempré, d'une des plus illustres familles des Pays-Bas; et il en eut:

1° CLAUDE de Bourbon, qui suit;

2° ANDRÉ de Bourbon, chevalier de l'ordre du roi, conseiller en son conseil privé, seigneur de Rubempré, etc. Il fut un des plus braves seigneurs de son temps. Il se trouva d'abord à la bataille de Cérisoles, en 1544, puis on le voit lieutenant du duc d'Enghien à la journée de Saint-Quentin, en 1557, et portant la cornette de ce duc. A la bataille de Dreux, en 1562, il est cité avec honneur. Le roi Charles IX l'établit capitaine de cinquante hommes d'ordonnance; et bientôt après, aux états de Blois de 1576, il est député de la noblesse pour la sénéchaussée de Ponthieu; enfin le 5 avril 1577, il met au rang de ses titres la fonction de gouverneur du château d'Abbeville. On ignore la date de sa mort. Il avoit épousé en premières noces Anne de Busserade, fille unique et héritière de Louis de Busserade, seigneur de Rieux, grand-maître de l'artillerie de France, dont il n'eut qu'un fils, JEAN de Bourbon, mort jeune au château de Cagny. En secondes noces, le seigneur de Rubempré épousa Anne de Roncherolles, fille de Philippe de Roncherolles, baron du Pont-Saint-Pierre, dont il eut 1° CHARLES de Bourbon-Rubempré, gouverneur de Rue, mort sans alliance; 2° Louis de

Bourbon-Rubempré, seigneur de Grainville, mort aussi sans alliance à l'âge de vingt-quatre ans; 3° MARGUERITE de Bourbon-Rubempré, mariée à Jean de Monchy, seigneur de Montcavrel, chevalier des ordres du roi, dont elle eut postérité; 4° MADELEINE de Bourbon-Rubempré, alliée à Jean, seigneur de Gonnelieu; 5° JEANNE de Bourbon-Rubempré, abbesse de Saint-Étienne de Reims, ordre de Saint-Augustin. MM. de Sainte-Marthe la nomment Marie, et la font religieuse en l'abbaye de Saint-Sauveur d'Évreux; 6° MARGUERITE (ou ANTOINETTE suivant MM. Sainte-Marthe) de Bourbon-Rubempré, abbesse de Cîteaux, en l'abbaye du Trésor, dans le Vexin.

3° JEAN de Bourbon-Vendôme, abbé de Cuissy, ordre des Prémontrés, au diocèse de Laon, mort le 9 novembre 1571;

4° JACQUES de Bourbon-Vendôme, grand archidiacre de Rouen;

5° CATHERINE de Bourbon-Vendôme, mariée à Jean d'Estrées, seigneur de Vallieu et Cœuvres, grand-maître de l'artillerie de France;

6° JEANNE de Bourbon-Vendôme, abbesse de Saint-Étienne de Reims.

NOTA. Je crois qu'il y a erreur, et que le P. Anselme a confondu cette dame avec Jeanne, fille d'André, dont nous venons de parler, et qui fut abbesse de Reims dans le même temps : je crois qu'il faut lire avec MM. de Sainte-Marthe *abbesse de Saint-Étienne de Soissons.*

7° MADELEINE de Bourbon-Vendôme, religieuse en l'abbaye de Fontevrault, puis abbesse de Saint-Étienne de Reims, avant sa nièce Jeanne de Bourbon-Rubempré.

II.

Claude de Bourbon, seigneur de Ligny, vicomte de Lambercourt, gouverneur de Dourlens en Artois, mort en 1595, âgé d'environ quatre-vingts ans. Il avoit épousé Antoinette de Bours, fille aînée de Claude de Bours, seigneur d'Oinval, et il en eut :

1° Antoine de Bourbon-Ligny, vicomte de Lambercourt, gouverneur de Dourlens, tué en duel à Paris en 1594, et mort sans postérité;
2° Claude de Bourbon-Ligny, épouse de Jean IV, sire de Rambures;
3° Anne de Bourbon-Ligny, épouse de Claude de Créqui, seigneur de Hémond.

Enfant naturel.

Jacques, seigneur de Courcelles, épousa Louise de Gouy, fille du sire de Cornehault, dont il eut : Claude de Vendôme, seigneur de Levigny, major de la ville de Dourlens; François de Vendôme, seigneur de Bretencourt et d'Abrancourt, capitaine au régiment de Saint-Preuil en 1641, et lieutenant de cavalerie en 1644; Charles de Vendôme, inconnu; Marguerite de Vendôme, alliée à la famille de Monchy : Antoinette de Vendôme, mariée à Alexandre de Touzin, chevau-léger de la garde du roi; enfin Marie-Gabrielle de Vendôme, morte sans alliance en 1629.

FIN DU PREMIER VOLUME.

Nota. La description des armoiries du comte de Clermont et de Béatrix de Bourgogne son épouse, indiquée à la page 45, n'est pas exacte: nous croyons devoir en donner ici une seconde rédaction.

Les armes du comte Robert étoient de France, c'est-à-dire d'azur, fleurs de lis d'or sans nombre. L'écu brisé d'un bâton ou cotice de gueules, brochant sur le tout. Couronne de fils de France, comme celle du roi, à huit fleurs de lis d'or.

Celles de la dame de Bourbon étoient, partie de Bourgogne du chef de son père, c'est-à-dire coticées d'or et d'azur de six pièces, retenant la bordure de gueules; et de Bourbon-l'Archambaud, du chef de sa mère. Ces dernières sont d'or, au lion de gueules, et à l'orle de huit coquilles d'azur. Couronne de fille de France.